Heibonsha Library

近世日本の支配思想

兵学と朱子学・蘭学・国学

前田 勉

平凡社

本著作は、二〇〇六年三月、平凡社選書として刊行されたものです。

目次

序章　近世日本思想史の四本軸

一　内発的な「日本人」意識

日本史の時代区分によると、「近世」は安土桃山時代（一五六八―一六〇三）と江戸時代（一六〇三―一八六八）とを合わせた三〇〇年間の時代をさしている。この時代をどのようにとらえるかは、終点となる近代とのかかわりのなかで、当然、異なってくる。周知のように近代という多義的な概念には、さまざまなとらえ方があるが、ここでは一応、近代を国民国家（nation-state）の時代ととらえ、近世という時代を国民国家が形成される前史として考えてみたい。

普通、国民国家をささえる国民意識、「日本人」というナショナル・アイデンティティは、一九世紀の半ば頃、いわゆる「西欧の衝撃」をきっかけにして浮かび上がってきたといわれている。このことは、西洋列強に対抗しつつ、新たな国民国家を作っていこうとした明治の人々の共通認識でもあった。たとえば、竹越与三郎（一八六五—一九五〇年）は、嘉永六年（一八五三）、アメリカのペリー提督の浦賀来航によって、「日本国家」なる理想が「霞のごとく、雲のごとく、幻然として現出」したと説いている。彼によれば、それまでの「二百年間の封建制度」のもとで、日本を分割してきた「幾百の小国」＝「藩」同士、お互いが猜疑し、敵視しあっていて、「日本国民の思想」など微塵ほどもなかったのに、アメリカの軍艦＝「黒船」への驚きと恐れによって、それが突然に湧き出てきたのだという（『新日本史』上、一八九一年）。こうした明治人の実感をふまえて、日本のナショナリズムの著名な研究者である丸山眞男（「国民主義の「前期的」形成」、『日本政治思想史研究』所収、東京大学出版会、一九五二年）や橋川文三（『ナショナリズム——その神話と論理』、紀伊國屋書店、一九六八年）は、対外的な契機を強調してきた。

たしかに黒船来航による対外的危機は、それまでの「藩」の割拠意識や、「士農工商」の身分意識を超え出た「日本人」という新たな帰属意識を生みだす契機になったことは、疑いようがない。しかし一方で、対外危機以前の内発的な要因を無視することはできないと思われる。それは、次のようなことを想起しただけでも納得されよう。

すなわち、西欧列強の勢力拡大による対外的な危機は東アジア世界一円に迫っていたにもかかわらず、危機意識はどこにでも存在したわけではないという事実である。たとえば、中国は日本の黒船以前、一八四〇年代に、すでにアヘン戦争に敗北して南京条約を締結していた。この敗北によって、一部の先覚的な知識人は強い危機意識を抱き、夷狄を制するためには、まず夷狄を知らなくてはならないという考えをもち、『海国図志』のような優れた西洋事情書が著されたことはよく知られている。しかし、『海国図志』の作者、魏源（一七九四―一八五七年）の危機意識は北京の皇帝と官僚たちに共有されることはなかった。中国で危機意識のもとに「国民」意識が生まれてくるのは、一般には日清戦争の後であるといわれているのである。この要因には、中国と比較してみれば、狭い国土しかない、島国日本という地理的な要因が考慮されねばならないが（北京にいる中央官僚たちにとって、アヘン戦争は広州という一つの地方の事件であって、全国に波及する問題とは意識されなかった）、より根源的には、日本と中国との歴史的社会的な要因が重要であると思われる。

西欧列強への対外的な危機感が、われわれは「日本人」だというナショナル・アイデンティティを高揚させたという側面は否定できないにしても、それ以前の内発的な要因がなかったならば、「国民」意識は突如として生まれないのではないか。序章ではこうした問題意識をもって、非西欧圏のなかで、ネイションはいかにして形成されるのかという世界史的な問題を考える、ひとつの事例として近世日本の思想史を振り返ってみたい。具体的には、近世国家を特徴づける身分制度が確立した時点から出発し、本書がこれから取りあげる兵学、朱子学、蘭学、国学という近世思想史を構成する四本の軸の内容を概括しながら、「日本人」というナショナル・アイデンティティがどのように生まれてきたのかについて素描してみたい。

二 「武威」の国家

近世の起点とされる安土桃山時代、織田信長と豊臣秀吉は、百年余におよぶ長い戦国時代に終止符を打ち、天下統一を成し遂げ、強力な統一権力を確立した。江戸幕府を開いた徳川家康は、この信長・秀吉の路線を継承して完成させたのである。思想史的にみて、近世の統一権力の成立という画期は、一体、どのような意義を有しているのだろうか。

この観点からみて注目すべきことは、織田信長・豊臣秀吉から徳川初期の政権まで一貫して、政治権力に対抗する宗教的な権威・勢力を徹底的に抑圧した事実である。織田信長は、浅井・朝倉氏などの多くの戦国大名を滅ぼしていったが、なかでも石山本願寺を中心に結束する一向宗門徒は彼にとって最大の敵対勢力であった。ポルトガルから伝来した鉄砲を組織的に導入して当時最強を誇っていた信長の軍団に、法主顕如の檄文に奮起し、南無阿弥陀仏の念仏を唱えながら立ち向かってくる門徒たちに、信長は散々、てこずったのである。信長はこれを強力な軍団によって制圧し、多くの門徒を虐殺した。天正二年（一五七四）の伊勢国の長島では、兵糧攻めをうけて多数の餓死者を出した一揆勢は、命を助けるという信長の勧告にしたがい、降伏したのだが、信長は約束を破って二万余の門徒を皆殺しにした。さらに、平安時代以来、仏教の中心地であった天台宗の比叡山延暦寺を焼き討ちにして、僧侶を焼き殺した。

またこの頃、一向宗とならんで、大きな勢力になりつつあったのは、キリシタンであった。天文一八年（一五四九）のイエズス会士ザビエルの布教以来、キリスト教は信者を集め、拡大していったからである。信長は、彼の目から見れば堕落した仏教寺院勢力との対抗のために、キリスト教を保護し、天守閣を構えた信長の居城安土には、教会やセミナリヨ（教会学校）・コレジヨ（神学校）が建てられた。ところが、信長のあとをうけた豊臣秀吉は、天正一五年（一五八七）、日本は「神国」であると宣言するバテレン追放令を出して、一転してキリシタンを禁圧し始めた。徳川家康と彼の後を継いだ秀忠・家光も、キリシタンを徹底的に弾圧して、信徒たちに棄教を強制し、残忍な拷問によっても棄教しない者は容赦なく殺した。殉教者は、宣教師が本土に送った史料から判明しているだけでも、四〇四五人を数える。寛永一四年（一六三七）、島原の乱は農民一揆の性格をもち、武器をもって幕府軍に敵対したという意味で、無抵抗の死を条件とする殉教とはいえないにしても、三万人近くの老若男女が虐殺されたのである。

世界史上でも稀なキリスト教の弾圧の強さは、逆にいえば、キリシタンの信仰の深さを裏書きしている。唯一絶対の創造主宰神である「デウス」（Deus）は、山川草木のなかに神々を見出し、慈悲深い仏を信仰してきた神仏習合的な世界のなかで、あまりに異質なものであったが、逆にそれゆえに魅力的なものでもあって、人々を惹きつけた。米俵を巻きつけて焼き殺すといった身の毛もよだつ処刑法にもかかわらず、マルチル（殉教者）の血は教会の種子だと信じて、多くの人々が命を落としたのである。

このように近世の国家は、中世の宗教的な権威・勢力を徹底的に踏み潰して、良心という反抗の内面的な拠点を消し去ろうとした暴力的な国家であった。幕府はそうした自らの武力と経済力を、「武威」あるいは「御威光」と呼んで、絶えず人々に誇示していった。幕府は全国の四分の一の土地を自己の領地として確保し、さらに京都・大坂・長崎などの全国の重要都市や鉱山を直轄し、貨幣鋳造権を独占して、圧倒的な経済力を握っていた。それとともに、三代将軍家光のときには、参勤交代を制度化し、大名たちは江戸と自国を一年おきに往復して、幕府に忠誠を示した。その際、大名たちは多くの家臣を引き連れ、軍隊の隊列を組み、行軍した。江戸につながる整備された街道を、威儀を正して粛々と行進する大名行列は、百姓や町人たちに「武威」を見せつけて威圧する、軍事的なデモンストレーションでもあったのである（渡辺浩『東アジアの王権と思想』、東京大学出版会、一九九七年）。

この「武威」の国家の原理を端的に表現した言説が、秀吉の遺児豊臣秀頼を滅ぼした直後に出された、元和元年（一六一五）の幕府の基本法、武家諸法度である。そこには、大名や家臣の反逆の摘発、居城修理の許可制と新築の厳禁などを定め、幕府の法令に絶対に背いてはならないとして、次のような威圧的な文句が含まれていた。

法《ハ》是《レ》礼節之本也。以《テ》レ法《ヲ》破《リ》レ理《ヲ》、以《テ》レ理《ヲ》不《レ》レ破《ラ》レ法《ヲ》、背《ク》レ法《ノ》之類、其《ノ》科《トガ》不レ軽《カラ》矣。

「理」よりも「法」（＝権力者の法令）が優先することを説いたこの一節は、宗教勢力を圧服した近世国家の本質をあからさまに表現したものである。この暴力的な国家のなかでは人々は徹底的に自律性を奪われていた。たとえば、それは「喧嘩」の禁止にあらわれている。中世において「喧嘩」は紛争を実力で解決する自力的な手段であり、社会的に正当なものとみなされていた。武士にとってみれば、「喧嘩」は自己の名誉感情を証するものでもあった。ところが、江戸幕府や藩は「喧嘩」を武士ばかりか、町人・百姓にいたるまで禁止したのである。秋田の佐竹藩のある奉行は、なぐられた報復になぐり返し相手に傷を負わせた町人に、善悪の判断をするために奉行が任命されているのに、それを無視して自分で善悪の判断をして報復したのは、身分に過ぎた越権行為であるとして罰金を払わせたという。このように近世の国家では、「理」にもとづいて、自分なりに善悪是非を判断すること自体が禁止されたのである。

この「法」優位の悪例が、五代将軍徳川綱吉によって出された生類憐みの令であった。この法令は貞享二年(一六八五)頃から二〇年余の長期間発令された生類保護の法度で、その対象は犬をはじめとして、牛・馬・鳥類にも及び、江戸時代を通じて、もっとも人々を苦しめた悪法のひとつとして有名である。この法令によって、ある人は犬を斬ったために八丈島に流され、将軍の忌服日に吹き矢で燕を射った武士は死罪にされた。このような馬鹿げた罪で罰せられたものは何十万人にも及ぶといわれている(新井白石『折たく柴の記』巻中)。しかし、この法度がどれほど「理」に反した愚かなものであっても、将軍綱吉の命令であるかぎり、厳格に遵守されねばならなかったのである。

このように中世の自力救済を否定した暴力「武威」によって作られた平和は、キリシタンの殉教にいたるような純粋な信仰を否定して、良心にもとづく、内面的な自律性を徹底的に奪うことを志向した。この秩序のなかでは、あらゆる人々は、武士、百姓、町人、そして被差別民まで、どれかの身分に属し、「役」を負担することになった。武士は城下町に集住し、統治・行政・治安などにかかわる職掌を担い、知行として与えられている石高に応じて、一定の数量の人と武器を準備し、戦時にはそれだけの兵力を率いて主君に従軍する「軍役」の義務を負った。百姓は村に住み、農耕に専念し、年貢を納める「役」を負っていた。また町人は都市に住み、商工業に従事し、領主から負荷されるさまざまな「役」を負担した。さらに社会の最下層に位置づけられた穢多は、死牛馬の解体処理・皮革を家業とし、行刑・警察的役務を負担したのである。

尾藤正英氏は、武士、百姓、町人の三つの大きな身分に属する人々が、それぞれの職業や社会的地位に応じ、何らかの「役」を負い、それを忠実に果たしてゆくことが正しい生き方とされた近世社会を「役」の体系と呼んでいる（『江戸時代とはなにか――日本史上の近世と近代』、岩波書店、一九九二年）。ここでは、武士の子も孫も、百姓の子も孫も、そして町人の子も孫も、生まれながらにして代々その地位が決まっていた。人々の生き方はそれぞれ属している身分によって、生活の細部まで厳密に規格化されていて、個人の恣意のはいりこむ余地はなかった。

しかし、内面的な自律性を奪うこの「役」の体系は、生まれながら職業・人生が決まっていた点で、一面では秩序ある安定した社会であったことは看過できない。そこに生きる人々は、生きる意味などという面倒なことを考えないでもいられただけに、逆説的だが、近世はこころ落ち着いていた時代だともいえるのである。精神分析学者・社会学者、エリッヒ・フロム（Erich Fromm）はこのような前近代の世界を次のように描いている。「人間はその社会的役割と一致していた。かれは百姓であり、職人であり、騎士であって、偶然そのような職業をもつことになった個人とは考えられなかった。社会的秩序は自然的秩序と考えられ、社会的秩序のなかではっきりした役割を果せば、安定感と帰属感とがあたえられた。そこには競争はほとんどみられなかった」（『自由からの逃走』、日高六郎訳、創元社、一九五一年）。反抗者への徹底的な抑圧は、武力の平和を生み出し、そこに生きる人々は何も考えさえしなければ、幸福な一生を送ることができたのである。

三　近世国家のなかの朱子学

江戸時代、このような「武威」の国家のあり方を理論化した思想は、何であったのだろうか。一般的にいえば、いかなる権力も剝き出しの暴力のままでは、永続性を保ちえず、人々の同意を調達するためのイデオロギーが必要になってくる。近世の「武威」の国家もその例外ではない。「理」よりも「法」の優位を宣言した家康の武家諸法度のなかで、「武」とともに「文」が求められた理由も、実はそこにあった。

これまでの通説的な見解によれば、中国宋代の朱子学は徳川家康以来、その「文」の一翼を担ったとされる。周知のように朱子学は、この時代、中国、朝鮮、ベトナムといったアジア世界共通の教説として普及していた。近世日本でも、林羅山・山崎闇斎をはじめとする多くの優れた朱子学者が現れ、また、傑出した儒学者である伊藤仁斎や荻生徂徠は、朱子学をくぐり、それを批判するところから独自の思想を形成していった。このような事実を想起するとき、近世日本の学問・思想のなかで、朱子学がもっとも影響力のある思想のひとつであったことは間違いない。しかし、注意せねばならない点は、この朱子学が近世日本の「武威」の国家の支配思想であったわけではなかったことである。たしかに、江戸幕府が編纂し、天保一四年(一八四三)に完成した徳川将軍家の正史である『徳川実紀』には、家康が林羅山を幕府に登用したことをもって、朱子学が「文」の中心におかれたことを示唆している。しかし、この逸話は、『徳川実紀』編纂当時、羅山の子孫である林家の創った神話であって、これをそのままに幕府成立当初の事実とみなすことはできない。朱子学が、いわゆる「官学」として広く認められるようになったのは、一八世紀末の松平定信による寛政異学の禁以降のことであって、この神話は、「官学」を権威づけようとした正当化のための虚構にすぎない(尾藤正英『日本封建思想史研究』、青木書店、一九六一年)。

そもそも、近世日本の朱子学と中国の朱子学との間には、大きな精神的な雰囲気の違いがあった。もともと中国宋代の士大夫＝読書人官僚の学問として成立した朱子学は、朱子の先駆者の一人、張横渠の「天下の為に心を立て、生民の為に道を立て、去聖の為に絶学を継ぎ、万世の為に太平を開く」(『近思録』巻二)という言葉に表されているような、規模雄大な精神に満ち溢れたものであった。修己と治人、人格的修養と政治的有効性とを一体のものととらえる朱子学の基本的な考えには、この私が天下国家を担っていくのだという読書人官僚たる士大夫の気概と責任意識が漲《みなぎ》っていた。そこには、天地、天下国家、人間の万事万物を貫く、普遍的な「理」への確信、さらに「理」そのものである自己の本性への絶対的な自信があったのである。山崎闇斎の弟子の一人、佐藤直方（一六五〇―一七一九年）は、江戸時代のなかでもっとも先鋭な朱子学の原理主義者であったが、彼が、「学者ハ自己ノ理ヲ信ズルデナケレバ本ノコトデナイ。……人々有リ下尊二於己ヨリ一者上、天理也、其尊キコト無レ対、我心ヨリ外ニ頼ミ力ニスルコトハナイ」（『韞蔵録』巻三）と述べているのは、外部の強制にも、また自己内部の感情や衝動にも囚われることなく、自己自身を制御する朱子学の自律性を表現したものであった。

この「我心ヨリ外ニ頼ミ力ニスルコトハナイ」と断言する、自己の本性＝「理」にもとづく鞏固な朱子学の自律性は、これまでみてきたような「理」に依拠して善悪是非を判断すること自体が禁止されていた「武威」の国家と相容れるはずもなかった。むしろ、この価値合理的な自律性を貫こうとするときには、権力と衝突する場合さえあったのである。

といっても、もちろん、先にみたような一向宗門徒やキリシタンとは異なった形での衝突である。朱子学は君臣関係・父子関係を人間の本性に根拠づけ、人間が生きていくかぎり、逃れることのできない絶対的な関係とする点で、仏教の人倫否定的な考えとは異なっていたからである。江戸時代、儒学が仏教にたいする優位性を誇ったのも、この世俗秩序内の倫理であったことによる。しかし、だからといって、朱子学はありのままの君臣関係を肯定したわけではなかったことが重要である。あるべき君臣関係の「天理」=「義」を説いた朱子学は、現実の君臣関係との間に常に緊張をはらんでいたのである。そこでは、もし仕えていた君主が「天理」=「義」に反している行いをしていたとすれば、臣下はそれを批判して諫言することが求められる。もし諫言が君主に受けいれられなければ、君臣関係を解消するか、非常事態においては、君主を打ち倒す「革命」さえも認める一種の理想主義の可能性を内包していたのである。

こうした立場からみると、「法」の優位を原則とする「武威」の国家とは相容れなかったのは当然といえば当然であった。そのために、近世日本の朱子学者は「天理」をどこまでも主張する偏屈な変わり者か、あるいは、それを諦め、悲哀をもちつつ妥協する負け犬になるか、どちらにしても世間の人々からは芳《かんば》しい目ではみられていなかった。この国の朱子学者には、中国や朝鮮のような科挙制度によって選抜された高級官僚の権勢と名誉など、はじめから望むべくもなかったのである。

四　兵営国家の支柱としての兵学

「武威」の国家は、経済力や軍事力をあからさまに誇示することによって人々を畏服させた。将軍・大名は「武威」と「御威光」によって、その権力と権威を保証されているのであって、宗教的な聖者でも、道徳的・文化的な聖人でもなかった。彼らは現に力があるから、支配するのであって、それ以外の別の価値によって人々の上に君臨したわけではない。「武威」「御威光」の力が、先にみたような天守閣をもった城郭や参勤交代のデモンストレーションによって、ある種の神秘的な力をかもし出し、神も仏も、そして儒学も、権力を装飾し同意を調達するイデオロギー装置として利用されたのである。ここでは、こうしたイデオロギーを操作し、「武威」「御威光」を汚さずに、軍事力をいかに合理的・合目的に運用するかの思想が求められた。

筆者は、こうした課題に答えた思想が兵学であったと考えている（拙著『近世日本の儒学と兵学』、ぺりかん社、一九九六年）。兵学が近世国家の支柱であったというこの考えは、奇矯な見解ではない。というのは、江戸時代の朱子学者たちがそのように認識していたからである。

原理主義者であった朱子学者佐藤直方は、先にみた「以《テ》レ法《ヲ》破《リ》レ理《ヲ》、以《テ》レ理《ヲ》不《レ》レ破《ラ》レ法《ヲ》」という武家諸法度の一節を兵学者の妄説であると非難していた。

権謀者ガ以レ理不レ破レ法、以レ法破レ理ト云タモノ也。（『韞蔵録拾遺』巻二八）

儒者たちから見れば、兵学者たちは戦時の軍隊統制の方法をそのまま平時の天下国家を統治する方法に押し広げ、戦時と平時との間の統治の原理的な違いさえ認識できていない愚かなものたちと映ったのである。儒者の考えからすれば、戦時とは異なる平時においては、人間の善なる本性＝「理」を信頼して、それにもとづいた道徳政治が行われなくてはならないのであって、戦時同様に人が人を殺し合い、いがみ合うような殺伐とした人間観は、儒家に対立する韓非子流の法家の考えに過ぎなかった。しかし、このような批判にもかかわらず、「兵法は国家護持の作法、天下の大道なり」（北条氏長『士鑑用法』、一六五三年刊）とあるように、兵学者は軍隊の統制法によって、平時の天下国家を統治することができるのだと公然と主張した。

そもそも、兵学者がこのような主張ができたのは、近世日本の軍隊編成の仕方に起因していたと思われる。近世の兵学者の想定する戦争は、騎馬武者の一騎討ちが勝敗の決め手であった中世とは異なり、戦国時代末期の機構としての軍隊の徹底的な組織戦であった。機構としての近世軍隊の基本的構成単位である「備」は、騎馬部隊の武士を戦闘力の中心としながらも、槍部隊の徒士、弓・鉄砲部隊の足軽だけでなく、非戦闘員である百姓や職人をも補助的な要員として編成されていた。それは厳格な「軍法」によって維持された命令‐服従の貫徹する、タテの組織であった。この「軍法」支配という点が、まさに「理」よりも「法」を優先する武家諸法度に表現されたものであったのである。

また「軍法」の支配という点だけではなく、百姓や職人をも含みこんだ「備」であったからこそ、軍隊の統制法を平時の統治にまで拡張できた。兵学者は、軍隊のタテの階層秩序をひとつの有機体に譬えたが、この有機体をそのまま国家に投影する。その典型的な表現が、江戸時代、東照大権現神君家康の名のもとに広範に読まれた『東照宮御遺訓』という書物のなかにも見える。そこには、「国家」を一羽の鳥に譬えた箇所があった。それによれば、「国家」は「鳥」に譬えられるような有機体であるという。「大将」から非武装の「百姓職人町人」までの「一切の国民」はその有機体の構成要素であって、それぞれの役を担っている。その構成要素の一つが欠けても、「千万の敵に向い千里の道を行」く「国家」は機能しなくなってしまう。ここでは、武士のみならず、百姓・町人を含めて、すべての人々はそれぞれの職務を賦課され、有用を強制されている。換言すれば、この有機体のなかにあっては、役立たずの無用者は許されなかったのである。

ある兵学書には次のように記されている。「国の土地」に暮らしながら「報国の忠」のない者は人間ではない。国には万物が備わっているが、一つとして「国の用」に立たないものはない。動物であっても、「国の用」に立っているではないか。まして人間であれば、だれでもそうあるべきである。「上一人より下万民」にいたるまで「報国の忠」のない者は、「天地の道理」に背いている。だから、こうした者たちは罰せられて、久しからずして亡びることになるのだという（『楠家伝七巻書』巻一）。

こうした有用強制の観点からみれば、近世日本のなかで侮蔑され差別された「遊民」は、「国の用」に役立たない無用者であった。近世の国家は、それぞれの身分に応じて「役」を果たせば、それ以上のことは要求しなかったが、「役立たず」は断じて許さなかったのである。当時、「役立たず」という語は、障害者のことを指す言葉として使われることがあった。豊臣秀吉のもとで慶長元年（一五九六）に出された石田三成の村掟には、惣村のなかで「うば・後家・やもめ・めくら・寺庵」などが「役立たず」として書き上げられていた。江戸時代、年貢・夫役を負担する百姓の人数を確定するために作られた人畜改帳には、村人一人一人について人夫役賦課が可能かどうかについて記されていた（こうした支配のきめ細かさは驚嘆に値する）が、そのなかで、「めくら」「さとう（座頭）」「ごぜ（瞽女）」などが「役立たず」とされているのである。このように近世の武家国家は、すべての人々に有用であることを強制する、政治学者ラスウェルのいう兵営国家であったといえる。

先に述べたように、この「武威」の兵営国家の支配のあり方を理論化し、その合理的な運用法を説いたのが兵学であった。近世日本の思想史は、この兵学と朱子学とを対立軸にして展開していたといえる。江戸時代の代表的な思想家である山鹿素行や荻生徂徠、それに後期水戸学の思想には、兵学の影響が色濃いのである。というよりは、基本的な考え方において、兵学思想そのものであった。これにたいして、原理主義的な朱子学者はそれを批判する言説を提供していたが、自分が役立たずの無用者ではないかという不安感・疎外感に絶えず悩まされねばならなかったのである。繰り返すが、ここには、朱子学を国教とする中国や朝鮮のように、科挙制度によって選びぬかれた読書人官僚の気概と自信といったものは窺うことはできない。

五　蘭学・国学発生の社会的背景

近世日本の兵営国家のなかでは、「役」を担うことが義務であり、「役立たず」は許されなかった。しかし、フロムが指摘するように、「人生の意味は疑う余地のない、また疑う必要もない」、「社会的秩序のなかではっきりした役割を果せば、安定感と帰属感とがあたえられた」秩序でもあったのである。ここでは、「役」を負担する武士、百姓、町人の身分が一義的なものであって、それ以外に自己の存在を意味づける帰属意識＝アイデンティティはなかった。冒頭に紹介したように、明治の竹越与三郎が、狭い日本の国土のなかに「藩」という分割された小国があり、そのなかで生きる武士、百姓、町人たちにとって、「日本国民の思想」など微塵も存在しなかったと説いていたのは、このような事態を指している。

しかし、こうした指摘はレトリカルな極論でもあって、事実は必ずしもそれほど単純ではない。黒船来航、いわゆる「西欧の衝撃」以前に、すでに近世日本のなかに、「日本人」というナショナル・アイデンティティの可能性が全くなかったとはいえないからである。そうした「日本人」というナショナル・アイデンティティの可能性は、近世の兵営国家を内側から突き崩す力とともに生まれてきていたのである。

周知のように、近世日本の兵営国家を内側から崩壊させていったのは、貨幣経済・商品経済の進展であった。もともと近世の国家は農業を中心とする自然経済に基礎をおき、兵農分離によって村で自給自足する百姓たちが商品経済に巻き込まれないようにしていたが、一方で、「天下の台所」大坂を中心とする全国的な市場経済を不可欠な構成要素にしてもいた。大名は大量の年貢米と諸特産物を大坂に廻送し、それらを貨幣に換え、それによって諸地域で生産されるさまざまな物資を購入して、藩に持ち帰るという形で、全国市場のなかに組み込まれていたのである。一七世紀後半、政治の安定とともに経済の爆発的な成長が起こった。いわゆる元禄時代である。この時代は江戸時代を通じて最大の経済成長期であった。農業生産力の指標である石高は、一七世紀初頭には約二〇〇〇万石であったが、一八世紀初頭には約三〇〇〇万石に増加し、同じ時期に、人口は約一二〇〇万人から約三一〇〇万人にまで膨張したといわれる。この時代、綿・たばこ・菜種・藍などの換金作物の栽培が奨励され、商業的な農業が発展し、競争が生まれ、村のなかでは農民層の分解が進行していった。一般的にいって、貨幣経済の進展にともない、「社会の経済化が進むと、競争が導入され、勝者と敗者が生れることにもなる。勝者は、経済的富を獲得するだろうが、敗者は零落せざるを得ず、社会的救済の手段が必要となる。こういった状況こそ、ある社会が、経済社会化する際に生ずる不可避的な付随現象である」（『日本経済史1　経済社会の成立』、岩波書店、一九八八年）といわれているように、競争による貧富の格差が生まれていったのである。

江戸時代の代表的な思想家荻生徂徠（一六六六―一七二八年）は、元禄時代の経済成長の後、停滞期にはいっていた一八世紀初頭の享保期、「畢竟ハ箸一本ニテモ銭ヲ出シテ買調ヘザレバ不レ叶事」（『政談』巻二）になったと商品経済の全面化を嘆いていた。彼は、商品経済・貨幣経済の進展にともなって、百姓も職人も武士もみなカネの世界に巻き込まれ、商人たちによって圧倒されていく現実に危機感を抱いたのである。たしかに徂徠が慨嘆したように、貨幣経済・商品経済の進展のもとで、カネが、身分制度の根幹であった家柄や出自よりも重要なファクターになっていった。もともとカネは中性的な存在であって、身分的な差別を超克する可能性を内包していた。たとえ身分が低い者であっても、カネさえ持っていれば尊ばれ、カネがなければどんなに身分が高くても蔑《さげす》まれる。こうした風潮を、元禄文化を代表する浮世草子作者の井原西鶴（一六四二―九三年）の有名な言葉が端的に示している。

俗姓筋目にもかまはず、只金銀が町人の氏系図になるぞかし。たとへば大織冠の系あるにしてから、町屋住ゐの身は、貧なれば猿まはしの身にはおとりなり。とかく大福を願

ひ、長者となる事肝要なり。（『日本永代蔵』巻六、一六八八年刊）

人臣の最高位にいる「大織冠」藤原鎌足の子孫であっても、貧しければ、芸能者として賤視されていた「猿まはし」にも劣っている。侍であること、町人であること、百姓であることよりも、金持ちか否かが、人間を評価する判断基準であるという考えが、大胆に主張されるようになったのである。西鶴はこうした「俗姓筋目にもかまはず、只金銀が町人の氏系図になるぞかし」と言い切る町人の姿を、生き生きと描きだしていた。現金掛け値なしの新商法によって、巨万の富を築いた三井高利の越後屋（三井財閥の前身）はその典型であった。西鶴が、元禄期の大坂商人について、鴻池や住友などの豪商は「大方は吉蔵、三助が成りあがり」であり、彼らは皆大和、河内、津の国、泉近在の物つくりしていた人の子供が「おのれの性根によつて長者」（『日本永代蔵』巻一）になったと述べているように、自らの智恵と才覚によって、成り上がった者たちであった。彼らは、「成り上がり者」であることを別段、恥じることもなく、むしろ昂然として、「成上り者といふを悪口と思ふは僻事なり」（江島其磧『商人軍配団』巻一、一七一二年刊）と言い放つような自負心をもっていた。エリッヒ・フロムによれば、資本主義は個人を解放したという。「資本主義は人間を協同的組織の編成から解放し、自分自身の足で立って、みずからの運命を試みることを可能にした。人間は自己の運命の主人となり、危険も勝利もすべて自己のものとなった。個人の努力によって、成功することも経済的に独立することも可能になった。金が人間を平等にし、家柄や階級よりも強力なものとなった」（前掲書）と説いていた。もちろん、日本において資本主義の時代を迎えるのは、ずっと後の明治時代になってからのことであるが、このフロムの言葉は、一八世紀以後の進取的な商人たちの考え方を理解するためには示唆的である。たしかに、元禄期の町人たちは、己の智恵と才覚によって競争にうち勝って、「金が人間を平等にし、家柄や階級よりも強力なもの」であることを自らの行動によって示し、「自己の運命の主人」となった人々であったといえるだろう。

一八世紀以後の江戸時代の思想史を理解するうえで、さらに重要なことは、フロムが、「中世社会の伝統的な絆から自由となったことは、個人に独立の新しい感情をあたえたが、それと同時に、個人に孤独の感情をもたらし、疑いと不安でいっぱいにし、新しい服従と強制的な非合理的な活動へ個人をかりたてた」（前掲書）と指摘していたことである。一八世紀後半、江戸の思想史において大きな二つの流れが生まれてくる。すなわち、蘭学と国学という二つの思想潮流であるが、結論を先にいえば、この二つのうち、蘭学がフロムのいう「個人に独立の新しい感情をあたえた」思想であるのにたいして、国学は「新しい服従と強制的な非合理的な活動」をかりたてた思想であると図式化できると思われるからである。以下、この両者について述べてみたい。まず次節では、前者の蘭学について瞥見してみよう。

六　蘭学者の「国益」意識

江戸時代、幕府は外国貿易を独占して、海外渡航を禁止し対外的な自由な交流を制限した。「鎖国」と呼ばれてきたものであるが、最近では、中国の対外政策の呼称である、私的貿易を禁止した「海禁」と称することが一般的になりつつある。ともかくも、いわゆる「鎖国」体制下、オランダは西欧諸国のなかで交易をもった唯一の国であった。幕府ははじめキリシタン禁圧政策の一環として、オランダ書の輸入を禁止していたが、享保五年（一七二〇）、八代将軍吉宗のときに、漢訳書の輸入が、キリスト教と無関係であるという条件をつけつつも、緩和された。そして、これを糸口とするオランダ書籍輸入の広がりとともに、蘭学はその翻訳作業を中心にしながら発展することになった。

蘭学の先駆者は前野良沢（一七二三―一八〇三年）と杉田玄白（一七三三―一八一七年）であった。明和八年（一七七一）三月四日、江戸の小塚原刑場で腑分けを観察し、『ターヘル・アナトミア』(Ontleedkundige Tafelen)というオランダ医学書の解剖図の正確さに驚いた良沢と玄白は、実見した翌日に、その翻訳に着手した。玄白はそのときの様子を、オランダ書をまえにして、「誠に艫舵なき船の大海に乗り出だせしが如く、茫洋として寄るべきかたなく、たゞあきれにあきれて居たるまでなり」(『蘭学事始』)と語っている。それはそうだろう。なんと玄白はこのとき、ABCさえ知らなかったからである。何という無謀、そして何という挑戦心。彼らは、オランダ語の一語一語に悪戦苦闘しながら、三年の歳月をかけて、安永三年(一七七四)に『解体新書』と題して出版した。この『解体新書』出版を契機として、以後、医学書をはじめとして、天文学、物理学、化学、世界地理、兵学といった、さまざまの分野のオランダ書籍が翻訳され、それがもたらす知識・情報は幕末日本に大きな影響を与え、明治以降の西洋思想摂取の基礎になった。

思想史的に見て重要なことは、この無謀ともいえる玄白らの蘭学者を駆り立てたエネルギーが、この世の中で何か功業を残したいという名誉を求める激しい願望であった点である。何もなすことなく、むなしく一生を終える、名前も知られず、朽ちはててしまうことを、彼らは遺憾として、恐れたのである。前野良沢と杉田玄白の後を継いだ大槻玄沢(一七五七―一八二七年)は、蘭学の第二世代の代表者であるが、彼は蘭学の入門書である『蘭学階梯』

（一七八八年刊）のなかで、“Men moet eten om te leven, maar niet leven om te eten”（「人は生きるために食べなくてはならない。しかし食べるために生きるのではない」）というオランダ語を引いて、「人ハ天地ノ間ニ生ヲ稟《ウ》ケ、飲食ヲ為シテ生命ヲ全フス。然レドモ、飲食ノミスル為《タメ》ニ生ヲ稟クルニハアラズ」と説いていた。これも、フロムの言葉だが、「中世社会の伝統的な絆から自由」となって、「人生の意味が疑わしくなり、他人にたいする関係、また自分自身にたいする関係が、安定感をあたえなくなると、そのときこそ名誉が疑いを沈黙させる一つの手段となる」（前掲書）のであり、まさに他人を沈黙させる名誉への願望が蘭学者を駆り立たせていたのである。

自己の才能をもとに何か功業をあげることを目指そうとする個人が、一八世紀後半、強固な兵営国家の身分秩序のほころびのなかから生まれてきたといってよいだろう。出自とか家柄に拘束されず、というよりは、それらを否定して、己一個の功業を打ち立てて、名誉を欲するような個人が析出されてきたのである。そのことを自らの生涯の行動によって鮮やかに体現したのが、江戸時代、もっとも魅力的な人物の一人である平賀源内（一七二八―七九年）であった。杉田玄白の友人であり、蘭学仲間であった源内は、もともと下級武士であったが、生まれ故郷の四国の高松藩から一人飛び出して、エレキテルの創作・演劇・小説・鉱山開発・博物学など、さまざまな分野でその異色の才能を発揮した。その彼が、次のようにいっていたと伝えられる。源内によれば、世の中の人たちは自分の智恵や工夫が足りないことも顧みず、かえって智恵や工夫のある者たちを「山師」、いかさま師だと貶《けな》す。こういう奴らはきまって「律儀者」たちであって、真面目に家業を慎み励んでいるけれども、結局、草木と同じく朽ちはてて、何も遺すことなく死んでしまう。どうして英雄の所業を望むことができるだろうか。古来、日本でも中国でも帝王や大臣に成り上がった者たちは、みんな「山師」であった。成功すれば帝王や大臣になり、失敗すれば反逆人になる。それは結果であって、その人の運・不運によっているだけなのだ（『鳩渓遺事』）。

ここで、源内のような異能の人を「山師」だと貶す「律儀者」とは、先に述べた、自己に与えられた先祖伝来の「役」を担い、生まれながらに定まっていた家業に就いて、真面目に義務を果たすような人々を指しているだろう。こうした人々は、近世日本の社会のなかで模範的な生き方をしている人々ではあるが、しかし、源内から見れば、そのような「律儀者」の生き方は草木と同じく朽ちてしまう、この世に何も生きた痕跡を遺すことのない、つまらない凡庸なものだと映ったのである。

ただ功業を追い求める源内たちには、どこか孤独感がただよっていた。たとえば、源内の弟子であり、日本で最初に腐蝕銅版画の自製に成功した司馬江漢（一七四七―一八一八年）は、若いときから、「一芸」によって名声をえて、死後にいたるまでの名を残したいと欲していたが、誰よりも深い孤独感を抱いていた。江漢は、ブッダが生まれたときに最初に言ったと伝えられる「天上天下唯我独尊」ということばについて独自の解釈をしている。それによると、その言葉は、無限の宇宙の始まりと終わりの中間に生まれた私は、一人ぼっちであることを表現したものである。たとえ親子兄弟がいても、みんな別物であって、自らの努力しだいで、生涯は決定されるのだという（『春波楼筆記』、一八一一年成）。蘭学者たちは、親子兄弟からも切断された「予一人」という孤独のなかで、自己の得意とする「一芸」によって、死後にまで語り伝えられる名声を求めたのである。

ところで、蘭学者において注目すべき点は、彼らが自己の仕事を、たんなる個人の功業ではないという自負をもっていたことである。彼らは一様に、蘭学学習によって得られる実用的効果を説いた。大槻玄沢は、オランダ医学は「天下後世ノ裨益」（『蘭学階梯』巻上）になるという。医学に限らず、物産学・地理学などは、「日本」全体の利益になるという立場から、蘭学の有用性を説いたのである。蘭学者は自己の才能や知識を「日本」全体の利益、「国益」のために役立てようという意志をもっていたのである。ここには、生産的な仕事を媒介にして人々が人為的に結合した、ゲゼルシャフト的な共同体としての「日本」という構想がある。

ここで注意せねばならないことは、兵営国家のなかで、生まれながらの身分によって所属が決定されているのではなく、蘭学に従事する仕事・業績によって結ばれる集団が生まれ始めていたことである。蘭学者たちの多くは、江戸に出てきて、江漢が言うように親子兄弟からも離れて、「予一人」の境遇のなかで、遥か遠い異国の外国語の習得に禁欲的に励んだ。こうした「予一人」と意識する人間たちも、仲間がなくては生きていけないとしたならば、蘭学者たちが帰属しようとしたのは、これまでの身分や藩や、イエではなく、「蘭学社中」という集団であった。彼らの著作には、この「社中」の仲間意識・帰属意識が強く現れているのである。そして、彼らはさらにその「社中」の奥に、いまだ形を整えていない「日本」という共同体を遠望していたといってよいだろう。彼らは、「藩」や「士農工商」の身分を越えた、一種の幻想としての「日本」に自ら属し、「日本の国益」に尽くしているのだという矜持をもっていたのである。

しかし、先に述べたように、兵営国家の求める有用性は、厳格な士農工商のタテの身分の有用性である。武士、百姓、町人の「役」を尽くすことが有用性の証明であって、それから逸脱する生き方は無用者のそれであった。源内のように、そこから飛び出して個人として、

「日本の国益」のために果敢に挑戦しようとしても、同時代の人々からみれば、「山師」としてしか遇されなかった。ここに、あまりに早く生まれ過ぎた平賀源内や司馬江漢の悲劇の根本原因があったといえよう。源内は殺人を犯して精神を病んで獄中で死んだし、また江漢は、晩年、老荘的なニヒリズムに陥っていたのである。また、「日本」の国益のために、最新の西洋事情をもとに幕府の「鎖国」政策を批判した渡辺崋山は、天保一〇年（一八三九）の蛮社の獄によって、一万二千石の小藩、三河国田原に蟄居中に自殺せざるをえなかった。

七　国学者の「皇国」意識

これまで述べてきた、蘭学者たちを生み出したのは、一八世紀後半の「競争が導入され、勝者と敗者が生れる」経済社会化の事柄の一面である。彼らは「独立の新しい感情」を懐《いだ》いた、競争の勝者になれる可能性をもった人々であった。ただ、競争はもう一方で、フロムが指摘していたように、古い親密な絆を崩壊させることによって「個人に孤独の感情をもたらし、疑いと不安でいっぱいにし、新しい服従と強制的な非合理的な活動へ個人をかりたて」ることになる。結論を先取りすれば、蘭学と同時代に生まれてきた国学の運動は、そうした

「新しい服従と強制的な非合理的な活動」であったといえる。それはまた、競争のなかで敗者になった人々の思想であった（拙著『近世神道と国学』、ぺりかん社、二〇〇二年）。

元禄期の井原西鶴が「俗姓筋目にもかまはず、只金銀が町人の氏系図になるぞかし」と言い切った世界は、人間関係がいわば赤の他人同士の関係として意識されるようになった世界であった。ここでは、親子や主従関係さえも、金銭を媒介とする冷たい関係になる。人情とか、情誼とかいうような心情的な結びつきはなくなってくるのである。こうしたカネがものをいう世界の都市の不安を表現したものが、たとえば、一八世紀初頭の増穂残口（一六五五―一七四二年）という神道家の思想であった。残口によれば、当時の社会は、「非情の金銀が威勢《いきおひ》を振いて、すべて人情の真《まこと》」のない（『艶道通鑑』巻一、一七一五年刊）世の中であった。士農工商のタテの階層秩序は「非情の金銀」の威勢によって揺らぎ、武士は武士らしく、百姓は百姓らしくする身分アイデンティティは不安定になり、あらゆる階層の人々が「皆商人」（『艶道通鑑』巻五）になってしまったという。あらゆる人間関係が売り買いの打算的なよそよそしい関係になってしまったというのである。江戸時代でもまれな女性思想家で、『赤蝦夷風説考』の著者工藤平助の娘で江戸で生まれ育った只野真葛（一七六三―一八二五年）は、これを「こがね争」といっている。

昔は国を争、土地をあらそひしみだれ世、今は金銀をあらそふ心の乱世と成しに、人の心は目にも見へず、音も無物故《なきものゆゑ》、誰も心つかず。（『独考』巻上、一八一七年成）

こうしたカネを争う社会は、食うか食われるかの社会であって、身分に応じた先祖伝来の家業を営んでいればえられたであろう安定感は失われてしまう。経済社会化は蘭学者たちのような「予一人」という強い自我を析出する一方で、商品経済の波に乗れず、カネの脅威にさらされ、不満・不安・無力感を抱く多くの人々を生みだしていったのである。彼らは、兵営国家のなかで自己に課せられていた「役」を真面目に律儀に勤めながらも、借金に追われ、苦しむ人々であった。只野真葛は、橋から身投げして自殺する人は、「義理」「恥」を弁えている人ばかりであって、「法をまもる正直人は、自滅の外」ない（『独考』巻下）と嘆いている。このような義理堅い「正直人」であるにもかかわらず、というよりは、それだからこそ「自滅」するしかない人々に、一体、救いはあるのだろうか。

古今東西、宗教はそうした不条理に苦しむ者たちを救済する有効な装置であった。しかし、先に述べたように近世の国家は、その成立の当初、キリシタンや一向宗のような良心にもとづく内面的な自律性をもっていた宗教を徹底的に抑圧して、根こそぎにしていた。また、キリシタン禁圧のために作られた檀家制度のもとで、権力者によって保護されてきた当時の仏教諸宗派は、人々の不安を救済するには、あまりに腐敗・堕落していた。

こうした宗教なき世俗国家のなかで、不安にかられた人々が、孤独な自我の支えとして、「日本人」というナショナル・アイデンティティを浮上させていくのである。そうした意識を早い時期に表現していたのが、「非情の金銀が威勢を振いて、すべて人情の真」（前出）がなくなってしまったと嘆いていた増穂残口であった。彼は、強烈な「日本」への帰属意識の持主でもあったのである。残口は次のようにいう。

日本に生れたる者第一に知べき事は、三千世界の中に日本程尊き国はなし、人の中に日本人程うるはしきはなし、日本人程かしこき人はなし、日本程ゆたかなる所なしと知べし。（『有像無像小社探《うぞうむぞうほこらさがし》』巻上、一七一六年刊）

注意せねばならないことは、こうした残口の強烈な「日本人」というナショナル・アイデンティティが、身分を否定するものではなかったことである。むしろ、それは、カネによって崩されつつあった身分アイデンティティを補塡するものでさえあった。残口によれば、日本は神話の時代から「系図」を第一にしてきた。先祖の神々を祀り、先祖代々の家を相続して、「系図氏姓」を大事にしてきた者たちが本当の「日本人」である。ところが、今の時代は、カネの力によって、身分秩序の最下層に位置する穢多のような者たちが、われわれの上座に座って、かえって「系図氏姓」を大事にしてきたわれわれを嘲笑する。しかし、彼らは、「徳智」を尊ぶ中国人の国風に染まってしまった者たちなのだ。彼らはカネの力によって成り上がった者たちであって、神話の時代以来の階層秩序を壊そうとする奴らなのだ。こうした口汚い非難には、カネの競争によって敗れた者のルサンチマンがあるだろう。成り上がった者を羨望嫉妬し、自分が成り上がり者になれなかったことに深く傷ついた者たちは、「日本人」に自己を同一化することによって、失われたプライドを取り戻して、自己の才能と努力で成功した者たちを激しく攻撃するのである。

残口に説かれていたような「日本人」の帰属意識を、より強く主張したのが国学であった。賀茂真淵・本居宣長・平田篤胤らの国学は「日本」（彼らはそれを「皇国」と称した）の優越性を歴史・神話のなかに求めた。彼らは文献実証主義の方法によって、『万葉集』『古事記』『源氏物語』などの古典を研究して、古典本来の姿を探求した。それらは「日本」の古典として、彼らに誇りと自信を賦与するものであった。儒者たちが中国の古典を重んじていたのにたいして、彼らは「日本」の古典の美しさ、素朴さ、純粋さを明らかにして、自らが帰属する「日本」の誇りを取り戻すことをめざしたのである。

ちょうど同時代の蘭学者たちがオランダ書籍に立ち向かったように、国学者たちは日本の古典に回帰していった。しかし、両者はたんに準拠する書物が違っていたという表面的な違い以上に、より深いところでの懸隔があった。その違いは、何より「競争が導入され、勝者と敗者が生れる」社会の経済化にたいする彼らの態度にみて取れる。国学を大成した本居宣長（一七三〇―一八〇一年）は、伊勢松坂の豪商の家に生まれた。伊勢の地は、「江戸名物、伊勢屋、稲荷に犬の糞」といわれたように、江戸に進出した新興商人たちの活躍目覚ましい土地柄であった。なかでも、木綿の集積地であった松坂は、先にも紹介した現金掛け値なしの新商法をあみだした三井家の発祥の地であり、宣長の祖先もまた三井家とならんで、智恵と才覚によって江戸で商売を成功させた、成り上がり者の一人であった。ところが、宣長は、こうした冒険的な先祖とは正反対に、今の時代は、富めるものがますます富み、貧しいものはますます貧しくなっている事態を、苦々しい批判的な目でもって見つめていた。

一九世紀の初め、『世事見聞録』（一八一六年序）には、「当世かくの如く貧福偏り勝劣甚しく出来て、有徳人《うとくじん》一人あればその辺に困窮の百姓二十人も三十人も出来」（巻二）といわれているような、貧富の格差が広がっていた。これは、社会経済史的にみれば、米価をはじめ諸物価が騰貴し、商人のもとに土地が集中し、問屋制度と地主とが成長する一方で、貧農は小作人や地主の手工業生産のための日雇労働者になるという情勢になっていたことを意味していた。まさに、人間の力ではどうしようもないカネの力が、社会全体を覆うようになっていたのである。

宣長と同時代、大坂の大商人思想家であった山片蟠桃（一七四八―一八二一年）は、米市場が人為的な作為によって左右されない需要と供給の関係でなりたち、カネの力が決定的なものになっていたことを認識していた。先に述べたように、蟠桃のような蘭学者に近い者は、そうした時代を合理的科学的な態度で、切り開こうとした強い個人であった。蟠桃は通称升屋小右衛門といい、大坂の富商・升屋の番頭を勤め、苦境の主家を一身に背負い、仙台藩の買米制度に参与して主家を中興した。彼は寛政一〇年（一七九八）には、蔵元となって仙台藩の財政再建に手腕をふるい、海保青陵によれば、仙台藩六二万石の財政を丸ごと全部預かって、「仙台ノ大身上《だいしんしょう》ヲ一人ニテ引受ケ」（『弁小談』）ていたという。こうした「一人」で藩財政を担う力強さは、「天」にも「権勢」（『夢の代』巻一〇、一八二〇年成）にも、何者も恐れない逞しい自我によって可能であった。ところが、宣長はそうした自己の能力と努力のみによって難局に打ち勝っていく強い個人ではなかった。宣長は幼少のときから和歌と、王朝貴族の雅な世界を描いた『源氏物語』を好んできた、夢見る青年であった。彼には、祖先がもっていた商才はなかったのである。彼は一九歳のとき、商売見習のために養子縁組をするが、すぐに実家にもどり、母親の勧めで医者になった。彼はカネの力を認識しつつも、いかんともすることのできない無力な自分を自覚していた。そうした彼は町医者のかたわら、汚れのない古代の純粋無垢な世界を憧憬し、『古事記』の注釈を三五年間、休みなく続け、寛政一〇（一七九八）年に『古事記伝』を完成させたのである。

そのような彼は自己の不幸・不条理を、すべて「神の御所為《みしわざ》」であると考えた。宣長によれば、神々には「直毘神《なほび》」と「禍津日神《まがつび》」がいる。前者は人間に幸福をもたらす善神であり、後者は反対に、不幸をもたらす悪神である。その神々が人間の幸・不幸をつかさどっているのだが、大事なことは、その幸・不幸に人間の善不善は何のかかわりもないとした点にある。宣長によれば、人間の努力とか、善悪是非にかかわりなく、神は一方的に人間の幸・不幸を決定するのである。そのために、人間はただひたすらに、いかんともしようがない神々の「御所為」に随順して生きるほかないという。宣長はいう。

そもく此ノ天地のあひだに、有リとある事は、悉皆《ことごと》に神の御心なる中に、禍津日神《まがつび》の御心のあらびはしも、せむすべなく、いとも悲しきわざにぞありける。（『直毘霊』）

善人は必ず幸せになり、悪人は必ず不幸せになることは、少しも疑いがないなどと断ずることは、薬品の効能書きをそのまま信じるような愚かなことである。そうした人間の道徳的な努力が報われるのだという楽天主義は、中国人の「さかしら」であって、眼前の現実社会はそのような楽天主義を裏切るような不条理にあふれている、と宣長は批判する。こうした不条理感は、先にみた只野真葛のほかにも、「奢侈利欲の争ひ」から貧富の格差が拡大したことを嘆いていた『世事見聞録』に、今の世の中は「正道篤実なる人、流行に後れて身の不幸を生じ、不実非道なるは功をなして身を立て、善人に悪報来たり、悪人に善報来たり、道理間違ひ、罰利生逆様《さかさま》に行はるるなり」（巻七）とあるように、同時代の経済的な敗者に共有される実感であった。こうした不条理感は、社会的経済的にみれば、カネがカネを生み出す、人間の力によってはどうしようもない資本の時代がもたらしたものであったといえるだろう。

こうした「善悪《よきあし》き御うへの論《あげつら》ひをすてゝ、ひたぶるに畏《かしこ》み敬《ゐやま》ひ奉仕《まつろふ》」（『直毘霊』）受動的な生き方は、神への畏怖の感情、依存感情をもとにしていた。宣長によれば、人間は神々の「しわざ」の前では何もできない、神々にあやつられる「人形」（『玉くしげ』）にすぎない。本居宣長に関する古典的な研究書を著した、日本思想史家村岡典嗣は、宣長にある宗教心、何もかもが神の「しわざ」であり、人間はただひたすらにそれに随順しなくてはならないとする観念に、宗教的な絶対依存の感情を見てとった（『本居宣長』、警醒社書店、一九一一年）。これには、村岡が若い頃から学んでいたドイツの宗教学者シュライエルマッヘル（Schleiermacher）の影響を看取することができるのだが、ここで想起しなくてはならないことは、フロムが、次のように述べていた点である。「宗教的経験をシュライエルマッヘルは絶対的依存の経験と定義したが、これは一般的にマゾヒズム的経験の定義である」（前掲書）。フロムによれば、「マゾヒズムはこの目標への一つの方法である。マゾヒズム的努力のさまざまな形はけっきょく一つのことをねらっている。個人的自己からのがれること、自分自身を失うこと、いいかえれば、自由の重荷からのがれることである。このねらいは、個人が圧倒的に強いと感じる人物や力に服従しようとするマゾヒズム的努力のうちにははっきりあらわれる」（前掲書）というが、このマゾヒズムが宣長を理解する手がかりとなるだろう。宣長にとって、人間のなすべきことは神々の御心に身をまかせること、天照大神の子孫である天皇の御心を心として生きることである。宣長にとって天皇は、絶対的に依存できる外的な権威であり、フロムのいう「魔術的助け手」であったといえよう。兵営国家の身分秩序が壊れつつあるとき、そのなかでどこまでも町人であり、百姓であろうと「役」を勤めようとする律儀な者たちは、どんなに苦しくても、自己の運命であるとひたすら悲しみに耐えねばならない。そこには、なぜこんな苦しみを受けねばならないのだという懐疑・不安も生まれるだろう。宣長はこうした懐疑・不安にたいして、それに耐えることが「魔術的な助け手」である「天皇の大御心を心」（『直毘霊』）とする正しい生き方である、それが神代以来の「皇国」日本の古きよき伝統であると答え、マゾヒズム的な服従を誇りある生き方に転化させようとしたのである。

この宣長の後を継いだのは、平田篤胤（一七七六―一八四三年）であった。篤胤は秋田藩の下級武士の四男であり、二〇歳のとき、わずかなお金をもって出奔して江戸の町に紛れ込んだ。当時、脱藩は死を覚悟する、重罪であった。一九世紀初頭、江戸の人口は一〇〇万人を突破していた。町人のなかで自分の家を持つ上層民は約一割で、ほとんどは裏店住まいの細民であった。「江戸は諸国の掃き溜め」といわれるように、その細民の大部分は農村を食いつめた移住者たちであった。彼らは、男であれば、天秤棒をかついで野菜や魚を売る棒天振《ぼてふり》、かごかき、紙屑買などを生業とし、女であれば乳母・飯炊きなどになった。篤胤はこうした江戸社会の底辺の一人となったのである。藩からも、故郷からも引き離された、根無し草の篤胤が、不安と無力感のなかで見つけ出したものが、本居宣長の著作だった。彼は宣長の著作を読み、惹かれる。思うに、彼の孤独な心に安定を与えたものが「皇国」「天皇」への服従であったのだろう。彼は「魔術的助け手」天皇へ服従することによって、偽装的な「強い」自我を獲得したのである。

江戸の下層社会から生まれた篤胤の学問は、農村に広まっていった。それは「草莽の国学」といわれ、全国の農村の村役人や地主層に浸透していった。農村に広まったのは、何より「大都会の人肥りて逞《たくま》しき気色あれば、遠国・辺鄙の窮民は疲労《つか》れて憂目の涙となり」（『世事見聞録』巻二）とあるような、都市と農村の経済的な格差にもとづく矛盾によって、農村に旧来の秩序の崩壊の危機が一層深刻に意識されたからである。とくに、農村を実質的に支配していた豪農は、これまで近世国家のなかで行政と百姓の間に立って、秩序を維持してきたが、いまや彼らの力を支えていた幕府・藩の権威は揺らぎ、下からは貧農たちの反抗にさらされた。こうした状況のなかで、より高い権威として天皇が大きな意味をもってきたのである。彼らが、「もし信じている権威が弱点をあらわすと、かれの愛と尊敬とは、軽蔑と憎悪とにかわる。かれは、他のより強い力に助けられていると感じないかぎり、現存の権力を攻撃できるような「攻撃精神」はもっていない」（『自由からの逃走』）とすれば、彼らは宣長・篤胤の学問を通して、より強い権威としての「魔術的助け手」を見つけ出したことによって、将軍・藩主から天皇に依存する権威を転換させ、「現存の権力」幕府を攻撃する尊王攘夷運動に、はせ参じていったのである。

八　近代日本のナショナル・アイデンティティ

われわれは近世の思想史をたどって、国民国家をささえる「日本人」というナショナル・アイデンティティの発生の現場をみてきた。これまで述べてきたことを簡単にまとめると、以下のようになるだろう。

近世の国家は宗教的な権威と勢力とを抑圧した兵営国家であった。その強固な「武威」と「御威光」の国家のなかで、武士・百姓・町人はそれぞれの「役」を果たすことを義務づけられ、安定したタテの階層秩序を作り上げた。しかし、元禄期以降の商品経済・貨幣経済の進展につれて、そうした安定した秩序が崩れ始め、「俗姓筋目にもかまはず、只金銀が町人の氏系図になるぞかし」と言い切って、カネが家柄や身分よりも重要だとする考えも生まれ、旧来の人間の絆は失われ始めてくる。そこから、武士・百姓・町人の身分を越えた「日本人」というナショナル・アイデンティティを志向しながらも、まったく異なる二つのコースが分岐した。それは「競争が導入され、勝者と敗者が生れる」社会の経済化のなかで、勝者の論理と敗者のそれである。前者が個人の「独立の新しい感情」を基盤にした蘭学であり、後者が敗者・弱者のルサンチマンに根ざし、不安から「新しい服従と強制的な非合理的な活動」をうながす国学であった。

幕末のペリー来航時、「日本国」という意識が湧き出した、と冒頭に紹介した竹越与三郎が論じたとき、念頭にあった「日本人」意識とは主に国学によって表現を与えられた帰属意識であったといえよう。幕末の志士と呼ばれた下級武士や平田篤胤の門人たちは、「魔術的助け手」である天皇へ激情的な服従＝忠誠をすることによって、「藩」や「士農工商」身分の割拠意識を超克していったからである。

国学的な「日本人」意識が前面に出てきた根本的な理由は、兵営国家の大枠が、結局、近世末まで壊れなかったという事実にひそんでいる。幕末に来日したイギリス外交官オールコックが、「政府は、封建的な形態を保持しており、行政のもとになっているのは、これまでに企てられたなかでもっとも巧妙な間諜組織である」（『大君の都』第三章、山口光朔訳、岩波文庫、一九六二年）と感嘆した監視制度は、幕府が倒壊する直前まで機能していた。このような軍隊的なタテの秩序が最後まで壊れなかったことは、社会経済史的にいえば、元禄期に始まった商品経済・貨幣経済の進展の未熟さ、資本主義化の未発達の裏返しであることはいうまでもない。つまり、「競争が導入され、勝者と敗者が生れる」社会の端緒はあったにもかかわらず、十分に発達せず、かえって競争は兵営国家の制約をうけて、ゆがめられていたのである。そのために、現実に進行する貧富の格差への憤懣は内攻していき、カネがカネを生みだす社会の動向にたいするルサンチマンにもとづく国学者の「日本人」意識は高揚したわけである。

そのうえ、揺らいだ兵営国家を再編しようとする支配者たちが、こうした国学者の「日本人」意識を巧妙に利用することによって、大きな政治運動、すなわち尊王攘夷運動を煽動したことも看過できない。その理論的根拠となったのが、幕末志士の聖典であった会沢正志斎（一七八二―一八六三年）の『新論』（一八二五年成）に唱えられていた、後期水戸学の尊王攘夷論である。それは、一言でいえば、兵営国家の「武威」の支配が内憂・外患という国内的、対外的な危機のなかで崩壊しようとしていたときに、幕府側の知識人が天皇をタテの階層秩序の頂点に祀り上げ、大名の参勤交代のデモンストレーション同様に、たとえば天皇の即位儀礼＝大嘗祭を通じて、人々の服従心を調達し、兵営国家を再編成しようとする思想であった。換言すれば、律儀に暮らす人々の「魔術的助け手」としての天皇権威を巧みに利用しつつ、国内統合を図っていこうとするものであったのである。それはたしかに有効な方策であった。兵営国家のなかで真面目に暮らしながらも、不条理感に苦しむ「律儀」な人々のルサンチマンを、カネに汚い夷狄＝西洋列強への憎しみに転化させることによって、大きな攻撃的、激情的なエネルギーを生み出すことができたからである。

思想史的な系譜からいえば、大日本帝国憲法と教育勅語の二つを支柱にする「近代」日本の明治国家は、この後期水戸学の思想に淵源するといってよいだろう。近世の兵営国家の遺産を受け継いだ明治国家は、軍隊や教育、それにさまざまな儀礼・メディアを通して、国学によって説かれた「魔術的助け手」天皇への服従心、「天皇の大御心を心」とする絶対依存的な生き方を上から「臣民」に注入しようとしたからである（安丸良夫『近代天皇像の形成』、岩波書店、一九九二年）。

これにたいして、蘭学者たちが求めた、自己の才能・能力を十全に発揮しつつ、「日本国全体の利益」を図るという考えは、福沢諭吉（一八三四—一九〇一年）の『学問のすゝめ』（一八七二年初編刊）のなかの「一身独立して一国独立する」というテーゼに定式化されたといってよいだろう。明治初期、啓蒙主義団体、明六社の同人は独立自尊の強い個人を生み出すとともに、独立した個人によって担われる国民国家を作っていこうとした。彼らは正しく蘭学の系譜に属している知識人であって、自己の能力・才能に強い自信をもっていた。彼らは、国学者流の「天皇の大御心を心」とする、天皇の命令であれば善悪邪正を論ずることなく、服従するようなマゾヒズム的な精神のあり方を「心の奴隷」であると非難して（加藤弘之『国体新論』）、独立自尊の精神を啓蒙しようとしたのである。

その際、「我心ヨリ外ニ頼ミ力ニスルコトハナイ」といった朱子学の主体性・自律性が、洋学者たちの考えと矛盾しなかったことを付け加えておこう。というよりは、積極的に結びついていた。明治初年、福沢諭吉の『学問のすゝめ』とともに、ベストセラーになった朱子学者中村敬宇（一八三二―九一年）の『西国立志編』（一八七〇年刊）は、イギリスのスマイルス（Samuel Smiles）の『自助論』（*Self-Help*）の翻訳であって、「天はみずから助くるものを助く」（Heaven helps those who help themselves.）という言葉は、「自強、自勉、自ら自己の運命を開拓したる人」（『中村正直伝』）と評される朱子学者の敬宇の価値観とぴったりと重なっていたのである。皮肉なことに、朱子学の自律性・主体性は、明治になって、ようやくその本来の姿を十全に発揮するチャンスがおとずれたといえる。しかし、それはあまりに遅すぎた。自由と平等の西洋思想の滔々とした流入の前では、君臣関係を絶対の「天理」によって根拠づける考えは、すでに陳腐な克服すべき対象となっていたからである。

ともかくも、「日本には政府はありて、国民（ネーション）なし」（『文明論之概略』巻五）と批判した福沢諭吉は、文明の精神としての独立自尊の精神の重要性を繰り返し主張し、人々の卑屈な奴隷根性を革新しようとした。その福沢諭吉は『学問のすゝめ』のなかで、人間の悪徳のなかで、もっとも唾棄すべきは「怨望」であると説いていた。「怨望」は進取の気持ちがなく、他人の有様を見て不平を抱き、他人を不幸に陥れることによって満足する卑劣な感情であって、独立自尊の精神の反対物である。これまでみてきた国学の、そして明治国家によって鼓舞され、「臣民」に注入されたナショナル・アイデンティティとはまさにこの「怨望」に起因していたのである。

I 兵学

第一章　兵学と士道論——兵営国家の思想

一　兵営国家と兵学

武士が支配した近世日本の国家統治は、きわめて巧妙なものであった。丸山眞男氏が「江戸時代の世界史的なパラドックスは、爪の先まで武装し、一朝事あるときには直ちに戦時総動員体制にきりかえられるような統治組織と、反乱・暴動・内乱等のあらゆる萌芽をいちはやく摘みとるように網の目のようにはりめぐらされた（相互監視と密偵の）メカニズムとをもって、つまり、いずれにしてもおよそ「常態的」といえないような軍事的統治の組織と手段とを用いながら、ともかくも二世紀半にわたって、大規模な戦乱から免れた政治的安定を維持し「天下泰平」のイメージを普及させたことにある」（『丸山眞男講義録』第七冊、東京大学出版会、一九九八年）といい、近世日本の国家を「兵営国家」と規定したことはよく知られている。また高木昭作氏も、「近世においては国土それ自体がひとつの巨大な兵営であったといっても過言ではない」（『日本近世国家史の研究』、岩波書店、一九九〇年）と論じている。

この兵営国家統治の原理と方法を理論化した思想は、中国宋代の士大夫＝読書人官僚の学たる朱子学ではないし、ましてや仏教でもない。聖人の作為した礼楽を規範とする荻生徂徠が、当代の政治形態を批判する立場から、「太平の今に至るまで、官職も軍中の役割を其儘《そのまま》に用ひ、政治も軍中の法令を改めず候。是によりて武威を以てひしぎつけ、何事も簡易径直なる筋を貴び候事を武家の治めと立て、是吾邦に古より伝はり候武道に候などと文盲なるもの の存候にて御座候」（『徂徠先生答問書』巻下、一七二七年刊）と説いているが、筆者は、この「政治も軍中の法令を改めず」、「武威を以てひしぎつけ、何事も簡易径直なる筋を貴」ぶ近世日本の国家の支配の理論と方法を提供した思想が、兵学であったと考えている（拙著『近世日本の儒学と兵学』、ぺりかん社、一九九六年）。それは何も新奇な考えではなく、江戸時代の朱子学者によって看破されていたことであった。たとえば、理の普遍性を説いた闇斎学派の佐藤直方は、「日本デハ、軍法ヲ大極ノヤウニ思フテ居ル。……軍法ハ日用デナイ、コレヲサビシク思フテ、イツノ頃ヨリカ、軍法デ国ノ仕ヲキガナルト云コトヲ云出シタ。コレハ唐ニハナヒコトゾ」（『韞蔵録拾遺』巻三）といい、また、徂徠とも親しかった堀景山（一六八八—一七五七年）も、「我朝の武家は武威を護する為に、治世になつてもやはり一向に軍中の心を以て政をしたるもの也。少でも武威が落つれば、人に天下をつい取られ、うかと安い心もなく、平生に気をくばり用心したるもの也。それゆゑ司馬法に「天下雖レ安、忘レ武必危」と云ふことを口実とし、軍学を以て吾道也と心得、これを尊信する」（『不尽言』）と非難していた。とくに、直方は、元和元年（一六一五）の最初の武家諸法度にある「以《テ》レ法《ヲ》破《リ》レ理《ヲ》、以《テ》レ理《ヲ》不レ破《ラ》レ法《ヲ》」の一句は、「権謀者」のものだと強く指弾していた（『韞蔵録拾遺』巻二八）。

　朱子学者の目からすれば、兵学者たちは、戦時の用兵術をそのまま短絡的に平時の国政へ延長・拡大していると見えた。しかし、こうした朱子学者の執拗な非難にもかかわらず、「軍法デ国ノ仕ヲキガナル」という主張が受けいれられる素地は、十分にあった。というのは、もともと近世国家の権力機構が「一朝事あるときには直ちに戦時総動員体制にきりかえられるような統治組織」であるかぎり、戦時と平時の支配が異なるものであると、截然と原理的に分離することは難しかったからである。兵学者が「口実」にするという「天下雖レ安、忘レ武必危」という一句は、武士の支配する近世国家のタテマエとして、誰もが否定できない大原則であった。

こうした「軍法デ国ノ仕ヲキガナル」と主張する兵学とは、普通、想像されるような畳の上の水練式の時代遅れの兵学というイメージとは異なっているだろう。たしかに近世兵学は、戦国時代の戦法や士卒統率術を伝授するという側面もあったが、それにとどまらず、そうした戦術・用兵術を太平の世のなかに応用すべく、新たに創出されたものであった点は看過してはならない。近世の兵学者は、戦国時代に盛んになった呪術的な軍配術（日取・方角・雲気など）中心の兵法から脱して、兵学の道徳学化・政治学化を図っていたからである。こうした方向を大胆に推し進めたのが、一七世紀前半の北条氏長や山鹿素行らの兵学者であった。

その際、朱子学の刺激が大きかったことは認めねばならない。近世の兵学者は朱子学を学びながら、それと対抗するという形で、兵学の道徳学化・政治学化を進めたといってよいだろう。氏長の「兵法は国家護持の作法、天下の大道なり」（『士鑑用法』、一六四六年序）というテーゼは、それを高らかに宣言するものであった。ただ氏長の場合、兵学の根本原理とされる「方円神心の曲尺《かねじやく》」という言説は、「天下を城とし、国は国を城とし、一家の民は家を城とし、一人のときは其身を城とさすなり。身を修れば家斉《ととの》ひ家とゝのほれば国治り、国治れば天下泰平なり。其作法大より小にいたるまで、さらに差別なし。天地の間にありとあらゆるものは、何《いづれ》も一理より生ず。方円神心の外別に作法なければなり」（同右）とあるように、

『大学』の格物・致知・誠意・正心・修身・斉家・治国・平天下の八条目に付会されつつも、また一方で「神心は空劫の一理」（同右）とされ、心法において仏教的な要素を多分に含んでいた。この氏長に学んだ素行は、氏長の兵学の基本的な路線を受け継ぐとともに、そうした仏教的要素を排除し、朱子学を批判的に摂取することによって、兵学の道徳学化・政治学化を完成させたのである。

ここで付け加えておきたいのは、氏長と素行が、こうした役割を担うにふさわしい社会的な地位にいたことである。従五位下、北条安房守氏長（一六〇九―七〇年）は幕府に仕え、将軍家光に兵書を講じた。彼は大目付との兼任で、宗門奉行として幕府のイデオロギー政策の責任者の地位についていた。また、山鹿素行（一六二二―八五年）の弟子のなかには、多数の宗教行政に関与した大名がいる。さらに後に述べるように、素行の弟子たちは平戸藩や弘前藩に登用されてゆき、藩の政治機構や地方支配が確立する、いわゆる藩政の確立に際して、藩主の手足となって活躍しているのである。このように兵学者氏長・素行が近世国家の実際政治に深く関与していたことは、注意しておかねばならない。

二　兵学の国家統治論

まず北条氏長・山鹿素行の著作によって、兵学の軍隊統制論と、その延長としてとらえられた平時の国家統治論を再構成してみよう。これに関しては序章で少し述べたが、本章では『太平記評判秘伝理尽鈔』（一六四五年刊、以下『理尽鈔』と略称する）を付け加えながら論じてみたい。というのは、『理尽鈔』は、近年の若尾政希氏の精力的な史料の掘り起こしによって明らかにされつつあるように、幕藩領主から村役人層にまで広範に普及したからである（『「太平記読み」の時代――近世政治思想史の構想』、平凡社ライブラリー、二〇一二年）。『理尽鈔』には「太平記之評判者《ハ》、武略之要術、治国之道也」とあるが、そこで語られる「治国之道」は兵学的な「治国之道」であって、「武略之要術」と一体のものである。『理尽鈔』では、軍略家・為政者として楠木正成が優れていたのは、システムとして軍隊組織を運用したこと、「軍法」によって軍隊を統制したことにあると繰り返し説かれている。後にも述べるように、それはそのまま「末代」の国家統治に応用されているのである。その意味で、『理尽鈔』は太平記読みを媒介にして、武士層ばかりか庶民層にまで影響力をもった代表的な兵学書としてとらえることができる。

『理尽鈔』によれば、数では劣っている正成が北条軍に勝利をおさめた要因は、統制の行き届いた「備《ソナヘ》」があったからであるという。軍隊を備によって運用する点は、近世の兵学者である氏長や素行にとっても同様である。軍団の基本単位である備は足軽隊（鉄砲組・弓組・長柄組）、徒士隊（槍組）、騎馬武者隊、小荷駄隊から構成される。そのなかには、侍大将・足軽大将以下のさまざまな「役」があった。そこには「諸役の外陣中へ可ニ召連一者」である、儒者、医者・本道・外科、大工・鍛冶、かねほり、しのび在所の案内者、算勘よくして正露に蔵まかなふもの、さるがく、伯楽馬血取、水れん、出家のような非武装の者たちも含まれていた（氏長『兵法雌鑑』人事巻）。この他にも氏長は、たとえば「主不レ持して不レ叶役人」として、「敵の情を知て問をふせぐ役人」たる「智略計策の臣」などをあげている（『士鑑用法』）。近世兵学の戦法は、こうした備を単位として展開されていた。

正成のように、この備を変幻自在に運用するにあたっては、陣中の軍法が重視された。「凡《オヨソ》将ノ戦場ニ趣《オモム》ク時、先軍ノ法ヲ堅クスル物也」（『理尽鈔』巻七）、「陣中常守ニ軍法一、進退可レ従ニ大将之下知一」（氏長『兵法雄鑑』巻二一）。ここでは、備の統制を破る抜け駆けのような単独行為は、絶対に禁止される。「軍《イクサ》ノ勝負ハ、兵、将ノ下知ニ随フト、不レ随《シタガハザル》トニアリ。

兵、将ノ下知ニ随フ時ハ、軍ノ進退軽シ。不レ随トキハ、進退重シ。重キ則《トキ》ハ、軍ニ負ル也。勝ツニ理少シ。図ニ不レ当《アタラザル》ガ故也。此謂歟。将ノ下知ナフシテ、軍ニ趣クハ、勝ト云ヘドモ不忠ニナスト也。後ヲ誡ンガタメ也」(『理尽鈔』巻三)。「諸奉公人大将の御扶持を請《うけ》ながら、忠節の心がけ少く、己が悪意に任せ軍法を背き、或は血気のけなげだてをし、頭奉行の下知をもきかぬ士は、臆病第一の士なり。必ず逆心同意の罪科たるべしと、諸人にふれきかせらるべき事」(『兵法雄鑑』巻一五)。なかでも喧嘩両成敗法は、軍中法度の要になるものであった。この点は、南北朝内乱を舞台としている『理尽鈔』でも説かれている(巻一二)。

このように兵学の統制論は軍中法度によって厳しく律し、楠木正成が赤坂籠城中でも兵の「尽度《じんど》廻リ」(長距離競走)をさせたように、日常的にそれに習わしめ操練することを基本とする。しかしまた一方で、「凡良将ノ兵ヲ用ルニ、衆ノ心ヲ勇ルニシクハナシ」(『理尽鈔』巻六)とあるように、大将は士卒の戦闘意欲を喚起しなくてはならない。軍中法度から逸脱する武士の個々人の判断と行動を否定するとともに、士卒の自発的な服従心を調達するために、人心の巧みな操縦が不可欠となるのである。『理尽鈔』では、正成はこの操縦の名手であった。正成は「生徳ノ才智恵」と「軍ノ道」の学問とによって、そうした操縦術を会得した人物として描かれる。たとえば、「勇ナルハ少ク臆シタルハ多」く、「将ト死ヲ共ニセント思フ者ハ少ク、一身ヲ立ント欲ル者ハ多」いという士卒の実情をリアルに認識したうえで、「士ノ意ヲ計《ハカツ》テソレニ随テ下知セヨ」と、正成は子息に次のように諭したという。「臆シタルニハ敵ノ亡ビンヲ説ケ。味方ノ身命ヲ捨ンコトヲ不レ説。勇ノ過タルニハ、小事ニ命ヲ軽クスルハ道ニ非ズ。但シ義ニ依テ軽クセヨト説ケ」、さらに「血気ノ勇者」には「常ニ血気ノ事ヲ談ジテ義ヲ進メヨ」（巻三）と。このようなきめ細かい士卒への配慮によって、服従心が喚起できると説かれている。

　ところで、こうした戦時の軍隊統制法は、兵学においては、平時の治国平天下にそのまま拡張された。といっても、「軍法デ国ノ仕ヲキガナル」（前出）と、朱子学者が非難するほどストレートであったわけではない。たとえば『理尽鈔』では、「末代」の人心が荒廃した時代にあっては、平時の治国においても、道徳的な教化ではなく、「威」が優先するとされる。つまり、「末代」が信賞必罰の武威の支配を正当化する根拠となっていた。

　上代ニスラ賞罰ヲ明カニセザレバ、難《カナハズ》レ叶。況《イハンヤ》末代ニ於テヲヤ。去《サレ》バ国ヲ治ン者ハ、武勇ト罰トヲ以テ、諸民ヲ令《オソレシメ》レ恐、賞ヲ以テ諸民ニ親フセラレヨト也。罰重シテ過ナル則《トキ》ハ、諸民恐事如ニ鬼神一、賞ノミ在リテ無レ罰則、諸民主思事、幼児ノ父ニ恐ルガ如シト謂シ。然ルニ今ノ直冬《タダフユ》ハ、賞ノミ在シテ、罰モ不レ在。又武勇ノ器ナキガ故ニ、幼児ノ母

ヲ思ガ如ク在リシ故ニヤ。国ヲ治者可二心得一事ニヤ。（巻二七下）

こうした正当化の論理は、兵書『三略』も時代が下ったことによって覇道を容認していたことを想起させる。これが、理想主義的な道徳政治を求める朱子学を批判した古学派の山鹿素行においては、もっと仰々しくなる。その際の決め手が、「武国」という言説であった。日本は天地創成以来、「武威」を重んずる国柄であって、これを軽視するとき、世の中は乱れるという。ともかくも、こうした「末代」や「武国」という言説によって、兵学者は儒教の仁政とは異なる「武威」の支配を正当化し、そのうえで、平時の統治論を説いていくのである。

三　山鹿素行の兵学

といって、軍隊内部の「勇ナルハ少ク臆シタルハ多」い士卒の士気を高めることに苦心したように、平時の国家支配において、武士や農工商の民を統治することはそうたやすいことではない。武士については後に考えるとして、ここでは民衆支配の難しさを述べておこう。そもそもの難しさの理由は、兵学者が、孟子の性善説を信奉する朱子学者のように、楽天的に人間個々に内在する善なる本性を信じられず、民のなかに自発的な服従心などといったものを期待できなかったことにある。むしろ、民は手に負えない頑固さをもっている、と認識されていた。たとえば素行においては、それは、「匹夫匹婦のいやしき、愚不肖のおろかなるまで、各々念仏称名をとなへ、釈迦阿弥陀の名を知りて聖人のあることを不レ知《しらざる》」（『山鹿語類』巻六、一六六五年）民の信仰心にたいする警戒として表現されていた。先にもふれたように、北条氏長と素行は、一六六〇年代の寛文期の宗教行政に関与した幕藩領主との関係が深かった。とくに氏長は、幕府の宗門奉行として、明暦三年（一六五七）の肥前大村藩の郡崩れ（死罪四一一名）以降の「演出された露顕」（姉崎正治）と評される一連のキリシタンの集団露顕事件の責任者であり、その郡崩れの勃発した大村藩は、他ならぬ素行の弟子の大村純長の領地であったのである。

　こうしたキリシタン信徒、さらには「これを信ずる鬼神の如」き（『山鹿随筆』巻一〇）一向宗門徒たちを支配することの困難さは、『論語』の「攻二乎異端一、斯害也已」（為政篇）という一条にたいする素行の解釈に現れているだろう。朱子はこの「異端を攻む」の「攻」の字を「専治」と注して、異端をもっぱら学ぶことは害があると解釈していた。これにたいして、素行は朱子では否定された「攻撃」の意味に解して、異端を攻撃することは害があるとする。

なぜならば、物理的な強制力によっては、民の心服はえられず、禍は内攻するからである。素行は次のようにいっていた。

一旦力を以てこれを攻撃すれば、天子諸侯の命と雖も、ただ屈伏して未だ心服すべからず。害の伏す所なり。（『四書句読大全 論語』、一六六七年）

また民の信仰心ばかりか、町人の「巧言令色」（『謫居童問』巻六）も決してあなどれない。「都城国用通会の地」のような、「人の多く往来する所に居住せずして不レ叶《かなはざる》」工商の民は、「おほくの人々にもまれ巧言令色を事とし、偽を以て真とし、にせものをこしらへてまことの物とす。真偽をまがへ曲を直とすることは、弁才を以てたぶらかさざれば不レ能《あたはざる》がゆゑ、その人品悉く違つて、偽を以て俗とす。されば法令政事出づといへども、己れが偽の心を以てこれをはかるゆゑ、上を偽り奉行をたぶらかすこと必ず多」い、だから「工商を治むること、尤も心を不レ尽《つくさず》ば不レ叶」（『謫居童問』巻六、一六六八年）ことだという。

こうした強《したた》かな民を統治するためには、何より治者は民にたいする主導権を獲得しなくてはならない。素行はこれを、民を制すことと民に制せられることとの違いとして説明している。

凡そ制レ民と、制二于民一との心あり。専ら民に従はんと云ふは、民に制せらるる也。されば良君の政は常に民情に先だつて政を立て、而して民情を計る。是れ民に勝つ所あり、又負くる所ある也。中主はつねに勝つことをこのむ、故に民の困《くるしみ》を不レ詳《つまびらかにせず》。昏主はつねに民に負く、是れ制二于民一也。……政一たび民に制せらるれば、民勝ちて上を軽んじ、令出づと云へども、そむくもの多し。（『謫居童問』巻六）

これはもともと『孫子』の「善く戦ふ者は、人を致して人に致されず」（虚実）と同一の発想である。素行はこの一句を『孫子』注釈書のなかで、「善く戦ふものは、かれを自由にいたして彼にいたされざるごとくする也」（『孫子諺義』巻六）と解していた。もともと兵学では、先手を取って主導権を奪取するために、己を知り彼を知るとともに、「兵は詭道なり」（『孫子』始計）、「夫《それ》士の法其品多し。然ども其本三に不レ出。謀略・知略・計策是なり」（素行『武教全書』巻一上、序段）とあるように、権謀を重んじた。それは、「百戦百勝は善の善なる者に非ず。戦はずして人の兵を屈する」（『孫子』謀攻）ことが兵法の理想であって、暴力的な手段はあくまで最終手段であったからである。孫子の「虚 - 実」「奇 - 正」「形 - 勢」といった対概念は、そうした戦闘・戦争の主導権を獲得するための理論装置であったといえる。民に勝つか、負けるか、これが素行の民衆支配の眼目であったのである。換言するならば、素行の兵学は幕藩領主間相互の戦争を想定したものではなく、幕藩領主対民衆の間の戦争／支配のためのものなのである。これが、近世兵学がたんなる軍隊統制論や戦術・戦略論から治国平天下のための兵学になったことの画期的な意味であった。

　では具体的には、どうすれば民に勝てるのか。それにはまず、民の「人情時変」に応じなくてはならない（『謫居童問』巻五）。さらに軍隊統制のなかで軍中法度を重視したことに対応して、上下の分を定める客観的な制度、「礼」による統治が基本となる。宗教を物理的強制力によって抑圧することの難しさを認識する素行にとって、それは「攻めずして去るの道は唯だ礼にあり。礼立たば則ち異端隆《さかん》ならず。異端隆ならざれば則ち有るも亦無きが如く、何の害かこれあらんや」（『山鹿随筆』巻一一）とあるように、搦手から民の信仰心を骨抜きにする、いわば「戦はずして人の兵を屈する」権謀術策であった。具体的には、その「礼」とは民の衣食住全般を規制する「いがた」であった。

　治道之要《ハ》最《モ》以《テス》レ立《ツルヲ》ニ規制《ヲ》一と云へり。規制と云ふは、天下万民のためにいがたと可レ為《なすべき》事を制して、是れを立てのつとらしむる事也。規制何を以て先んぜんとならば、先づ衣服居宅食物而して日用の用具に各〻規制を立つる也。（『山鹿語類』巻七）

　素行はこうした日常生活の「いがた」を定め、そのなかに民の風俗を流し込むことによって、知らず識らずのうちに民の風俗を画一化し、民の頑強な信仰心を去勢しようとした。家康の発した最初の武家諸法度には、「衣裳之料不レ可ニ混雑一事」として、「君臣上下可レ為ニ各別」と規定されていた。こうした衣服を差別化することによって「君臣上下」の序列をはっきりさせる法度は、武士ばかりか、農民にまで拡張されていくが（儒教でいう、刑法と区別された、礼教ではないことに注意！）、素行はこうした法度によって規定される「いがた」によって、民を制御することができるとしたわけである。

ところで、こうした上下の分を定める「いがた」による統治論をささえていたのが有機的社会観（尾藤正英氏「役の体系」）である。たとえば、氏長はいう。

兵と云は士をさして云。天地の間にすむもの衣食住の三かけては叶がたし。或《あるいは》田をかへし、或蚕をやしなひ、衣食を調《ととのふ》るを農人と云。其器をこしらへ、家をつくり、居を安くするを工人と云。器をば農人にくばり、食を工人にあたへ、これを持はこびて世を渡るものを商人と云。是を三宝と云なり。農其国に盛なれば食たり、工其国に盛なれば器たり、商其国に盛なれば宝たるがゆえなり。然ども国に守護なきときはたがやさずして喰、工せずして家におり、あたひなくして宝をうばひ、三民をみだる邪《よこしま》なるもの出来る。是を盗人と云。其盗人を征罰して、泰平の世となす役人を名付て士と云なり。士農工商の四民是なり。（『士鑑用法』）

武士が「盗人を征罰」する「役人」であるように、非武装の農工商の三民も国家の一部の役を担っているという。こうした社会的分業論は、すでに、氏長・素行の兵学上の師小幡景憲が編纂したと推定されている『甲陽軍鑑』（一六五六年刊）にみえるものである。「商人は商の道、百姓は耕作の道、能く仕るは、其国、大将の為に大きなる宝也」（品第三〇）。さらにこうした有機的社会観の典型として、江戸時代、最も普及したものが、序章にも紹介した『東照宮御遺訓』の一節であろう。そこでは「国家」は「一つの鳥」に譬えられ、「鳥の志」は大将、「羽ぶし足」は侍大将、「風切七つ羽尾の羽」は諸士とされ、「其外の毛は百姓職人町人惣而一切の国民に准《なぞら》」えられていた。そして、「鳥の心のままに飛行をなすが如く、大将内に在て依怙贔屓なく邪正を正し善政を行へば、其下の士農工商が志を一つに主人の為に身命を惜しまぬ故に、千万の敵に向ひ千里の道を行《ゆく》も心やすく遠からざるぞ」と説かれていた。

　武士ばかりか、農工商の三民も含めて、それぞれ「国家」の役を担う。誰もが「国家」にたいする義務を負っているのである。ということは、その役を怠ったときには、容赦なく成敗される。この成敗の論理が、『理尽鈔』のなかに鮮やかに説かれている。

> 国主忠有テ執政私ナク下民ヲ利スレバ、民主ヲ親フシテ国不レ労不レ貧国家安泰ニシテ久ク国ヲ保ツトカヤ。又臣ヨリ民ニ至ルマデ国中諸人ノ安楽ヲ好則《コノムトキハ》、国ニ無二盗賊一無二奸曲一是ヲゾ戸サ、ヌ御代ト申ストニヤ。是ヲ報国ノ忠ト云フ。何ゾ国ノ土地食ヲハンデ、

報国ノ忠ナキ者人倫ニ有ランヤ。家ニ材木多シ。一トシテ家ノ用ニ不レ立《タタザル》ナシ。国ニ万物有リ。一トシテ国ノ用ニ不レ立ナシ。非情スラ然也。畜生同シ益《マシ》テ人倫ニ於テヲヤ。
上一人ヨリ下万民ニ至マデ報国忠ナカラン者、天地ノ道理ニ背クゾカシ。（巻三五）

若尾氏は『理尽鈔』のこの一節を引照しながら、「領主とは別個に、領主を超越した「国」という理念を措定し、「国」の下にあらゆる勢力（領主・家臣・民）を編成・統合しようとする「国家」論を提起している」（前掲書）と指摘しているが、ここでは、主君家臣に属する武士ばかりか、「下万民」までの非武装の農工商の民もふくめて、すべての者は自己の職分を果たす「報国の忠」が求められ、「国の用」に立つことが強制されていたことに注意しておきたい。換言するならば、「国ノ用ニ不レ立」無用者は畜生にも劣る存在、「遊民」として排除される。もともと「遊民」の語は、儒者の排仏論で使われたものだが、これが「国家」全体の無用者の代名詞となる。素行の学統をつぐ、弘前藩士津軽耕道は次のようにいっている。

民政亦怠惰を戒るを要とす。民間遊手多きものは国の費《ついえ》なり。童子小婦に至るまで、相応の職を令《れい》すべし。本朝浮屠を信ずること、世々損益す。尤も遊民の首頭にして、事物の益たること少し。彼本《もと》一衣一鉢の清貧を素意とす、若し富ときは稍《やや》害あり。窃《ひそか》に案ずるに、浮屠の天下にある、亦武治の一用たり。これ兵法に所謂無用の用なり。（『武治提

要』下篇）

「遊民の首頭」たる僧侶は「武治の一用」たるかぎりにおいて、その存在を許される。『理尽鈔』でいえば、僧侶は護国の教化・教導の「役」を担っているのである。逆にいえば、この役を果たさなければ、「遊民」として切り捨てられる。「遊民」は、「国の用」に役立たない無用者であった。ヘルマン・オームスは、「軍事的統制が社会的秩序のモデルを形成する」近世国家を兵営国家と規定したうえで、「村々は軍隊式生産団体となり、誰も「役人」となったのである。役立たずであることは非公民的なことであり、この団体に対する不従順やそれからの離脱は、社会破壊の主要な形態として攻撃の標的となった」と指摘している（『徳川イデオロギー』、黒住真ほか訳、ぺりかん社、一九九〇年）が、まさに「童子小婦に至るまで、相応の職」を強制して、怠惰な「遊民」を排除する「国家」は、兵営国家であったといってよいであろう。

四　山鹿素行の士道論

この「国家」では、武士は戦時に軍隊の備《そなえ》のなかで役を遂行したように、平時には、「民を制する」民衆統治を課せられた主君を助ける家臣としての役を果たすことが求められる。ここでは、主君個人への心情的な忠誠ではなく、「国家」の機関として主君への奉仕が期待される。素行において「忠」は、「君長を利するを以て忠」とすることではなく、「人の為に謀り来り、国家天下の為にして、其の私を利せず、其の己を有せ」ざるもの「公共底の忠」であった（『山鹿語類』巻三七）。

この「国家」の機関の一翼を担うためには、武士は自己の主観的な判断・行動を自己否定しなくてはならない。素行は朱子学の「本然の性」といった自己に内在する「天理」の存在を認めなかったが（『聖教要録』）、これは軍隊統制において、抜け駆けを否定したことに対応するだろう。素行によれば、「我が心を以て定《さだむる》二是非一を私と云ひ己れと云ふ」（『謫居童問』巻二）のであり、武士は、そうした「自我心を証拠」（『謫居童問』巻四）とする判断・行動を抑制して、視聴、言語、容貌、飲食の用、衣服の用、居宅の用、器物の用といった日常生活の些細な行動までも「礼」に従い、威儀を正すことが求められる。「無知」な三民はこうした「礼」＝「いがた」から逸脱しようとするが、武士は能動的にこれを自らのものとし、規律化の模範を示さなくてはならない。素行によれば、それが、太平の時代「不レ耕シテクライ、不レ造シテ用イ、不二売買一シテ利タル」（『山鹿語類』巻二一）武士の存在理由であった。もしその「職分」を果たすことができないときには、武士もまた役立たずの「遊民」に転落するのである（同右）。

ただ、「国家」の「礼」は必ずしも自己の心情や価値観と一致しうるものではない。むしろ嫌々ながら、実行せねばならないものもあった。たとえば、先にふれた喧嘩両成敗法である。もともと、喧嘩は武士の名誉感情の発露であった。それを陣中という理由だけで、抑制しなくてはならないとしたならば、「諸侍男道」のきっかけをはずすことになる（『甲陽軍鑑』品一六）。しかし、だからといって、これを容認することはできない。「国家」への忠誠が優先するからである。そのためには、自己を厳しく律していかねばならない。もちろん、こうした自己抑制は喧嘩に限らない。たとえば『理尽鈔』には、次のような葛藤が描かれている。

　子ヲ愛スルヲ専トシテ、軍ヲ次ニスル条、是又悪シ。……親ノ子ヲ思フ事、人倫耳《ノミ》ニ非ズ。畜類スラ然也。去共《サレドモ》、人倫ノ法ハ為レ国為レ君、親子ヲ捨テ可レ歎ヲ不レ歎、可レ患ヲ不レ患ヲ以テ道トス。義助何ゾ大事ノ合戦ヲ次トシテ、子ノ為ニ一命ヲ捨テ、又軍ヲ乱セル。……軍ノ備乱テ敗セル端トナレリ。大ニ悪敷《アシキ》事也。（巻一四）

「子ヲ愛スルヲ専トシテ」、軍法に違反して「軍ノ備」を乱すことは、「大ニ悪敷事」である。逆にいえば、「軍ノ備」のなかで役を完遂するためには、「親ノ子ヲ思フ事」を捨てなくてはならない。思うに、この『理尽鈔』で描かれるような「子ヲ愛スル」心情と「為レ国為レ君」に「親子ヲ捨テ」なくてはならない義務との葛藤に耐えることのできる武士こそが、素行の士道論の目標であった。

素行はこうした葛藤を、彼自らの父親の葬儀を記録した『枕塊記』（『山鹿語類』巻四四）で吐露している。「聖人の説」によれば、喪礼はあしかけ三年と定められているが、「国俗」すなわち仏教の習俗では、五〇日を忌中とする。この「聖人の説」と「国俗」との板挟みのなかで、素行は「国俗」に従うことを「已《や》むことを得ざる」行動とみなす。しかし、「已むことを得ず」、五〇日の喪があけて「公門に出入」したとしても、一旦、帰宅すれば、喪服に着替えて、酒肉も飲食しなかったという。さらに「聖人の説」によれば、亡骸を埋葬する以前に、朝夕酒食を供えることになっているが、「国俗」では死後時を移さず葬る。そのため、素行は「国俗」に従い埋葬した後に、百日間、墓前に詣でて朝夕供え物をささげたという。その際、「寺門に入る前は礼服を整へ、公門に入るが如くし、道路の間は微服潜行して人に逢はざらんことを要す。凶服喪者は人の悪《きら》ふ所なり」といい、こっそりと行えと戒めていた。こうした自己の「孝子の情」を抑制して、毅然とした態度で「国俗」に従う武士、これが素行の求める武士である。

これは、主君「押込」という極限的な状況に際しても、適切に処置しうる武士像だともいえるだろう。笠谷和比古氏は、「忠」は「君長を利する」ことでなく、「国家天下の為に」謀ることだという素行の議論に、家老・重臣層の手で、不徳・無能の主君を拘束・監禁し、最悪の場合には廃立を決定する主君「押込」慣行を正当化する論理を見いだしている（『主君「押込」の構造――近世大名と家臣団』、平凡社選書、一九八八年）が、自己の主観的な心情を抑制して、「国家」のために「已むことを得ず」行動する主体にしてはじめて、そうした非常手段もとれるであろう。また厳しく自己規律しうる武士は、たとえば軍隊内部の士卒の士気を喚起するために、さらには「民を制する」ために、さまざまな術策・謀略を駆使できる主体であったといえよう。

ここで想起すべきは、素行の弟子たちが、いわゆる藩政の確立期に重用されていることである。平戸藩では、素行の弟義行が家老に登用されたのをはじめ、『山鹿門人帳』には、熊沢右衛門八、熊沢作右衛門、滝川右京大夫、滝川弥一右衛門、水野宇兵衛、水野新右衛門などの諸士名が記されている。このうち熊沢、滝川の諸氏は、素行の有力な庇護者の一人である松浦鎮信によって登用された。また弘前藩でも、寛文・延宝期に藩主信政によって、素行の娘婿の喜多村源八や山鹿八郎左衛門といった素行の一族と門人が、上級家臣として数多く登用された。彼らは、先代以来の譜代の老臣を排除して、藩主権力を強化していく際に、藩主側近として召し抱えられ用人などの重職に登用され、支配機構の整備を推進した。彼らは、藩政の確立期に藩主の手足となり、福田千鶴氏の指摘する「口まねする家老」（「幕藩制的秩序の形成——藩政確立をめぐる諸問題」、山本博文編『新しい近世史　国家と秩序』、新人物往来社、一九九六年）として、主君の「御用」を代行する仕置型家老として活躍したといえよう。こうした役を担うためには、主君への心情的な忠誠ではなく、「国家天下の為に」謀る「忠」と、「民を制する」ために自己抑制しうる武士こそがふさわしかったであろう。

五　幕末の兵学

内憂と外患の差し迫った幕末は「兵学の季節」（野口武彦氏）であった。このとき、素行の後裔はどのように対応したのか。ここでは、近世兵学の完成形態であった素行兵学の正統的継承者、素行六世の子孫、山鹿素水（？—一八五七年）を取り上げてみたい。素水は、弘前藩士山鹿高備の子で、はじめ津軽寧親に仕えて三〇〇石に遇された。文政一一年（一八二八）に致仕の後、諸国を遍歴したが、天保一四年（一八四三）、佐藤信淵の後援者としても知られる丹波綾部藩主九鬼隆都に重用され、兵学を講じた。後に幕府の武術調練機関として設立された講武所の総裁一〇人の内に列した隆都は、講武所に山鹿流の兵学を採用した。また素水は彦根藩とも関係が深かった。彼は嘉永元年（一八四八）に、このとき、相模国海岸警備の任にあたっていた彦根藩の用人宇津木六之丞に、『月の光』（東北大学附属図書館狩野文庫所蔵）という海防にかかわる書を呈上している。宇津木は国学者長野主膳とともに、井伊直弼の施政を補佐した人物である。ここでは、『月の光』と同じく、嘉永元年に書かれた『海備全策』を中心に素水の兵学を一瞥し、これまで述べてきた近世兵学の結末を見届けておきたい。

素水は、「嗚呼外寇ハ天下ノ大患国体ニ係ルノ大事」（『海備全策』巻一）と、対外的な危機感を強くもっていた。素水がそうした危機感を抱くのは、「世界比類ナキ神州ノ武徳ヲ穢《ケガ》」（巻一）されることを恐れたからである。素水からすれば、それが穢されないようにするためには、「鎖国」が最善の策である。

然レバ如何ニ乞モ、如何ニ兵威ヲ加フルモ、断然トシテ益《マスマス》鎖国ノ制ヲ厳ニシ、武備ヲ全ク光輝シテ不虞ヲ守リ、大寇来リ至ルモ、我神州ノ勇武ヲ震ツテ、遠ク払フノ策詳カナラズンバアルベカラス。（巻一）

しかし、かといって、アヘン戦争の際の清国のように「手荒キ処置」をして戦端を開くような拙策をとるべきでない。ここ「両三年」は、「寛ヲ以テ要トシテ事ヲ破ラズ」対決を回避して、その猶予期間中に「実備ノ策」を実行しなくてはならない。さもなければ、「大ニ破レテ嘲ヲ全世界ニ受、大国ノ恥辱ヲ晒《サラ》」すことになる（巻五）。もちろん素水とても、「足軽ハ小連綾千鳥等ノ業《ワザ》ニテウタセ、其間詰ラバ長柄ニテタタキ立、次ニ士槍ニテ突入ラセントス」るような、旧来の備を単位とする「吾国ノ兵家」（巻七）の戦法が、西洋の銃砲を中核とする軍隊に通用しないことは承知していた。しかし、「西洋ノ学ヲ主張スル者」のように、西洋式の銃砲・戦艦の優秀性を誇張し、その脅威をあおって、積極的な移入を図ろうとすることも、「実用」的ではない（附言）。では、素水の主張する「実備ノ策」といえば、西洋の戦艦を撃退するために、小型の軍船である小早船《こばやぶね》を多く造れというものであった。そして、大砲の猛烈な攻撃のなか、それらを迅速に走らせて、沖合に浮かぶ西洋の戦艦に乗り付けさせ、「熊手飛ロヲ打カケ打カケ乗込ナガラ、抜刀シテ撃入ラスベシ」（巻二）というのが、彼の唯一の「実用」的な戦法であった。西洋の軍事力にたいする、素水兵学の軍事技術と戦術上の敗北は明らかである。

こうした素水の敗北はまた、それがよってたつ軍隊統制論、ひいては近世国家支配のあり方そのものの破綻であった。というのは、士道論によって鍛練された武士という像は、長きにわたる太平のなかで幻想に過ぎないうえに（素水の弟子であった吉田松陰はこれを真面目に実践したが、例外的存在であった）、より根本的には「武威」によって統治してきた、素行流にいえば、上下の分を定める「いがた」にはめこんで去勢してきた民のなかに、自発的な服従心を期待することができなかったからである。その破綻は、次のような議論に現れているだろう。素水は、海岸線に築かれた砲台が西洋艦船の前ではひとたまりもないことも百も承知していた。にもかかわらず、なおその有効性を認めた。それが対国内向けに、一定の効果を発揮するからである。

治世ノ弊ハ士道衰弱スルヨリ士威ウスク、下民士ヲ軽ンズルニ至ルコト多シ。サレバ戎衣ヲ粧ヒ、陣列ヲ整エ、大小ノ砲ヲ放シ、威武ノ厳然タルヲ示ス時ハ、大ニ其威ニ恐懼シ、士ヲ重ンズルノ心深クナル処ヨリ、我命ヲ重シ懼レ、彼ヲ軽ンズルニ至ルノ大徳アリ。砲台ニ於テモ折々砲発シテ、其猛烈ナルヲ見セシムルハ、皆是彼レヲ守リ、吾民心ヲ服セシメ、其情ヲ結ノ要トナル処也。（巻三）

幕末の兵学者素水には、民の「士ヲ重ンズルノ心」を喚起する術策として、厳《いか》めしく操練する武士の武威に「恐懼」させることしか思い浮かばなかった。だから、「太平無事ノ日ハ苛政ニ苦ト雖、民訴ルニ処ナク、辛苦ニ堪エズトハ雖、其罰ヲ恐レテ恐懼スルコト深ケレバ、其命令ニ背クコトナシト雖、大節ニ至テハ必ズ下ノ心強ク、上ヲ軽ンジテ其命ヲ聴クコトナク、却テ乱ヲナスニ至ル。実ニ可レ懼可レ慎ハ此一大事也」（巻三）と、武威が失墜したときの民衆反乱への恐怖感は、切実であった。こうした危惧は、アメリカ使節来航の予告に接して、より決定的なものとなった。ペリー来航直前の嘉永六年（一八五三）正月に書かれた上書では、素水は、艦隊の攻撃のために、江戸近郊の「老若男女」が一時に江戸に流入して、「市中大騒動」になることをもっとも憂慮した。このときには、太平の逸楽で困窮し、「士気衰弱仕、驕奢浮靡に走」っている江戸在府の諸大名や旗本らには、もはや何らなす術もなく、将軍の「日光久能」動座という最悪の事態も予想しなくてはならない。そのときには、「江都空原に相成、御武徳も減じ可レ申」と慨嘆するしかなかったのである（『山鹿素水上書』、東北大学附属図書館狩野文庫所蔵）。

渡辺浩氏は、超越的な道理の支えを持たない近世国家の「御威光」の支配の脆さを論じている（「「御威光」と象徴」『東アジアの王権と思想』、東京大学出版会、一九九七年）が、素水の敗北は、そうした国家統治の原理と方法を理論化してきた兵学の結末でもあった。

付論1　中国明代の兵家思想と近世日本

『孫子』注釈と明代兵家

前章でみたように、近世日本の国家は兵営国家であった。徳川家康の制定した最初の武家諸法度に引用された「治不レ忘レ乱」（『易』繋辞下伝）という言葉をかりれば、それは「乱」への予防体制が凍結された国家であった。いわゆる元和偃武以降、「徳川の平和」と評されるような泰平の世が続いたが、この「治不レ忘レ乱」というスローガンは堅持されたのである。この国家では，軍事が政治・経済・教育のあらゆる領域において優先し、軍事的発想がすべての基本になっていた。殊に政治と軍事の関係に注目するならば、幕府と藩における平時の行政組織は、戦時にはそのまま軍事的な組織に移行できるようになっていたばかりか、平時の政治も軍隊の統制術を適用して行われていた。

近世の兵学はこの兵営国家の支配を正当化しようとする思想であった。それはたんに軍隊統制術や戦闘術のみを論じたものではなく、兵営国家のあるべき統治の姿とそこに生きる武士と百姓・町人らにあるべき道徳を提示する政治学であり、また倫理学でもあったのである。近世日本の兵学は、基本的には戦国期末の軍隊組織の統制法をベースにしていたが、その理論化にあたっては、中国の朱子学や兵学の言説を利用していた。本論では、このうち後者の中国の兵書から何を学んだのかについて、考えてみよう。

中国兵家の受容問題を考えようとすると、二つの焦点があったと思われる。第一は武経七書（孫子・呉子・司馬法・尉繚子・三略・六韜・李衛公問対）、とりわけ『孫子』受容の問題である。日本の兵学思想史は、「『孫子』解読の積み重ねであった」（野口武彦『江戸の兵学思想』、中央公論社、一九九一年）と極言されるほどに、近世日本には、数多くの『孫子』注釈書が著された。それらは、もちろん純然たる兵学者によるものもあるが、そのほとんどが儒者によって書かれていた。そのなかには、朱子学者（林羅山・新井白石・山口春水）、徂徠学者（荻生徂徠）、仁斎学者（河田東岡）、折衷学者（伊藤鳳山）などが含まれ、儒学の学派的立場の違いを越えていた。

彼らはその注釈において、道徳と詭道、政治と軍事などの儒学と兵学の対立の原理論に向かい合った。彼らは、中国や朝鮮の儒者のように、はじめから道徳と政治の優位は分かり切ったことだと、論外におくことはできなかったのである。なにしろ軍事を優先させる発想こそが、彼らの生きる近世国家＝兵営国家の本質であったからである。それを否定するか、肯定するか、あるいは何とか折り合いをつけるか、いずれにしても何らかの態度表明を迫られていたのである。その意味で、この『孫子』は近世日本の儒者にとって避けては通れない思想課題であった。

たとえば、近世日本の代表的な注釈書である荻生徂徠の『孫子国字解』（一七五〇年刊）によって、その問題にたいする一つの解答を紹介しよう。徂徠は『孫子』の性格を次のように規定している。

孫子一部ハ専ラ合戦ノ道ヲ説テ治国平天下ノ道ヲハ説カズ。（『孫子国字解』始計篇）

徂徠は戦争と政治を分離し、『孫子』を前者の兵法書と位置づける。その上で、思う存分、彼は戦争固有の規則の追求を試みた。ここでは「詭道」は道徳の制約から自由になり、戦争に勝利する目的のためにはどんなことも許される。道徳や迷信さえもその手段として利用されるのである。

先に述べたように近世国家＝兵営国家においては、軍事が政治に優先した。その支配のあり方を正当化しようとした兵学者は、朱子学者佐藤直方に「近時ノ権謀者ハ仁義ノマネモセズニ、詭道ヲ以テ国家ノ政ヲ為スベキト云ハ、無二忌憚一ノ甚ナリ、可レ畏」（『韜蔵録』巻五）と批判されるように、戦時の「詭道」を平時の治国平天下の支配にまで拡張しようとしていた。これにたいして、多くの儒者は詭道と道徳、軍事と政治の関係をあいまいなままにして、両者の間を弥縫しようと腐心した。ここに軍事国家に生きる日本の儒者の隘路があったといえよう。そのような趨勢のなかで、徂徠は軍事の領域（この領域では徹底的なリアリストであったが）を限定することによって、それとは異質の平時における政治（徂徠においては「聖人の道」）の領域を確保して、「聖人の道」の優位性を説いていたのである。

このような『孫子』受容の問題は近世日本の思想史の興味あるテーマだが、これについてはひとまず佐藤堅司氏の『孫子の思想的研究』（風間書房、一九六二年）と野口武彦氏の『江戸の兵学思想』にゆずり、本論では近世日本における中国兵家受容で焦点となった第二の問題、すなわち明代兵家の受容を取り上げたい。

先の『孫子』注釈においても、近世前期には劉寅『武経直解』二五巻（一六四三年和刻）、黄献臣『武経開宗』一四巻（一六六一年和刻）などの明代の注釈書が和刻され流布したが、それとともに注目すべきは、戚継光撰『紀効新書』一八巻（一七九八年和刻）、『練兵実紀』九巻・雑集六巻、茅元儀編『武備志』二四〇巻（一六六四年和刻、鵜飼信之訓点）、王鳴鶴編『登壇必究』四〇巻、何汝賓編『西洋火攻神器説』一巻（一八〇二年和刻、平山潜校）、趙士楨撰『神器譜』一巻（一八〇八年和刻、清水正徳校）などの兵書である。これら明代兵書はいわゆる南倭北虜の外患、殊に南倭＝倭寇に対抗するための軍隊統制論・海防論・軍事技術を論じたものであった。なかでも海防論は、中国兵家思想史において画期的なものであった。『武備志』巻二〇九「海防」の項で、茅元儀は次のようにいっていた。

茅子曰く、海を防ぐこと、豈に言ひ易からんや。海の防ぎ有ること、本朝より始まるなり。

後に述べるように興味あることは、倭寇にたいする明代の海防論が、近世後期に西洋列強への防禦策として参考にされた点である。近世日本の人々は、ちょうど明代の人々が倭寇＝夷狄に抱いたような恐怖感をもって、西洋列強＝夷狄を受けとめ、もともとは倭寇の侵略に抗するための明代の海防論を自らの国を守るための一つのモデルとして受容していったのである。本論では、これまで看過されてきたこの明代兵家の受容と反撥の問題について、主にその代表者である戚継光の軍隊統制論と海防論を近世日本の人々がいかに受けとめたのかを明らかにすることによって考えてみたい。

陸軍――戚継光の節制論受容の問題

戚継光（一五二八―八八年）、字は元敬、号は南塘。山東蓬萊の人。一六世紀中頃の嘉靖年間、継光は、浙江省で志願兵を特別募集し全く新しい精強な軍隊を組織し、総兵官胡宗憲のもとで倭寇撃退に大きな功績をあげた。彼の軍隊は「戚家軍」と呼ばれ、鉄の如き規律をもった「節制の師」であった。「節制の師」とは、明治初期の啓蒙学者西周が「人ヲ器械ノ如ク用ウル考ヘナリ。即千軍万馬モ大将一人ノ自ラ手足ヲ動カス如ク指揮スル考ヘニテ、此「メカニズム」ノ意ヲ訳スレバ節制ノ兵ト謂フベシ」（『兵家徳行』、一八七八年）と説明しているように、大将の命令によってあたかも「器械」のように一糸乱れず運動する軍隊を意味する。継光は、明代の腐敗した社会のなかで、そのような厳格な規律をもち士気の高い軍隊を作り上げたのである。彼の軍事思想の中心となる節制論はその経験をふまえて書かれた、きわめて実戦的な軍隊統制論であった（戚継光の思想については、黄仁宇『万暦十五年』（稲畑耕一郎・岡崎由美・古屋昭弘・堀誠訳、東方書店、一九八九年）と閻崇年主編『戚継光研究論集』（知識出版社、一九九〇年）参照）。

では、継光は「節制の師」をどのような方法で組織したのであろうか。まず継光は兵士の精選を重視し、その志願兵募集にあたっては、都市の「城市游滑の人」＝「奸巧の人」を除外して、顔色が「土作の色」の「郷野老実の人」＝「愚鈍の人」を選抜せよと説いた。その理由は、農村の郷野愚鈍の人は「官府を畏れ、法度を畏れ、我の顚倒の術を測らず、誠信の感孚し易く、愾気の振作し易」（『紀効新書』巻一、原選兵）く統率しやすいためであるという。その選抜において、継光が資質の条件として最重視したのが「胆気」であった。後に述べる近世日本の兵学者との比較の上で注意すべきは、それが「忠義」ではなかったことである。もともと寄せ集められた「郷野老実の人」にそのような自発的な服従心・戦闘意志を求めることは難しいだろう。はじめからそのような「忠義」を期待せず、しかも彼らから死をも恐れない戦闘意志を引き出すことが、継光の節制論の中心問題であった。

その際、決め手になるのが「賞罰」である。継光は「賞罰は軍中の要柄」（『練兵実紀』巻二）といい、士気を高める手段としての信賞必罰を重んじた。殊に懲罰は厳しく、部隊を離れ小便をしに行った兵士は、耳切りの刑に処せられたこともあった。しかもその執行にあっては、一切の私情を排すべきだとされた。

如《も》し賞すべき者、即ち将領と共に天を戴かざるの恨みあるも、亦た禄賞を要す。患難も亦た須く扶持すべし。如し軍令を犯さば、便《すなわ》ち是れ親子姪も亦た、法に依りて施行するを要す。決して恩讐を報施するを許さず。（『練兵実紀』巻二）

ここでは、中国において最も重視された親子の親愛の感情さえ退けられた。また、継光は処罰に際しては、連座法を導入した。たとえば、同じ分隊、同じ小隊において、一人が退却すれば誰か一人の首が切られ、隊の兵士全員が退却すれば隊長の首が切られた。隊長が陣没していながら兵士全員が退却したならば、皆の首が切られたという（『紀効新書』巻三）。

さらに継光は日常的な訓練によって、士卒には命令に絶対服従することを教え込み習性とさせることを説いた。その訓練法は精密をきわめていた。『練兵実紀』の項目だけをあげれば、「練伍法」（巻一）、「練胆気」（巻二）、「練耳目」（巻三）、「練手足」（巻四）、「練営陣」（巻五・六・七・八）、「練将」（巻九）とあることからも察せられるように、実に整然としたものであり、この実用的訓練法が戚継光の節制論の大きな特徴であった。

では、このような戚継光の節制論は近世日本の兵学にどのように受けとめられたのであろうか。これをみる前に、簡単に近世兵学の統制論の特質について再度触れておかねばならないだろう。戦国時代の末期、中世を通じて進行しつつあった戦闘方法の変化がほぼ完成した。すなわち騎馬武者中心の戦闘形態とは異なる、機構としての軍隊の組織戦に移ったのである。近世の兵学の統制論はこの戦国末期の戦闘方法を基準に定式化された（武田信玄と上杉謙信はその理想であった）。ただ近世兵学が描く基本的な戦闘の筋書きとは、足軽から成る鉄砲隊・

弓隊・長柄隊の攻撃によって敵との間合いを狭めていき、その小競り合いの後、槍と刀をもった騎馬武者が合戦の最終決着をつけるというもので、確かに組織戦を想定していたとはいえ、合戦の主役はあくまで騎馬武者であり、中世以来の武装自弁の武士の「忠義」「名誉」がなお基礎におかれていた。そのため、「メカニズム」(西周)として軍隊を運用していこうとする立場と武士個々の名誉心を重んずる立場とが衝突することがあった。端的には、軍法によって厳禁されているにもかかわらず、抜け駆けのような独断専行が、武士の名誉心の発露としてなお許容される余地があったのである。近世初期の兵書『甲陽軍鑑』における喧嘩両成敗法をめぐるやり取りは、そうした両者の相剋を端的に物語っていた(和辻哲郎『日本倫理思想史』巻下第五篇第二章参照)。

まず最初に、近世日本の兵学者で初めて戚継光の節制論を体系的に受容した長沼流兵学の祖長沼澹斎(一六三五―九〇年)をみてみよう。彼の主著『兵要録』(一六六六年頃成)は、継光の『紀効新書』『練兵実紀』を多く引用しているが、そのなかで澹斎は、軍隊統制の基本が「節制」にあることを継光の言葉を引照しながらいう。

戚子曰く、「節制を舎《す》つれば、必ず軍《いくさ》すること能はず」と。愚謂へらく、軍に節制無ければ、則ち兵勢甚だ弱し。(巻一、節制)

澹斎は、この継光の節制論を下敷きにして、軍隊の「操練」の必要性を説き、また先に引用した『練兵実紀』の一節を引き信賞必罰を主張した（巻七、禁令）。ここでは、軍律の厳格な執行が求められ、武士の名誉心の発露とされた抜け駆けは否定される。

合戦の日、本隊部を脱離し、独り先進する者は斬る。賊首を獲来る者は準ぜず。近世此の事有り。賊首を獲来る者は之れを賞す。是れ本朝武を励ますの過盛、最も節制を害す。即今切に禁ず。（巻八、士卒罰条）

諺に云ふ、務めて勇功を立つる者は、設《たと》ひ法を破らしむるも亦た極めて好しと。此れ良士の言に非ざるなり。已に法を破らば、何の功を立んや。甚だ節制を害し、忠義を失ふ。（巻十、練心胆）

澹斎において注意すべきは、しかしだからといって、「忠義」それ自体が否定されたわけではなかった点である。継光が士卒の資質にどんなことも恐れない「胆気」を求めていたのにたいして、澹斎は「胆気」以上に「忠義」を優先すべきだとする。この点で、継光の節制論と異なっていた。「士為る者、義無く智無ければ、則ち胆気壮健と雖も、其の賤劣安んぞ得て是れ［猛獣］に異ならんや」（巻九、練心胆）。しかもその忠義心は、あくまで道徳的に洗練すべきものであった。

凡そ士は節を守り死を致す。其の志、義の為にする者は上なり。名の為にする者は次なり。本朝の士風、甚だ名を貪る。故に或は名を要《もと》むるを誤認し、以て義と為す者有り。蓋し義を行ひて名を成す者は善し。名を要めて功を成す者は卑し。況んや其の志利禄に専らなる者をや。戦功有りと雖も、亦た以て士と為すに足らず。（巻九、練心胆）

澹斎は、現実の武士の功名心（抜け駆けにいたるようなエネルギーの源泉）を否定し、それを軍律の枠内に抑制し、道徳的に完成された「士」を理想とした。澹斎は、継光の節制論を基本にしながらも、それに欠けていた士卒の自発的戦闘意志を野放図な武士の功名心ではなく、節度ある武士の忠義心に求めようとしたのである。もちろん「和漢の事跡を検察するに、仁義の為に死を致したる者は古来極て少く、又任侠と情愛の為めに命を捨る者は年々甚だ多し。茲《ここ》に仔細を論ぜんに、凡そ人の最嬉《うれしきこと》の甚しきは人に恋慕《ほれ》られたるより嬉きは無し」（佐藤信淵『兵法一家言』巻三、一八三三年自序）とあるように、近世日本の武士が『葉隠』的な主従間の情誼ではなく、観念的な道徳理念に殉ずることができたか否かは保証の限りではないが、この澹斎にみられる穏健な軍隊統制論が、近世日本の兵学の一つの典型であったといえよう。

こうした穏健論にたいして、武士の忠義心を全否定して、徹底的に「メカニズム」（西周）

として軍隊を運用していこうとしたのが、近世日本において継光の節制論をもっとも忠実に受容した荻生徂徠の『鈐録』（一七二七年自序）であった。徂徠が戚継光の節制論に注目するようになったきっかけは、古老から聞いた朝鮮出兵における秀吉軍の敗北の教訓であった。太閤豊臣秀吉が朝鮮に出兵した頃、明朝は万暦年間で太平のただなかであり、朝鮮支援軍もとりわけ精強軍だったわけではなかった。これにたいして、猛将加藤清正らに率いられた秀吉の派遣軍は歴戦のつわ者であったにもかかわらず、「人数の遣様《つかひよう》、日本と替り格別」（『鈐録外書』巻六）であった明軍に敗北してしまった。その原因はどこにあったのだろうか。徂徠によれば、それは「嘉靖年中、兪大猷・戚南塘と申名将の立置たる法ども残り候」（同右）ため、太平の時代に即した「治世の軍法」によって明軍が訓練され行動していたからである。徂徠にとって、その「治世の軍法」が太平に馴れた当代の日本の武士に最もふさわしい軍隊統制論なのである。

ではその「治世の軍法」は、近世日本の兵学諸流派とどこが違うのだろうか。徂徠はいう。前者が節制を説くのにたいして、後者は戦場での虚実・奇正・形勢を駆使する軍略ばかりで、節制を欠いていることだと（『鈐録』序）。徂徠によれば、そうした違いが生まれたのは、戦国時代の軍隊統制が専ら士卒の「智恵」をかりてなされていたからである。「日本の軍は、専ら士卒の智恵をかり候て軍を致候事に候」（『鈐録外書』巻二）。そのため、それを基準にした近世兵学には機構としての軍隊統制論がないと極論するのである。

もちろん、この徂徠の認識（徂徠は、継光の「夫れ倭の性は、人自ら戦を為す」（『紀効新書』巻八）という一句から示唆された）は、先の近世兵学の統制論の一面を強調したものであるが、こうした認識をふまえて、彼は近世兵学史上、比類ない徹底した節制論を展開していった。継光同様に、徂徠は士卒の忠義心・名誉感情をはじめから前提にしなかったのである。徂徠によれば、武士といっても、「侍の恥を知るは源平の時節、後代の及べきに非」（『鈐録外書』巻二）ざるものであり、太平に浮かれた「今時の足袋をはき、伽羅の油を付候顔立白き士」（『鈐録外書』巻二）には、そのような自発的戦闘心はあらかじめ期待できない。城下町に集住する武士は、継光のいうすれっからしの「城市游滑の人」に過ぎなかった。「武士ヲ城下ニ聚置クトキハ町人ノ風俗移リテ、戚南塘ガ第一ニ嫌ヘル処ナリ」（『鈐録』巻三）。それ故、「士は備の骨」だと威張り、武士の忠義や勇武に自惚れる者を、徂徠は次のように揶揄する。

只士を夫男の如く仕度と申事は、愚拙本意にて御座候。士は備の骨と申事は、何れの軍書に御座候哉。珍敷事に候。されば当時は其骨の柔かなるが気の毒に候。せめて鯛の骨の様にも候はば能候へども、ゐびかさめかの骨の様に候。（『鈐録外書』巻四）

徂徠は誇り高き武士を、継光のいう「郷野老実の人」＝「愚鈍の人」のレベルにまで引き下げて、「只士を夫男の如く」統率しようと極言するのである。ここでは、他の兵学者が遠慮がちに説いた軍律・賞罰の有効性があからさまに認められ、「故ニ是ヲ使フ術ト云ハ法度ヲ厳ニスルニシクハナシ。サナクテハ納得モナキ人ヲ死地ニ赴カシムベキ術更ニ外ニハナキコトナリ」（『鈐録』巻五）、また大将の号令のもとで一糸乱れず運動するための日常訓練の重要性が強調されるのである。

さらに『鈐録』の思想において付け加えておくべきことは、士卒の自発性を認めようとしなかった徂徠が、その反対に士卒を統率する大将の責任を重視していた点である。

日本の軍は、専ら士卒の智恵をかり候て軍を致候事に候。依レ之敗軍の将、罪科無レ之候。異国の軍は士卒の智恵を不レ用候て、戦の勝負は全く大将の掌握に有レ之候故、敗軍の将は死罪に候。……又二公［信玄と謙信］の時分は、組頭の外に、一備の内、采をゆるされ候輩三四人も有レ之候事に候。是軍法のなき証拠明白に候。（『鈐録外書』巻二）

日本の軍隊は「士卒の智恵」をかりているので、最終責任の所在があいまいである。そのため敗戦の責任を問われることがない。これにたいして、中国では、全権を委任された大将は結果への責任を担保にして、「士卒の智恵」をかりずに自分の思うように采配することができるという。このような日本の軍隊における権限のあいまいさと無責任さとの関係についての洞察は、丸山眞男氏のいう近代日本の軍国支配者の主体的決断を欠き、誰も責任を負わない「無責任の体系」（「軍国支配者の精神形態」『増補版現代政治の思想と行動』、未来社、一九六四年）を想起させるものである。

ところで、このような徂徠の『鈐録』が、幕末において西洋兵法論を受け入れる際、一つの媒介を果たした点は注目すべきであろう。幕末の兵制改革は、西洋列強の軍事力（艦船と銃砲）に対抗するためになされた。陸軍に関していえば、中心となるのが西洋の銃砲隊の攻撃に備えるための銃陣編成であった（栗原隆一『幕末日本の軍制』、新人物往来社、一九七二年）。そこで導入された歩兵・騎兵・砲兵の三兵編成のための西洋兵法では、銃隊の足並をそろえるなどの操練が必須となる（高野長英が翻訳した『三兵答古知幾《たくちき》』二七巻は、行軍法が中核部分だった）。注目すべきは、この操練中心の兵法が徂徠の『鈐録』、ひいては継光の節制論と共通性をもっていたことである。この点について、西洋兵法を否定する立場から次のように非難された。

近来又支那人軍法を学び、西洋人の真似をして操練する類もあるよしなれども、是又我皇国の士風を弁《わきま》ひぬにて、矢張馬を鼻綱にて遣んとするの類なるべし。いかんとなれば彼方の兵士と申は、皆此方の中間の如き無頼無恥の者を集めて、力を一にして遣ふ故軍令を厳にし、進退を共にさせれば、一戦もなす事難し。故に唯隊伍を整ひ、進退をひとしくするを専一とせり。是人を必ず遁る筈として遣ふなり。（藤森弘庵『海防備論』巻上、一八五三年）

士卒の自発的服従心を期待せず、軍律と訓練によって統制していく点で、「支那人軍法」（その代表が継光の節制論）と西洋兵法とは、幕末日本において同一視されたのである。その意味で、「支那人軍法」を忠実に紹介していた徂徠の『鈴録』は、西洋兵法を受け入れる媒介となりえたのである。

この西洋兵法にたいして、反対したのが上士層であった。彼らは合戦の主役であった騎馬武者の地位を失い、あろうことか足軽の武器と蔑んでいた鉄砲を自ら取り、銃陣の一員に組み入れられてしまうことに強く反撥したのである。幕末の名高い山鹿流兵学者山鹿素水はこうした立場を代弁していう。

方今夷ノ操練ノ能熟スルヲ感賞スルト雖、彼ハ本ヨリ農工商ノ賤民ヲ集メテ闘カハシムルナレバ、独闘シテ互ニ勇ヲ励ムベキ様ナケレバ、一歩一手ノ運動マデ、一様ニ習練ナシ、其力ヲ一ニシテ闘ハシメンガ為ナリ。カツ砲ノ外鋭利ノ器ナケレバ、独闘シテ手強キ働キヲナスベキ様モナシ。全ク吾邦ノ足軽ナレバ、之ヲ習練ナサシメザレバ用ヒ難シ。然ルヲ此弁別ナク、勇義世禄ノ士ヲ此軍卒ノ如クナシテ戦カハシメントスルハ、求テ強ヲ弱ナラシムルト云ベシ。彼国今戦陣ニナレタルニ、能操練ナサシムルハ此故ナリ。我邦中古戦国ノトキニ於テ、更ニ操練ナシテ後、戦フコトナシ。是独闘スルノ勇義強キヲ以テ也。（『海備芻言』、一八四七年）

素水は、操練を中心にする西洋兵法が武士の名誉感情や勇武にもとづく「独闘」を否定するものだとして批判する。ところが、このような不満は、すでに徂徠が予想していたものであった。「足軽は下卒成故遠手より飛道具の勝負を致させ、士は恥を知る故手詰の勝負を為㆑致候と申族も有㆑之候。依㆑之士に鉄砲を打せ候へば、足軽の業をするとて腹を立るものも有㆑之候」（『鈐録外書』巻二）。このような不満を早くから退け、軍法と訓練の役割を重視していた徂徠の『鈐録』は、幕末日本において西洋兵法を受容する上でのいわば地ならしの役目を果たしたのである。

ただし士卒の自発的戦闘意志を全くあてにしない徂徠の徹底性の故か、現実には幕末の兵制改革において再登場したのが長沼流兵法であった。その理由は、徂徠同様に軍法と訓練を重んじた「節制」を説いていた点で、長沼流の軍隊統制法は西洋兵法と共通点をもっていたからであった（佐藤堅司『日本武学史』、大東書館、一九四二年）。しかもまた、徂徠のように武士の忠義自体を全否定することなく、一定の忠義心を求めていた点で、その穏健な立場から幕末兵制改革で採用されたと思われる。たとえば、嘉永六年（一八五三）、福山藩主で、当時老中であった阿部正弘は、長沼流兵法を採用し、その訓練法によって自藩の強化を図った（『兵要録』は一八五四年、福山藩で刊行された）。福山藩は維新に際し、長沼流を廃し、いち早く西洋兵法に切り換えたが、長沼流の訓練法がその転換を容易にさせたのであった（石岡久夫『日本兵法史』巻下、雄山閣、一九七二年）。

海軍――明代海防論受容の問題

最初に述べたように、明代の海防論は倭寇に備えるものであった。それを展開している明代の兵書のうち、近世日本に大きな影響を与えた書物は茅元儀編『武備志』二四〇巻（一六二一年成）である。それは早くも寛文四年（一六六四）に鵜飼石斎が訓点を付けて和刻している。この出版の背景には、熊沢蕃山の『大学或問』における「北狄」への警戒にみられるような、明清交替にあたっての対外的危機感があろう。この『武備志』の海防論の基本的な考えは、次の一節によく表れていよう。

唯だ是れ我が歩卒は倭の利刃に当たること能はず。倭の水闘は我が戦艇に当たること能はず。故に先正謂ふ、倭を禦《ふせ》ぐ者、必ず之れを海に禦ぐ。会哨の法を設け、戦艘の修を謹むは、事予《あらかじ》めするを貴ぶ所以なり。（『武備志』巻二三〇、日本考）

陸上戦闘では倭寇の「利刃」にかなわないから、大船によって水上戦闘で迎撃するというこの基本戦術は、倭寇討伐に功のあった名将兪大猷（一五〇三―七九年）の考えであった（『正気堂集』巻五）。『武備志』日本考（巻二三〇）には、兪大猷の言葉が引用されているが、ここでは武田流の兵学者香西成資（一六三二―一七二一年）の『南海治乱記』（一六六三年成）から、兪大猷の言葉を引いておこう。

夫《それ》倭奴は陸戦に長じて能《よ》く戦ふ。彼が船を見るに平造にして水兵の備なし。又小舟也。我が大艦を集め、楼船を高大にして、其上に鳥銃を聚して、砲石を設け、倭船に相遇《あひあ》はば是を発《うち》て、輙《すなは》ち摧圧焦爛かさん。是固に我兵の長ずる所也。能戦者は、我短を以て彼が長ずるを撃事なく、我が長ずるを以て、彼が短を制する而已也と云。（巻五、予州能島氏侵大明国記）

この大船によって倭寇を圧倒するという考えは、また戚継光のものでもあった。『武備志』巻一一六には、『紀効新書』の次の一節が収録されている。

福船は高大にして城の如し。人力の駆るべきに非ず、全く風勢に仗《よ》る。倭舟は自来矮小にして我が小蒼船の如し。故に福船は風に乗りて下に圧すれば、車の螳螂《かまきり》を碾《ひ》くが如し。船力を闘はしめて人力を闘はしめず。是を以て毎毎《ことごと》に勝ちを取る。設《も》し賊船をして亦我が福船の大なる如くならしめば、則ち吾未だ其の必ずしも之れが策を済《な》すを見ざるなり。

（『紀効新書』巻一八）

福船は福建省で作られた巨大船。海戦においては、「船力を闘はしめて人力を闘はしめず」という考え、すなわち「人力」具体的には士卒総体の戦闘力（体力・精神力など）ではなく、「船力」＝軍事技術の差が勝敗を分けるというこの考えこそが、近世日本の海防論に大きなインパクトを与えていくのである。以下、その影響を概観してみよう。

まず、戚継光の軍事思想を最初に摂取した長沼澹斎は、海戦と陸戦の戦術の違いに触れて、「唯重んずる所の者は、弓弩・火砲に在り。故に曰く海戦に長策なし。此れ其の陸戦に異なる所以なり」（『兵要録』巻二〇）と述べ、海戦では「弓弩・火砲」の軍事技術の差が決定的な要素になることに注意している。

次に徂徠は『鈐録』巻二〇を「水法」にあて、戚継光の「水軍法」を紹介している。そこで、彼は「水戦」における日本と中国の違いをいう。

　和漢ノ差別アルコトハ日本ニ大船ナシ、皆小船ヲ以掛引ヲ自在ニシテ合戦ヲスル而已ナリ。異国ハ大船ヲ用ニ海上ニ城ヲ構タルガ如クニテ、小船ニ乗テ其船ニ近付トキハ平地ヨリ城ヲ見上ル如クニテ弓・鉄砲・槍・長刀ノワザ用ルトコロナシ。彼ノ大船ヨリハ遠ケレバ石火箭ヲ放シ仏狼機ヲ打ツ。（『鈐録』巻二〇）

彼は日本と中国の軍事技術の優劣を示唆する。「日本ハ拙《ツタナ》クテ如レ此《カクノゴトキ》ノ大船ヲ作ルコトヲ知ラザル歟」（同右）。彼は『武備志』所載の「福船」図を『鈐録』に採録していう。

　戚南塘、倭寇ヲ平ゲタルハ皆此舟ナリ。倭寇モシコノ船ニノリタラバ必勝ヲ得ガタカラント云ヘリ。（『鈐録』巻二〇）

徂徠は大砲技術の摂取を説き、また継光の所説（『紀効新書』自序「非レ泥二于法一」）をふまえ、軍事技術の進歩に対応して兵法も変化すべきことを主張した。徂徠の技術優先の考えは、後に杉田玄白の蘭学にきっかけを与えたと指摘されているが（佐藤昌介『洋学史研究序説』、岩波書店、一九六四年）、もともとは明代兵家の基本的発想にもとづくものであろう。

この徂徠の『鈐録』を下敷きにし、初めて西洋列強に対する海防論を展開したのが林子平（一七三八―九三年）の『海国兵談』（一七八六年成）であった。日本は「海国」で、日本橋とオランダとは一つの海でつながっていると警告した子平は、これまでの兵学諸流派が専ら国内の騒擾に対処することを目的としたものであって、外敵の侵攻を防ぐための海防論を看過してきたことを批判し、現今の急務は海防論にあることを主張した（『海国兵談』自序）。その際、子平は倭寇を防禦するための明代兵家の海防論と、西洋列強を仮想敵とする自らの海防論の違いを明確に区別していう。

異国の武備志にも海寇を防禦する手段様々あれども、是ハ唐山にて倭寇ト名付て、日本の海賊船を防グ仕形にして、甚手軽キ事どもなれば、是を我国にて異船を防グ手本とは致難シ。日本にて外寇を防グの術ハ、是に反して事大イ也。其大イなるわけは異国より日本を幷呑《ヒトノミ》すべき為に来レる事なれば、其仕形も大仕懸なるはづ也。其大仕懸を砕クべき備なれば、是又大仕懸にあらざれば叶ざる事ト知べし。（『海国兵談』巻一）

子平は西洋列強の進出を、倭寇のような単発的な海賊行為ではなく、国家意志に貫かれた植民地主義的な侵略行為ととらえ、「大仕懸」な海防論の必要性を説く。因みに佐藤信淵も、倭寇が「伊予国三島海賊」であるのにたいして、西洋諸国は「国富み兵強き大邦」であり、海防は一層容易ではないといっていた（『存華挫狄論』巻三、一八四九年序）。こうした認識に立って、展開された子平の海防論の内容は、「水戦の要は大銃にあり」（巻一）とあるように、日本全国の海岸に砲台を設置して、日本全土をあたかも一大城塞にする「大仕懸」であった。

また子平は「水城」のような西洋列強の堅実な大船に船舶をもって対抗すべきことを説いているが、その船舶は、基本的には「今此書ハ我が小船を以て異国の大船を悩スべき術を旨トしたる書」(巻二)とあるように、明代兵家の大船主義と異なっていた。もともと小船によって大船を打ち破るという戦術は、近世日本の兵学者の間で唱えられていたものである。たとえば「敵の船大船成時は、小舟を以て幾艘も寄かかるべき事」(山鹿素行『兵法神武雄備集』巻四五、一六四二年)とあり、倭寇の流れをくむ野島流では、「敵大船成ル時ハ一軍一戦十艘一手ト成リ乗取ルベシ」(『野島流海賊古法』船戦働武者心持、一八〇四年)とある。この倭寇以来の伝統的な戦術をふまえて、子平は「短兵接戦」論を提示したのである。そしてこの「短兵接戦」論が、蘭学者大槻玄沢の子、大槻磐渓が「抑《そもそも》此の策や、吾郷林子平之を唱へ、近世兵家往々之に和す」(『献芹微衷』、一八四九年)と評しているように、幕末の兵学者に大きな影響を与えていった。たしかにこの奇襲を前提にした戦術は、その勇ましさと、寡を以て衆を制す小気味よさの点で、近世日本の人々に広く受け入れやすいものであったろう。たとえば文章家頼山陽は『通議』(一八四七年刊)でいう。

夫れ小にも小の利あり、大にも大の不利あり。……彼の砲は遠きに及ぶに利す。我、敢死を募り、梯《はしご》して其の艦に上り、短兵迫闘して、彼をして発するに暇あらざらしめば可なり。彼或は船を舎《す》てて陸に上れば、我正兵にて岸に蹙《せま》り、奇兵繞《めぐ》つて其の艦を奪へば可なり。苟も能く此に弁《わきま》ふれば、艦必ずしも造らざるなり、砲必ずしも設けざるなり。

この大船・巨砲主義への批判論はまた、日本の武士の「独闘」を否定するものだと西洋兵法を非難していた兵学者山鹿素水にもみえる。「大艦ヲ造立シテ彼ト犄角シ、又我海運ニ便セントスル諸説多シト雖、必ズシモ至当的実ト云難シ」（『海備芻言』）。

これにたいして、西洋列強の大船に対抗するためには、大船をもってせねばならない、換言すれば、海戦の勝敗は客観的な軍事技術の差によるのであって、「我が小船を以て異国の大船を悩スべき術」（前出）などというロマンティックな戦術は、机上の空論に過ぎないとする説が一方で現れてくる。その際、いつも引照されたのが継光の所論であった。

まずこの点で注目すべきは、古賀侗庵（一七八八―一八四七年）の『擬極論時事封事』（一八〇九年）である。この著作は、大船建造とからめて、幕府の大船禁止令の撤廃を初めて主張したものとして知られているものだが（井野邊茂雄『維新前史の研究』、中文館書店、一九三五年）、従来、侗庵の父親古賀精里のものとされてきた。しかし、実はこれは侗庵のものである。侗庵は文化元年のロシア使節レザノフの長崎来航とそれに続く文化四年（一八〇七）のエトロフ島の襲撃事件に対外的危機感をもち、この封事を書いたのである。また侗庵はこれと同時期に「修船論」（『侗庵秘集』）を著している。天保年間にも、彼は『海防臆測』において一刻も早く大船建造を進めることを説いた。このような侗庵の大船建造論の理論的背景には、戚継光の立論があろう。ここには、父古賀精里が和刻『紀効新書』（一七九八年刊）に序文を撰していることが影響していよう。

また大船建造論の理論的背景に明代兵家戚継光の立論があることをはっきり示しているのが、幕臣松本斗機蔵が徳川斉昭に呈した『献芹微衷』（一八三七年）である。松本斗機蔵（一七九三―一八四一年）は、天保年間に開国論を唱えた識者として渡辺崋山と古賀侗庵とともに知られているが（井野邊前掲書）、彼はそこで次のようにいう。

南塘ガ用ユル福船高大ナルベケレドモ、今ノ西洋船ノ高大堅牢水城ト称スル者ニ比スレバ、劣レルコト万々ナラン。サレドモワガ矮小ノ舟ニ対シテハ、毎度勝利ヲ得シコト見ユレバ、猶更当時ノ地乗船ナドニテ、西洋船トノ対戦ハ努々《ユメユメ》成ニクキ也。サレバ今海国ノ武備ヲ堅固ニセントナラバ、西洋船ニ劣ラヌ高大堅牢ノ大船ヲ造ルベシ。彼ト対衝スル大船出来シタル上ニテ、我ト彼トノ強弱ヲ論ズベキナリ。（松本斗機蔵『献芹微衷』）

松本斗機蔵は、戚継光の所説を引照しつつ大船建造の必要性を説き、オランダ人からその製造法を学べと主張している。この外にも、アヘン戦争関係の記事を集めた『阿芙蓉彙聞』

（一八四七年自序）を編し、魏源の『海国図志』籌海篇を翻刻した塩谷宕陰が『籌海私議』（一八四七年?）で戚継光の「福船」の一節を引いていう。「是の言や、我以て反顧して悟るべし」（「修戦艦」）。さらにアヘン戦争を扱った読み物『海外新話』の著者である嶺田楓江も戚継光の一節を引照して、「今承平ノ日ニ於テ予メ江湾ノ形勢ニ従ヒ大艦ヲ制造シテ其備アリタキコトナリ」（『鈴林随筆』巻一）といい、オランダ人を介して西洋船を購入すべきだと説いている。また広瀬旭荘も、「戚南塘ノ書ニ、水戦闘レ舟而不レ闘レ人、舟大者必勝ト云フ。即チ此事ナリ。然レバ天ヨリ我邦ニ異国ト戦フニハ、大船ヲ造ルニ如《シ》カザルノ理ヲ示シ玉フナラン」（『九桂草堂随筆』巻六）といっている。

　興味あることは、開国論者ばかりでなく、会沢正志斎のような激烈な攘夷論者も、大船建造論の論拠に戚継光の「福船」の一節を引照していたことである。文政八年（一八二五）の異国船打払令の直後に著され、幕末攘夷論の聖典ともなった正志斎『新論』（一八二五年）には、「今、よろしく邦国に賦して、巨艦を興造せしむべし」（『新論』守禦）と大船建造が主張されていたが、そこで論拠とされたのは、やはり戚継光の「福船」の一節であった（同右）。水戸藩主徳川斉昭は、天保・弘化年間に幕府に再三にわたって大船建造禁止令の撤廃を求めているが、その論拠には『新論』を通した戚継光の所論があったのである。

これまでみてきたように「短兵接戦」論が倭寇の戦術であったのにたいして、大船主義はそれを撃退した明代兵家の戦術にもとづいたものであった。ここで注目すべきは、西洋式大船の優位を批判する論拠が、中国の華夷観念にもとづく西洋夷狄観ではなく、小船でも大船に勝つことができるという守旧的な兵学者の智略重視の「短兵接戦論」（頼山陽が『通議』に描くもの）だったことであろう。中国では、儒者が礼教文化を規準にした自国中心的な華夷観念にもとづいて、西洋＝夷狄から学ぶことを潔しとしなかったのにたいして、日本でこの役割を演じていたのは、礼教文化とは無縁、というよりはむしろこれを認めず、「武国」日本の優越性を独善的に説いていた兵学者であったのである。

そして逆説的だが、幕末日本では、侗庵や佐久間象山のような、一部の儒者が日本の軍事的な劣位をリアルに見つめ、小船は大船に太刀打ちできないというある意味では至極もっともなことを説いていた。彼らは西洋夷狄観から自由になって、西洋の進んだ機器と科学技術の摂取を主張していたのである（もちろん、大橋訥庵のような激烈な夷狄排斥論者もいた）。横井小楠は幕末におけるそうした開明論者の代表者であろう。彼は「猶旧見を固執して短兵陸戦を本邦の長技と頼み、或は俄に銃陣を学んで侮を禦がんとする。実に可レ憐の陋習なり」（『国是三論』、一八六〇年）と批判し、海軍の必要性を説いていたのである。

最後に付け加えておくべきは、このような大船建造論が、単に西洋列強の軍事力にたいする戦術論の次元にとどまらない現今の体制への変革論に広がる側面をもっていたことである。それは二つの点からいえよう。

第一にいわゆる幕府の祖法との関連からである。三代将軍家光のときの武家諸法度（寛永一二年）において、キリシタン禁制、海外への渡航の禁止策との連関で幕府は五〇〇石以上の船を建造することを禁止した。その意味で、大船建造を公言することは、この幕府の根幹である武家諸法度の変更、ひいては現体制の変革をともなうものであった。この幕府の大船建造禁止令をはじめて批判して、西洋式の大船の建造を主張したのは、先に触れた古賀侗庵であった。客観的な力の優劣関係を冷静にリアルに見据えることができたのは、山鹿素水のような守旧的な兵学者ではなく、一部の儒学者であったことは注目すべきであろう。アヘン戦争後、そうした認識に達した朱子学者佐久間象山はこの流れに棹さしたのであって決して孤立していたわけではなかった（一八四二年一一月二四日の上書）。

さらに第二に、それは大船建造のための財源にかかわっていた。幕末の財政的窮乏の状態で、莫大な費用を要する大船建造を唱えることは、必然的に財政改革論をともなわざるをえなかったからある。たとえば佐藤信淵（一七六九—一八五〇年）はいう。

> 天下の金銀は悉く大商と豪農の家に聚《あつま》り、財用融通の路塞がり四海困窮し、官庫も亦満溢るるに至らず、殊に諸大名は室懸磬《けんけい》の如くにして給を豪商に仰ぎ、家子郎党に本途の切米を渡すことも能はず、所謂承久以前の領主の如なる貧家多し、争《い》かで堅固なる軍船を作り極大の砲を鋳ることを得ん乎、故に先づ経済法を行ひて国家を富実するは、武備を厳にし兵威を強盛にするの最要たるに論なし。（『防海余論』、一八四七年）

かつて徂徠は「制賦ノ一巻ハ戚南塘ガ兵法ニモナキコトヲ云ヘリ」（『鈐録』巻二）といい、軍事の財政的裏付けの必要性を説いていたが、大船を建造し強兵するためには富国せねばならないという、この信淵の発想が現今の体制の変革を促していったのである。

西洋の衝撃

最初にも述べたように、幕末の人々が参考にできた西洋列強に対応するための唯一のモデルは、奇縁というべきであろうか、明代兵家の倭寇対策であった。それが幕末日本の兵制改革と海防論の出発点になったのである。

ただ注意すべきは、そこから出発した幕末日本はいわゆる西洋の衝撃にたいして、中国とは異なる歩みをしたことであろう。本来、軍事国家であった近世日本の国家は、西洋の衝撃にたいして素早い軍事的対応をしたのである。アヘン戦争の報が伝わるや、幕府は、旧来の兵学流派の反対にもかかわらず、さっそく長崎の砲術家高島秋帆の洋式砲術を採用した。またペリーの来航によって、旧来の兵学の「短兵接戦論」の非現実性・荒唐無稽性が誰の目から見てもはっきりするや、幕府は大船主義を受け入れ、ペリー来航の三カ月後の嘉永六年（一八五三）九月には大船建造を解禁し、またオランダに西洋式大型蒸気船の購入を依頼したのである。鮮やかな転身である。

ところが、そうした戦術の出発点を幕末日本に提供していた兪大猷・戚継光は、その当の中国では必ずしも幸福であったわけではない。大船の優位を説き、その建造を請願した兪大猷の建議は不採用になり、何度も弾劾され斥けられ、志を遂げることはできなかった。また倭寇撃退に赫々たる戦果をあげた戚継光も、彼を信任していた宰相張居正の死後、失脚し晩年は不遇であった。この背景には、明朝における文官重視・武官軽視の制度と風潮があろう。それが兪大猷や戚継光の軍事的対応を阻害していたのである（黄仁宇前掲書参照）。もちろん一六世紀の倭寇と一九世紀の西洋列強とは、その軍事力も経済力も格段の差がある。では幕末の同時代の魏源はどうであったのか。彼は、西洋の長所を採り入れて西洋に対抗する「夷を以て夷を制する」論理によって、西洋軍事技術を導入しようとした点で、清末の改革論である洋務論の先駆者として位置づけられているが、実際には、その主張は、文官重視・武官軽視の制度と風潮によって阻まれ、速やかな軍事的対応が困難であったのである。

ここで想起すべきは、江戸時代中期の兵学者松宮観山の指摘するような、兵学と儒学における中国と日本の逆転関係である。観山は、兵学者の立場から、日本の支配者が武士であるため、兵学が「大道」であり、儒学が「小技」であるのにたいして、中国では、文人が官僚となるので、兵学と儒学の力関係は正反対であると説いていた（『武学答問書』巻上、一七五九年序）。たしかに近世日本の国家は、兵学が「大道」であったが故に、西洋の衝撃にたいして素早く軍事的に対応できた。しかし、それはまた同時に、後には中国や朝鮮を侵略するに至る富国強兵につながるものであった。われわれはこの事実の裏表を公平に直視せねばならない。

Ⅱ　朱子学

第二章　「武国」日本と儒学——朱子学の可能性

一　「孔孟の道」と国家

中国・朝鮮・日本の東アジア地域は、儒教文化圏とよばれることがある。そのなかで、日本はユニークな位置を占めている。一昔前、NIES（新興工業経済地域）の経済発展と結び付けられ、もてはやされた「儒教ルネサンス」論においては、日本は儒教文化圏の最先進国・模範国として論じられた。しかし一方で、「儒家の道徳教は、古往今来、曾て我が国民の道徳生活を支配したことが無かった」（津田左右吉『儒教の実践道徳』、岩波書店、一九三八年）とも説かれ、日本が儒教文化圏に属することすら否定されるからである。こうした相反する主張が可能なのは、そもそも儒教文化圏のなかでの日本の特異な性格に起因しているだろう。

儒教文化圏論が下火になった今、事柄の一面をイデオロギー的に強調することなく、日本が儒教文化圏の一員としてどのような共通性をもち、また反対に儒教の国として自他ともに認める、たとえば李朝朝鮮のような国とどのような点で相違しているのか、同と異の両面をふたつながら見る複眼的な分析が求められている。本章では、この同と異を明らかにする比較思想的観点から、東アジア地域の儒教文化圏のなかでの近世日本の思想的な性格を考えてみることにしたい。

この問題を考えようとするにあたって、『先哲叢談』（一八一六年）に伝えられた朱子学者山崎闇斎（一六一八—八二年）の有名な逸話から始めたい。それによれば、あるとき、闇斎は弟子たちに「方今彼の邦、孔子を以て大将と為し、孟子を副将と為し、騎数万を率ゐ、来りて我が邦を攻めば、則ち吾党孔孟の道を学ぶ者、之れを如何と為す」と訊ねたという。孔子・孟子が軍隊を率いて、日本を攻撃してきたならば、どう対応するかという問いの意表さからか、弟子たちはだれもそれに答えられず、逆に反問した。すると闇斎は「不幸にして若し此の厄に逢はば、則ち吾党身に堅を被り、手に鋭を執り、之れと一戦して孔孟を擒《とりこ》にし、以て国恩に報ず。此れ即ち孔孟の道なり」と答えたという（『先哲叢談』巻三）。この逸話で注意すべきことは、まず戦争という国家と国家の対立の極限状況を想定して、「孔孟の道」と国家との優先順位を問うという問題提出の仕方にある。そしてさらにその問題にたいして、「孔孟の道」以上に国家への帰属を優先すべきだという考えが示されていることである。周知のようにこうした儒学、広くいえば宗教・思想の普遍的な価値や理念よりも、国家の存立を至上のものとする考え方は近代日本にまでつながり増幅されていくのだが（例えば、内村鑑三不敬事件）、この闇斎の逸話はそうした考えを端的に表明している恰好の教材として顕彰されていった。

面白いことに、その近代日本の侵略をこうむった朝鮮で、この闇斎の逸話がある感慨をこめて取り上げられていたことがある。姜在彦氏の紹介する、次のような新聞記事である（『姜在彦著作選Ⅰ　朝鮮の儒教と近代』、明石書店、一九九六年）。

> 李華西は韓国儒家の巨匠であり、山崎闇斎は日本儒教の巨匠である。二人の学術文章を較べれば、山崎氏は華西門下の一侍童に過ぎざるが、然し華西は曰く「今日吾輩之責、在二儒教盛衰一、至二於国家存亡一、猶レ属二第二件事一」とし、山崎は曰く「有下来二侵吾国一者上、雖三孔子為レ将、顔子為二先鋒一、吾当二以讐敵視一レ之」とした。ああ韓日の強弱は、即ち両国儒教徒の精神から観ても、明らかである。（『大韓毎日申報』一九〇九年一〇月二八日付）

李朝朝鮮では一九世紀半ば以降、西洋列強、そして後には日本の侵略への対外的危機のなかで、「正学」朱子学を衛《まも》り、「邪学」を斥ける衛正斥邪思想が生まれた。華西李恒老（一七九二―一八六八年）はその衛正斥邪思想の源流をなし、また門人から崔益鉉や柳麟錫などの反日義兵運動の闘士を輩出した代表的な朱子学者である。たしかに衛正斥邪思想は朱子学の純粋性を追求した点で評価すべきものだが、また一面で、それは「儒教の盛衰」を主眼に置いて「国家の存亡」を二義的なものとする思想として、ここでは嘆かれているのである。李恒老らの「儒教の盛衰」を自己の責務とする意識とは、たとえば交戦中であったにしても、親への三年の喪を優先し、戦線から離脱するというような行為に現れているだろう。李恒老がそもそも断髪令に対抗して義兵を起こす根拠になったのは、「身体髪膚これを父母に受く。敢えて毀傷せざるは孝の始めなり」と説く孝経であったことは象徴的であった。彼らにとって孝行を実践する服喪や、まげを結い髪を切らないことは人倫の大義であって、それはまさに目前の「国家の存亡」以上に価値ある行為であったのである。

この新聞記事には、日本と朝鮮における儒学の性格の違いがはっきり現れている。「国家の存亡」か「儒教の盛衰」か、どちらを優先すべきなのか。この問題にたいして、闇斎は「国家の存亡」を、そして李華西は躊躇なく「儒教の盛衰」を選択する。同じく朱子学を真摯に学びながら、なぜこのような差異が生まれたのだろうか。

本章ではこの差異について、日本に独特な自国優越観念に注目して考えてみたい。江戸時代、よく知られているように外来思想としての儒教を拒否しようとするときに、「神国」や「皇国」という言説が用いられた。日本は天照大神の子孫である天皇の統治する国であり、神々の擁護する神聖な国であるがゆえに、仏教や儒教、さらにキリスト教のような外来思想は排斥すべきだという考え方である。本居宣長をはじめとする国学者がその主張の代表者であったことはいうまでもない。

本章が注目するのは、こうした「神国」や「皇国」観念と重なり合いながら、江戸時代の人々を広く深く規定していた「武国」というもうひとつの自国優越観念である。日本は中国や朝鮮のような読書人官僚のひ弱な「長袖の国」ではなく、二本差しの侍の支配する武威の国である。それゆえに儒教の徳治主義は日本の現実政治には役に立たないし、また武士の勇壮な大和魂にも反する。さらに神功皇后の「三韓征伐」や、豊臣秀吉の朝鮮出兵の壮挙こそが「武国」の証しであって、日本にはそのような海外に雄飛するに足る絶大な軍事力があるという、「徳川の平和」のなかで醸成された一種の幻想である。しかし、たとえ幻想であったにしても、こうした「武国」観念こそが儒教文化圏に属しながらも、そのなかに全面的に包みこまれることを拒否する思想的な根拠になっていたことは看過してはならないだろう。

また本章では江戸時代の儒学の果たした積極的な意義についても、あわせて考えてみたい。それは東アジア地域共有の普遍的原理の可能性といってもよい。先の李恒老の場合はもちろんのこと、闇斎の設問自体も実は、儒学が狭い民族や国家の枠を超える原理として存在していたがゆえに成り立ちえた。両者の分岐点は、闇斎がそれを否定して「国恩」に報いることを求めたのにたいして、李恒老はその原理に殉じることを至上の名誉としたところにあったわけだが、ここには日本、朝鮮、そして中国をふくむ東アジア地域共有の原理としての儒学の存在が浮かんでくるのである。その意味で本章はこの江戸時代の儒学ことに朱子学のなかに、東アジア地域共有の原理としての可能性を探ることにもなるだろう。「武国」の問題が儒教文化圏のなかでの日本の異の側面であったとすれば、この朱子学の可能性とは、まさにそのなかでの日本の同の側面にほかならない。

二 華夷観念と「武国」

儒学の華夷観念

儒学は東アジア地域においては仏教と並ぶ普遍的な教説であった。それは中国を中心にして諸民族・諸国家を結びつける共通の原理であり、華夷観念とよばれている秩序観念をもっていた。それによれば、全世界（天下）を支配する者は、「天」の媒介者としての天子（皇帝）である。天子（皇帝）は儒学の徳を具備した聖人であり、王道の体現者であって、理念的にいえば「普天の下、王土に非ざるなく、率土の浜、王臣に非ざるなし」（『詩経』小雅・北山）とあるように、全世界は天子（皇帝）の「王土」でない土地はない。ただ、この全世界は中華と夷狄に二分される。天子（皇帝）の徳化の及ぶ範囲、すなわち儒学の礼教文化が実現している地域が世界の中心としての中華であり、その周辺の野蛮な四海に住む人々は夷狄（東夷・南蛮・西戎・北狄）とされ差別されるのである。その際、この中華と夷狄の境界は固定的なものではない。夷狄は、天子の徳治の及んでいない限りにおいて夷狄とよばれるのであって、自ら礼教文化を身につけ帰化したときには、中華のうちに組み込まれる。その意味では、中華と夷狄の境界は流動的であり、また一面では開放的であったともいえる。こうした華夷観念は文化人類学の用語でいえば、自己の所属する社会集団の価値基準（ここでは儒教の礼教文化）を絶対視して、自己と異なる固有の価値をもった人々を蔑視する自民族中心主義＝エスノセントリズムの典型であったといえよう。

こうした華夷観念の現実的基盤となったのが、中国を中心に形成された東アジアの華夷秩序である。それは中国と周辺の諸国家・諸民族（朝鮮、琉球、ベトナム、日本）の間に形成された国際秩序であった。皇帝が周辺の諸国家の君主・首長に国王号を与え、朝貢と回賜の冊封関係を結んだ地域システムであった。中国の経済的・軍事的な優位のもとに、この地域システムはひとつの完結した世界をもち、儒教の華夷観念がそれを支えていたのである。

日本型華夷秩序と「武国」観念

ところで、東アジア地域の周辺に位置する日本、ことに江戸時代の日本では、こうした中国中心の華夷秩序をモデルにしながらも、日本中心の華夷秩序、すなわち日本型華夷秩序を作り上げていったことが知られている（荒野泰典『近世日本と東アジア』、東京大学出版会、一九八八年）。すなわち江戸幕府は中国との間に冊封関係を結ぶことなく、私的な海外渡航を禁止しつつ、朝鮮・琉球・中国・オランダ・アイヌとの間に、日本を中心とする位階的な華夷秩序を形成した。それは中国中心の華夷秩序とは相対的に自立した外交システムであったといえる。そして、こうした日本中心の華夷秩序を人々に知らせる政治的なパフォーマンスの場が朝鮮通信使や、琉球使節の江戸立、オランダ商館長の江戸参府であった。そこでは、たとえば朝鮮通信使の一行を日光の東照宮に参拝させることによって、神君家康の、ひいては幕府の武威に彼らが服しているかのような幻想を人々にふりまき、外交上、対等な関係国である（「通信国」）朝鮮さえも、あたかも日本の「武威」「御威光」に服属しているかのような虚構のイメージを作り上げていったのである。

この虚構のイメージが日本型華夷観念とよばれる自民族・自国家の優越観念である。「神国」「皇国」や「武国」といった言説がそれを表現していた。「神国」日本は、天照大神の子孫である天皇が代々支配している、それゆえに「易姓革命」によってしばしば王朝が交代する中国に比べて優れている。また「武国」日本は武威の国であるがゆえに、中国の礼教文化による支配以上に安定した体制なのだという。その際の武威とは、山鹿流の兵学者津軽耕道（一六八二―一七二九年）によれば、「武徳の外に発する処の跡は、畏と服との二なり。これを呼《よん》で武威と云。武威の著《しる》きと云は、人服して畏れ、畏て而も服す。畏と服と二物にして、其功用をなすに及では一なり」（『武治提要』上篇）とあるように、武力によって人々を畏怖させ帰服させることであって、法度と信賞必罰による権力的な支配であった。ここでは、中国のように礼教の盛んなことは華麗に過ぎ、かえって「武徳廃弛の機」として厳に慎まなくてはならない（『武治提要』上篇）。こうした武威の支配は、徳川家康の制定した最初の武家諸法度の「以テレ法ヲ破リレ理ヲ、以テレ理ヲ不レレ破ラレ法ヲ」の一節に端的に現れているように、「理」よりも「法」を優先する強権政治を意味したのである。武威にもとづく日本型華夷観念とは、こうした国内の支配関係に規定されていたことはいうまでもない。すなわち、武威の支配が貫徹されている「武国」日本は、中国や朝鮮のような文人官僚の支配する軟弱な「文」の国よりも、ずっと優れているというのである。

このような「武国」日本が、朝鮮の朱子学者の目に、儒教の国とは異質な秩序として映じたとしても不思議ではない。まして明清交替（いわゆる華夷変態）以後、「小中華」意識を強めていた李朝朝鮮の朱子学者であればなおさらである。彼らは、夷狄である満州族が明王朝を滅ぼし、清王朝を建国すると、自分たち朝鮮こそが、明王朝の礼教文化を受け継ぐ「中華」だと意識するようになっていた。その一人である申維翰《シンユハン》は、享保四年（一七一九）、徳川吉宗の将軍職襲位を賀して派遣された朝鮮通信使一行の製述官であった。彼は、帰国後、『海游録』を著しているが、そのなかで、日本には「兵農工商」の「四民」はいるが、「士」すなわち読書人はいないという。そして当然のことながら、この「兵」が統治する近世日本の支配原理は儒教のそれとはまったく異なっているという。申維翰によれば、「その俗にはほんらい等威（身分、等位に応じた威儀）がなく、宮室、輿馬、衣服、器物は、すなわち分限をみだりに踰《ふ》みこえて制がない。ただし、名分が一定すれば、上下が截然として敬畏遵奉し、あえてそれを怠《おこた》り忽《ゆるが》せにすることはない」(『海游録』、姜在彦訳注、平凡社東洋文庫、一九七四年)とあるように、近世日本には中華の指標となる東アジア共有の普遍的原理である「礼教」はない。しかしそれでいて、「上下」の秩序が保たれているのは「軍法」によっているからだという。中維翰は通信使を迎える秩序整然とした沿道風景を見て、次のように述べている。

路を挟んで見物する者は、ことごとく正路の外に座し、小なる者は前に居り、やや大なる者は第二列をなし、またその大なる者はその後ろにあり、次々と隊をなし、静粛にして騒ぐ者がない。数千里を見たところで、一人として妄動し路を犯す者がない。けだし、その人心と習俗が、すべて孫武(孫子)、穰苴(孫武と司馬穰苴は、いずれも中国春秋時代の兵法家)の軍の如くであるが、これは、礼教があってかくの如くに治まったものではない。国君と各州太守の政がもっぱら兵制から出ており、大小の民庶が見て習ったのも、一に軍法の如きものである。

ここで中維翰が看破しているように、「武国」日本は東アジア世界が共有していた普遍的な「礼教」にもとづくものではなく、戦時の軍隊の統制法である「軍法」によって統治されていた軍事国家であったのである。

「武国」の神話的根拠

では、「武国」日本はその優越性の根拠をどこに求めたのであろうか。それは、中国の華夷観念のような諸民族・諸国家を超える普遍的理念的な「天」によって正当化されるのではなく、古代日本の記紀神話のなかに起源があるとされる。その象徴となったものが「天瓊矛《あめのぬぼこ》」である。「天瓊矛」とは、『日本書紀』神代巻においてイザナギ・イザナミの国生みの際、二神が天神から賜った矛であり（『古事記』では「天沼矛」）、それが「武国」日本の「武」を象徴しているものだとされる。たとえば、中国ではなく、日本こそが「中朝」であると説いた山鹿素行は次のようにいっていた。「謹みて案ずるに、大八洲《おほやしま》の成ること、天瓊矛に出でて、その形乃ち瓊矛に似たり。故に細戈千足国と号す。宜《うべ》なる哉《かな》中国の雄武なるや。凡そ開闢以来神器霊物甚だ多くして、而も天瓊矛を以て初と為す。是れ乃ち武徳を尊び以て雄武を表するなり」（『中朝事実』武徳章、一六六九年）。また幕末国学を方向づけた平田篤胤も、「皇国は武を以て本体とする事、自然の勢ひに有レ之候。其大略を中候はば、天地開闢の始め、皇産霊《みむすび》の神より、伊邪那岐、伊邪那美の神に、天の瓊矛を賜ひ、其矛を以て、滄海《うなばら》をかきなし玉ひしに、其矛より垂落《したゝ》る潮、自然に凝《こり》てオノゴロ島となり、則其島に瓊矛を突立て、国中の御柱となし玉ひ候」（『大道或問』、一八五七年序）と説いている。「天瓊矛」神話は「武国」

に神話的な根拠を与えるものとして読み込まれ、「武国」日本の武威による支配を神話的に装飾していたのである。

ここで「武国」が記紀神話に起源が置かれたことの関連で注目すべきことは、『日本書紀』の神功皇后の「三韓征伐」神話が、現実の外交関係としては対等な関係であったはずの朝鮮との善隣関係さえ、日本の武威にしたがう支配‐服従の関係にイメージさせるものとして機能していたことである。たとえば、山鹿素行は「勇武之道を以ていわば、三韓をたいらげて、本朝へみつぎ物をあげしめ、高麗をせめて其王城をおとし入れ、日本之府を異朝にまふけて、武威を四海にかゞやかす事、上代より近代迄しかり。本朝之武勇は、異国迄是をおそれ候へ共、終《つひ》に外国より本朝を攻取候事はさて置、一ヶ所も彼地へうばわるゝ事なし」（『配所残筆』、一六七五年）といっている。また幕末外交に大きな影響力をもった水戸藩主徳川斉昭も、ペリー来航後に書いた「十条五事建議書」（一八五三年七月一〇日）のなかで「神国は幅員広大ならず候得共《さふらへども》、外夷にては帝国とあがめ尊び、恐怖致し居候義は、畢竟往古神功皇后三韓御征伐、中古弘安の蒙古御退治、近古文禄の朝鮮征伐、慶長・寛永の切支丹御禁絶等、其明断御威武海外に振ひ居候故にて有レ之候」と説いて、「三韓征伐」以来の「威武」を汚さないような方策を求めている。こうした「三韓征伐」神話が幕末日本の朝鮮侵略論の根拠となり、さらには近代日本の征韓論にいたるまで語りつがれていくのである。

「武国」の異端排除

また「武国」日本で、徹底的に排除されたものがキリスト教であったことは看過してはならない。近世日本に限らず、キリスト教への対応は、一七・一八世紀、東アジア地域共通の課題であった。最終的には中国・朝鮮もこれを弾圧するに至るが、その弾圧のきっかけになった事件は、祖先祭祀をめぐる典礼問題であったことは注目すべきである。祖先祭祀は儒教の礼教文化の中核をなすもので、これを否定するキリスト教は「異端邪説」として禁圧されたのである。それはいわば普遍的な原理にたいする、もうひとつの普遍的な原理の対決であったといってもよいだろう。

ところが、「武国」日本がキリスト教を弾圧した有力な理由のひとつは、イスパニアやポルトガルがキリシタン大名やキリシタンの反乱に呼応して、国を奪おうとしているという軍事的な警戒心からであったことはよく知られている。ここで注意せねばならないことは、こうした敵対国への警戒心はキリスト教国ばかりか、実は中国にも向けられていた点である。兵学者松宮観山（一六八六―一七八〇年）は、普遍的な礼教文化にもとづく華夷観念を信奉することによって日本を「東夷」だと卑しむ中華崇拝主義（「東海、聖人を出さず」（『学則』）と説いた徂徠を念頭に置いている）にたいして、次のように批判していた。

夫《そ》れ学者の言は、人皆信ず。忠義未だ明らかならざる者、一味彼を以て美と為さば、則ちもし一旦兵を我に加ふること往日の如きこと有らしめば、則ち其の徒は彼の耳目と為らんも、亦た測るべからざるなり。俑を作る〔よからぬ例を作る意〕の罪小と為さず。兵法『三略』に曰く、弁者をして敵の美を談ぜしむること勿《な》かれと。（『学論』巻上、一七五五年）

ここでは中国の侵略に際して、徂徠のような国内の中華崇拝主義者は敵に内通するかもしれないという軍事的な警戒心から中華崇拝が批判されている。観山は「もし一旦兵を我に加ふること往日の如きこと有らしめば」という敵・味方の極限状況では、「中華」の普遍性を信じて日本を「東夷」だと自ら貶めることは利敵行為であると説いたのである。こうした敵・味方の極限状況を想定して「中華」の普遍性を否定する考えが、最初にあげた山崎闇斎の逸話と重なってくる。ここでは、『先哲叢談』の異伝として、藤井懶斎（一六二八―一七〇九年）の伝える逸話をみてみよう。藤井懶斎は闇斎と書簡を交わしてはいるが、闇斎直系の弟子ではなかった。その彼が『睡余録』という随筆を書いている。これはのちに『閑際筆記』として刊行されるが、その際、書き直しや抜粋された箇所があるのだが、書き直し以前の文章には、次のような侵略の仮想問題が含まれていた。

山崎氏［闇斎］云ふ、本邦の人、耶蘇に陥る者渾《すべ》て是れ義無し。蛮夷は我が国を覬覦《きゆ》す、仮饒《たと》ひ生きて万戸の侯に封ぜられ、死して帝の左右に在るも、豈に彼に党し以て我が君父の国を危うくすべけんや。儒者は孔孟を尊び仰ぐこと、猶ほ彼の天主に於けるがごとし。然れども孔孟の徒、若《も》し我が国に来寇せば、我が鋒何ぞ孔孟の徒を避けんや。即ち此れ是の義なり。（『睡余録』巻上、一七〇六年序）

この異聞が興味深いのは、侵略の仮想問題がキリシタンとの類比のなかで語られているという点である。儒学は、カトリック教国に内通して、「君父の国」を危うくするキリシタンとは違うのだという論法で、キリシタンとの差異化が試みられているのである。そもそも、こうした論法が成立する背景には、外国の侵略に際してキリシタンと儒学者を同一視する問題状況が、近世日本のなかに存在したからであろう。事実、それは、たとえば「我が国を夷」とする「俗間の儒」を攻撃した垂加神道家谷秦山（一六六三―一七一八年）の次のような言葉にも現れている。「もし世儒のごとく我が国を東夷もろこしを中国と覚え、もろこしへしたがふを帰明投化などとこころえば、異日不幸に文永弘安の変あらば、大義をとり失ひ、我が国の弱みをしいだすもはかりがたし。危い哉」（『俗説贅弁』、一七一六年刊）。ここでは、蒙古襲来という侵略を想定することによって、儒者は敵に内通する敵対者として否定されている。さらに国学の大成者本居宣長の儒者批判にも、同じ論法が使われている。宣長は「皇国をば。ことさらに東夷などといひなすなるは。いともかしこく。大反逆にひとしき罪人也」と中華を崇拝する儒者を批判し、その理由として「さて今より後。もしかの国に罪ありて。うち給ふことなどのあらんには。さる人どもの下心には。おのれら夷狄のともがらとして。中国天子の軍にたむかひて。弓ひかんは。いともかしこし。たゞしたがひまつらんこそ道ならめ。と思ひあひて。かならずいみしきひがこともし出なんものぞ」(『馭戎慨言』巻上、一七九六年)と述べ、侵略されるのではなく「罪」ある中国に侵略する過程で、彼ら儒者が内通するかもしれないと説かれている。中国・朝鮮における祖先祭祀をめぐる典礼問題が、いわば普遍にたいするもうひとつの普遍の論争であったとすれば、「武国」日本ではキリスト教・儒学の普遍的な原理への批判は、その普遍的な原理が国家と国家との対立状況において果たすイデオロギー的な役割に向けられたのである。

「武国」観念と儒教の華夷観念

ところで、このような「武国」日本を集約的に表現した思想が、後期水戸学の聖典ともいえる会沢正志斎の『新論』であった。文政八年（一八二五）、対外的な危機感に触発されて書かれた『新論』は、『孫子』の戦略・戦術論によって国内の民心統合を図っていこうとする。すなわち当面の戦術としては、攘夷策をとって国内を「死地」（『孫子』九地篇）に追い込み、国内体制を戦時体制下におくことを求めた。ちょうど同年に出された異国船打払令は、それを実行したものと評価された。さらに天皇を中心にした祭政一致の政治体制を確立すること、これが長期的な戦略とされる。こうした術策によって、「民をして夷狄を賤《いや》しむこと犬羊のごとく、これを醜《にく》むこと豺狼のごとく」（『新論』長計）ならしめ「億兆の心を一」にする国民的な統合を図り、「八洲を以て城となし、蒼海を池とな」す（同上）強固な国防国家を建設しようとしたのである。

こうした『新論』の国防国家構想を支えていた華夷観念は儒学のそれではなく、武威の日本型華夷観念であった。ここでは、「天朝、武を以て国を建て、詰戎方行せしこと、由来旧《ふる》き「国体」（『新論』国体）の優秀性が誇示され、国際関係も春秋戦国の割拠としてイメージされる。「夫れ方今、宇内を挙げ列して七雄となして、周末の所謂七雄なるものと、小大異れりといへども、その勢もまた絶《はなは》だ相似たるものあり」（『新論』形勢）。それゆえ、交易による平和的な交際などはありえない。もともと西洋列強が交易を望んで来るのも、直接的な武力の行使を使わずに侵略しようとする策略をもっているからであって、それにうかうかと乗ってはならない。さらに松宮観山が中華崇拝主義者を警戒していたように、正志斎もまた同じ論法によって、西洋崇拝の温床になるとされる蘭学の徹底的な排除を説くのである。すなわち正志斎も、観山が『学論』に引いた兵書『三略』の「勿㆑使㆔弁者談㆓敵美㆒」の一句を引照しながら、蘭学者は夷狄と内通する可能性があるという理由から批判するとともに、国内の民心を分裂される異端分子として排撃するのである。

このように「武国」日本をささえる華夷観念は武威にもとづくものであって、中国本来の礼教文化にもとづく華夷観念とはまったく異なっていた。それは中華と夷狄の区別を、戦国時代の敵と味方の軍事的範疇でとらえるものであって、そこには、夷狄も礼教文化を身につければ中華になるという、中国の華夷観念が内包していた中華と夷狄の流動性は存在しなかったのである。またこの違いを自己と他者という観点からいえば、自己とは異なる固有な価値をもつ他者にたいする関わり方において、両者は異なっていたといえるだろう。すなわち王道思想にもとづく中国の華夷観念では、自己の優越的な礼教文化に他者は自発的に靡《なび》き従って帰化するとされるのにたいして、武威の華夷観念では、他者との関係は敵・味方の友敵関係しかありえず、敵対者を物理的な強制力によって排除・征服するか、それができないときには卑屈に屈従する。別言すれば、前者が理念的には開かれたものであったのにたいして、後者はできるだけ閉じようとする指向をもっていたといえよう。

ただしまた、われわれは両者の共通点についても注意しなくてはならない。すなわち武威の日本型華夷観念（力の優劣）にしても、中国本来の礼教にもとづく華夷観念（文明の有無）にしてもともに、単一の尺度によって国際関係を上下に位階づけることにおいては変わりなかった点である。すなわち一元的な価値基準によって国際関係をとらえ、異なる多様な価値観の共存を認めないことにおいては、両者は等しいのである。換言すれば、教化・帰化か、あるいは強制・排除かの違いはあるにせよ、ともに自己とは異なる他者の存在自体を認めようとしない点では等しかったのである。ここに「武国」日本の華夷観念がこれまで中国・朝鮮のそれと同一視されてきた理由もあったと思われる。

三 「武国」日本の朱子学の可能性

「武国」日本のなかの儒者

ところで、武威の支配が貫徹していた「武国」日本では、儒者にとってけっして居心地のよいものではなかった。儒者は「武国」日本では、役立たずの存在として遇されかねない少数派であったからである。こうした事態を、儒者とは反対の兵学者の立場から松宮観山は次のように描いている。

> 日本の軍学を唐の書に有レ之兵家者流と同し様に心得候は大き成《なる》誤にて候。異国は儒者と申者平人にて儒学大道にて候故、儒学の無レ之者官に付《つき》立身仕ることは絶《たえ》て無レ之候。兵家者流は別に一流の者にて、小技者の類に候。日本は武士と申者平人にて武学大道にて候故、軍学と申は此方平人の学問と申事に候。儒者は却て一流の者にて異国の兵家者流の如く小技者の類に候。（『武学答問書』巻上、一七五九年序）

ここには、科挙によって選び抜かれた知的エリートとしての自負心にあふれた中国の士大夫や朝鮮の両班と異なる、「武国」日本の儒者の特異な相貌があるだろう。まじめな儒者たちは主観的には異端者であるがゆえの「悲哀」（渡辺浩『東アジアの王権と思想』、東京大学出版会、一九九七年）をもっていた。たとえば、幕府に仕えた林羅山（一五八三―一六五七年）は、「余が如き者、草木と同じく朽ち、瓦石と斉しく棄てらる。天地の間の一廃人なり」（『羅山文集』巻八）という深い疎外感を抱いていたのである。

つとに津田左右吉の指摘があるように、儒教の礼は近世日本社会の習俗の次元にまで浸透することはなかった。孝のもっとも重要な表現であった三年の服喪など机上の空論に過ぎず、現実に葬礼を担っていたのは、キリシタン禁制のために作られた檀家制度のもとに、全国隈なく張りめぐらされた仏教寺院であった。しかし、このような礼教文化の存在しない近世日本社会にあっては、儒者は少数派であることによって、また津田左右吉流にいえば、「生活」の次元から遊離した「知識」として、換言すれば、現実には相いれない普遍的原理として朱子学をうけとめるという傾向があった。こうした傾向を習俗や慣習に根づかない、空中楼閣として、一概に否定し捨象してしまうことは、ある意味では歴史の一面的な理解に陥るだろう。「武国」日本にあっては、「予年来ナゲクコトアリ。学問ヲ一芸トシテ儒者・医者・仏者・天文者・軍法者・歌道者・誹諧師・陰陽師・碁所ノ類ト一同ニ思フハクチヲシキコトナリ」(『韞蔵録』巻三)と慨嘆していた佐藤直方のように、「学者ハ自己ノ理ヲ信ズルデナケレバ本ノコトデナイ」(前出)と、普遍的原理を偏屈にも保持することによって、現実との間での緊張関係をはらむ可能性をもっていたからである。

その結果、王道論・徳治主義を説く儒者は、先にみた朝鮮の朱子学者申維翰が外からの批判であったのにたいして、内からの「武国」への批判をなしえた。一八世紀中頃の朱子学者堀景山(一六八八—一七五七年)は次のようにいっている。

是は武家はその武力を以て天下を取り得たるものなれば、ひたすら武威を張り輝やかし下臣をおどし、推しつけへしつけ帰服させて、国家を治むるにも只もの上の威光と格式との両《ふた》つを恃《たの》みとして政をしたるものなれば、只もの上の威を大事にかけることゆゑ、自然とその風に移りたるもの也。韓非子が術も日本の武風に似たるもの也。古来の史をあまねく覧るに、百年も治りたる世はどのやうにしても、大体のことにて乱るゝものにてなければ、かの武威に人を懼《おそ》れ服して治り来れるを見て、日本は武にて治りたる国なりと心得て武国といひ、いよ〳〵武威に自負することになりぬ。（『不尽言』）

「日本は武にて治りたる国なりと心得て武国といひ、いよ〳〵武威に自負すること」を非難した景山は、「武威を張り輝やかし下臣をおどし、推しつけへしつけ帰服」させ他者を強制によって屈伏させる武威の支配のもろさを洞察していた。景山によれば、それは実は「卑怯なる心」から起こるものであった。

上たる人の威光を恃みにし、推しつけ人を帰服さすることは武勇なるやうに見ゆれども、能くたちかへりて思てみれば、けつく却て怯《をくびよう》なることゝも云べき也。そのゆゑは畢竟その威を張り強ふして、人をおどして帰服さするは、万一に上の威が落れば人が上をあなどり、それから違背せうかと恐るゝからのことなれば、我が心の内に省みて、その人君たる徳がかいなきゆゑに、気づかはしく疚《やま》しきことあれば、人の我に帰服せまじきかと恐るゝの卑怯なる心より起ること也。(『不尽言』)

この道徳性の根拠なきが故の武威の支配のもろさは幕末の開国・攘夷のなかで露呈されることになるのだが(前述の山鹿素水を想起されたい)、江戸時代の儒者は、そうした空威張りの優越感への批判者としての位置に立ちえたのである。後にもふれる幕末・明治の朱子学者阪谷素(一八二二―一八八一年)は、「今日海内の攘夷の二字、各々其の胸臆を横にし、正大の心を蒙蔽し、真誠の攘夷の害為り。唯だ其の蒙蔽明らかならず。故に至剛の気は暢《の》びずして、反つて怯夫の如く然り」(『朗廬全集』「上大原源老公書」)と説いて、幕末の理念なき攘夷論のいたずらな悲憤慷慨が、卑屈心の裏返しに過ぎないことを看破していたのである。

江戸時代の儒者の華夷観念

では、こうした「武国」日本での儒者の位置をふまえて、彼らの華夷観念はどのようなものであったのだろうか。大まかにいえば、江戸時代前期にはそれを額面通り受け取って、日本を「東夷」として中華を崇拝する傾向が強かったといえよう。そのために、日本を強引に普遍的な「中華」と結びつけようとする論説が生まれた。その極端な現れが泰伯皇祖説である。それは、日本の天皇の祖先は、実は呉の泰伯であるという考えである。泰伯とは孔子が「至徳」（『論語』泰伯）と称賛した人物で、故あって辺境の呉の国に逃げた。その泰伯が、日本にやってきて、天皇の祖先となったという伝説である。室町時代の五山の僧侶中巌円月がはやくに唱えたといわれているが、江戸時代初期、この泰伯皇祖説は儒学者の間で、かなりの支持を集めていた（もちろん山崎闇斎をはじめとする反対論も多かった）。近世日本の朱子学の祖林羅山もその一人である。この羅山をはじめとする儒者は、日本も普遍的な「中華」の内にあることをこの泰伯皇祖説によって証明しようとしていたのである。ここでは、佐藤直方や三輪執斎らのような天皇の万世一系性を否定するという過激な議論もなされていた。

こうした普遍的な「中華」への憧れと、また反対に日本を「東夷」とすることへの反撥との矛盾のなかで行き着いた考えが、機能概念としての華夷観といえるだろう（植手通有『日本近代思想の形成』、岩波書店、一九七四年）。すなわち中華の基準である礼教文化をどこまでも普遍的な理念としてとらえ、中国という国土から「中華」の理念を引き離してしまうのである。ここでは、中華‐夷狄の区別は土地によって固定化されず、流動的である。つまり、中華の地である中国であっても夷狄となりうるし、また逆に夷狄の地である日本でさえも中華になりうる。たとえば、荻生徂徠の弟子太宰春台（一六八〇―一七四七年）は次のようにいう。

「中華ノ人ニテモ、礼儀ナケレバ夷狄ト同ジ。四夷ノ人ニテモ、礼儀アレバ中華ノ人ニ異ナラズ」(『経済録』巻二、一七二九年)。あるいは寛政の三博士のひとり尾藤二洲（一七一四―一八一三年）は「中国」と「華夏」の概念を弁別して、前者の呼称については、「我、建国より彼の封を仮らず」(『冬読書余』巻一、一八〇〇年）と述べ、冊封関係のない日本と中国の間では「安《いづく》んぞ彼を謂ひて中と為すの理有らんや」(同右）と否定しつつも、後者の「華夏」、すなわち礼教文化を示す呼称については、「我因って呼びて華と曰ひ、夏と曰ふは、固《もと》より不可無し」(同右）と認めて、華夷の概念を現実の中国の国土から剝離して、理念として生かそうとしている。つまり彼ら儒者にとって、中華とはどこまでも普遍的な原理であったといえよう。そしてそのことによって、華夷観念がもともと内包していた開放性（夷狄は自ら中華の徳治に服すのであって、そこには強制はない）がよりよく発揮されることになる。ここから、武威にもとづく一元的な価値観を強制する「武国」日本のなかにあって興味ある思想的な現象も生まれた。

その注目すべき現象とは、夷狄＝西洋にかえって、その普遍的な文化が実現しているという認識を生んだことである。たとえば、幕府の儒官古賀侗庵《とうあん》（一七八八―一八四七年）である。彼は寛政の三博士の一人である古賀精里の三男であり、精里没後、父を継いで昌平黌の儒官となった。侗庵は文化年間のロシア人レザノフの来航事件をはじめとする一連の対外危機のなかで、正確な海外情報の必要性を痛感して、自ら進んで大槻玄沢らの蘭学者たちに接近していく。そのなかで、侗庵は西洋に簡易な制度の実現を見、たとえば、後に述べるように一夫一婦制を「良法」と高く評価することになったのである。彼は朱子学の普遍的な原理の延長線上に、もうひとつの普遍的な原理である西洋文明を理解したわけである。

古賀侗庵のアヘン戦争観

また、西洋に対する侗庵の対応もユニークなものであった。これまでの通説によれば、アヘン戦争をきっかけに江戸時代の儒者の「中華」への信頼は大きく揺らいだとされる。いわゆる西洋の衝撃である。守旧派の朱子学者は、渡辺崋山や高野長英らの蘭学者たちの先見性に対比されて、あたふたと狼狽する滑稽な役回りをさせられていた（侗庵は崋山の蛮社グループの一員であった）。しかし、古賀侗庵はそうした通説とは異なる事実をわれわれに提示している。その証拠になるものが『鴉片醸変記』という書物である。それは、天保一二年（一八四二）すなわちアヘン戦争の最中に、和蘭風説書や唐風説書などの当時入手しうる最新情報をもとにして、アヘンの中国伝播から説き起こし、清朝のアヘン対策、アヘン戦争の発端、そして天保一一年一二月までの経過を叙述している幕末日本における最も早い、リアルタイムのアヘン戦争の報告書である。

天保一一年七月、和蘭風説書は日本にアヘン戦争の第一報をもたらした。それは、ニュース・ソースが広東発行の英字新聞などにあったので、イギリスの出兵理由に関して、イギリス人にたいする「無理非道之事」があったためだと、イギリス側に立って戦争の発端を伝えていた。これにたいして侗庵は、その「非理無道」とは清朝の度重なるアヘン禁輸令にもかかわらず、イギリスがアヘンを密輸していたために、それを焼却した事実を指していると述べたのちに、「是れ清は直にして、英機黎は曲なり。非理無道は、実は英機黎に在りて清に在らざるなり」といい、かえって「非理無道」はイギリスであると断じた。そして、さらに続けて「蓋し泰西夷は専ら貨利を事とし、惟《た》だ力のみ是れ競ふ。苟《いやし》くも我強大にして、敵に釁《すき》有らば、則ち直に之れに乗じ、復《ま》た理義を顧みず。其の所謂る非理無道とは、特《た》だ託すのみ。戎夷を制する者は、此の意を洞知せずんばあるべからざるなり」と注意を促しているのである。

こうしたイギリスの「非理無道」にたいする道義的な非難が、当時の日本では意外なほど少なかったなかで、それが可能だったのは、何より侗庵が華夷観念を普遍的な理念として受けとめていたことによるだろう。アヘン戦争以前すでに侗庵は、西洋列強の軍事技術を摂取するために交易を主張して、異国船打払令を批判する『海防臆測』（一八三八―四〇年）のなかで次のように説いていた。

西洋諸国は、間《ひそ》かに虎狼の志を懐く者有り。未だ必ずしも我を侵し加へんと欲せずんばあらず。而して我、理直く義正しく、瑕の指摘《してき》すべきこと無ければ、則ち彼は恧然《じくぜん》として内愧《は》じ、辞し以て其の下を使ふること無し。而して衆は咸《み》な隴種瑟縮《ろうしゅしつしゅく》の気有りて、用ふる所を為すを肯んぜざるなり。

我が「理直義正」であれば、「虎狼の志」を懐く西洋諸国も、しょげて恥じ入るであろう。この楽天的とも評すことのできる認識を支えていたものが諸国家間を貫く普遍的な「理義」への信念であり、また、その信念こそが『鴉片醸変記』で近視眼的な勝敗に眩惑されず、イギリスの「非理無道」を鋭く非難しえた内的根拠であったのである。丸山眞男氏は幕末日本においては、横井小楠の「天地仁義の大道」（『夷虜応接大意』、一八五三年）にみられるような、朱子学に内在する「一種の自然法的観念」が華夷観念を転換させ、国家平等観念を導き出すための「論理的媒介」になったと指摘していたが（『忠誠と反逆』、筑摩書房、一九九二年）、侗庵はまさに朱子学の「理」を、西洋を含めた国家相互間を対等平等に律する道義として読み込んでいたのである。ちなみに、この普遍的な「理」への信念から、イギリスの侵略に抵抗した闘士を「義士」と称える共感が生まれたことも特筆しておかねばならない(『古心堂詩稿』読清義士檄文探韻、一八四四年)。先の「天瓊矛」「三韓征伐」神話を根拠とする日本型華夷観念においては、どこまでも中国・朝鮮は侵略の対象であって、そこに住む民衆への共感は存在する余地がなかったこととは、実に対照的であった。

また『鴉片醸変記』で注目すべきは、侗庵がイギリスの侵略行為を非難するとともに、軍事的に劣勢に立っていた清朝の弱点をも指摘していたことである。『鴉片醸変記』の成った時点、天保一一年六月の舟山列島定海県での清朝の敗北は幕府に報告されてはいたが、未だ勝敗の行方は混沌としていた。同年冬の唐風説書は、イギリス国王の第三女を人質にした事件(むろん誤報)を伝え、来夏までには勝利のうちに決着するだろうと楽観的な戦況の見通しさえ述べていた。このような段階で、侗庵はいち早く清朝の弱点に目を向けていたのである。その一つが西洋情報の収集不足である。定海県での交戦は、清軍がイギリス軍の礼砲を攻撃と誤認したことがきっかけになった、と天保一一年一二月の唐風説書は伝えた。侗庵はこの記事を取り上げ、礼砲という「泰西の俗」を周知徹底させていなかった清朝の失策を指摘する。またもう一つが海防力の弱体である。

蓋《けだ》し国を瀕海に見て、船艦火器を修せざるは、実に防禦の大闕典《だいけってん》と為すなり。（『鴉片醸変記』）

侗庵は清朝の軍事力を宋・明に比べれば優れていると評価しつつも、海防力の不備を「防禦の大闕典」と指摘していた。さらに侗庵は、清朝における西洋情報の収集不足や海防力の不備をもたらした根底的原因を見ていた。彼は、在留中国人周某（唐風説書を幕府に提出した周藹亭か）が、清朝の防備は長崎より百倍厳重だから「外夷の入寇は、意に介するに足らず」と豪語しているということを伝え聞いて次のようにいう。

清の海防、予は未だ其の能く我に加ふること有るや、以て否やを知らず。而して彼の凶矜は乃ち尓《しか》り。蓋し妄《みだ》りに己が邦を誇揚するは、実に支那の病根なり。（同右）

侗庵は「支那」の独善的優越意識こそが、西洋情報への無関心さを生み、艦船・銃砲の進んだ西洋の軍事技術を摂取することの妨げになっている「病根」であると診断していたのである。

異なる他者との共存

こうしたアヘン戦争観、西洋の進んだ科学技術を摂取しない尊大な中国というイメージは、以後、開明的な知識人のなかで共通認識になっていく。福沢諭吉はよく知られているが（『唐人往来』、一八六五年）、たとえば明治の啓蒙主義者として知られる中村敬宇（一八三二―九一年）である。敬宇もかつては幕府の昌平黌の儒官であった。

漢学者ハ、或ハソノ自カラ信ズルノ甚シキヨリ、世ニ孔子ノ学ヨリ正シキモノナシ、孔子ノ学ノ外ナル者ハ皆異端邪説ナリトセリ。是レソノ狭隘ノ見、自カラ一偏ニ流レテ、孔子ノ真意ト矛盾スルヲ知ラザルナリ。（「漢学不可廃」、『東京学士会院雑誌』第九編第四冊、一八八七年）

幕末日本の朱子学者は、必ずしも独善的な中華崇拝主義者であったわけではなかった。さらにこうした中華の華夷観念のもつ独善性にたいする批判ばかりか、それと表裏の関係にある一元的な価値観への批判も生まれたことも看過すべきでない。侗庵は他の諸民族に共通する太陽信仰のひとつとして日本の天照大神信仰をとらえる視点をもっていた（『侗庵二集』巻七、崇日論、一八一九年）。これは中華の華夷観念ばかりか、日本の武威の華夷観念にも共通する、自己の価値基準を絶対視して、異なる他者の価値観を認めない態度への批判をも内包していたのである。

こうした批判の延長線上にあるのが阪谷素の「尊異説」である。阪谷素は古賀侗庵の弟子で、中村敬宇とともに『明六雑誌』の同人であった漢学者である。渡辺浩氏が指摘するように、彼は「唯一ノ正理公道」にもとづいて「西洋文明の優位を認め、「文明開化」の進展を望」んだ開明的な思想家であった（前掲書）。「尊異説」とはその『明六雑誌』一九号（一八七四年一〇月）に掲載されたもので、そのなかで、阪谷素は異なる他者を容認するという注目すべき論を展開している。阪谷は物には「親和スル固有ノ合同性」と「区別スル固有ノ分異性」があるが、その「功用」からいえば、「異ノ功用最モ大」であるという。たとえば「師弟朋友異ヲ以テ」才知芸能を切磋琢磨するように、「人ノ業ヲ立テ功ヲ為ス亦其異ヲ包容シテ尊ブニ在ル」し、西洋諸国が発展してきたのも、「政教風習ヲ異ニシテ相磨シ、属官其議ヲ異ニシテ相磨シ、庶民其説ヲ異ニシテ相磨ス。其公平至当ノ処置ヲ開キ、国家ノ輝光ヲ発揚スル皆異ノ抵抗シテ相磨スルニ生」じたのである。「異」なるもの同士の対立は避けるべきではなく、むしろそうした「異」なるものを拒否する考えこそが「野蛮」だと批判される。

異ヲ卑ミ拒ム是前日攘夷ノ野蛮習耳。

先にみたように、阪谷は幕末の悲憤慷慨の攘夷論のなかに潜む卑屈な精神を批判していたが（『明六雑誌』四二号「尊王攘夷説」にも、阪谷は同様な見解を述べている）、それは「異ヲ卑ミ拒」み、一元的な価値基準によってすべてを律しようとするところから生まれる悪弊であったのである。このように幕末の朱子学者のなかには、異なる他者を排除しようとする攘夷論に集約されるような武威の日本型華夷観念（会沢正志斎の『新論』はその典型であった）の脆さを批判するとともに、さらにいえば、同一化を志向する中国本来の華夷観念をも超え出る可能性さえ存在した。

幕末の朱子学者が「万国公法」を受容しやすかったひとつの理由はその理念性、道理の実在にたいする信念にあった。この点については、先にみた丸山氏をはじめ、すでに多くの人によって論じられている。たとえば芝原拓自氏は次のようにいう。「「万国公法」を実定法上の国際法規に限定して理解するよりも、むしろ国際関係を律する自然法的な条理・理想としてうけとめるのが一般的であり、「万国公法」は、しばしば伝統的な儒教の天道概念によって読みかえた「天地ノ公道」などと同義に観念され使用されていた」（『日本近代思想大系 対外観』、岩波書店、一九八八年）。ただ「万国公法」の受容に関していえば、こうした理由にとどまらず、朱子学者のなかに、礼教文化の欠如している「武国」日本は普遍的な理念のもとでは「夷狄」であるという自国を卑小なものととらえ、相対化する認識があったことも看過できないだろう。というのは、朱子学の理念性は「万国公法」を受容する必要条件になったとしても、十分条件とはなりえなかったからである。それは何より、日本に強い影響を与えた、中国在住アメリカ人宣教師マーチンの漢訳『万国公法』（一八六五年和刻）が当の中国ではなかなか受容できなかったことに現れていよう。佐藤慎一氏が指摘するように、「万国公法」を受容するためにはその前提に、対等な国家間のひとつとしての中国という認識があってはじめて成立しうるものであり、そこでは中国自身も万国公法によって拘束されることを意味していた（『近代中国の知識人と文明』、東京大学出版会、一九九六年）。この点において、自己を絶対視する中国ではなかなか受け入れがたかったのである。ところが、「武国」日本の朱子学者は、華夷観念を理念化することによって自国を相対化し、さらに自己と他者の共存という考えを生みだしていたために、それを受容しやすかったと思われる。

四　儒教文化圏のなかの近代日本

これまで見てきた儒教文化圏における「武国」日本の特異性は、自他ともに儒教の国と認める朝鮮と比べるとき、一層はっきりするだろう。最初に紹介した李恒老らの衛正斥邪思想において、衛るべき「中華」は国境を超えた普遍的な礼教文化であるが、彼らの場合、その普遍的な礼教文化は朝鮮のなかですでに実現しているのだという牢固な自信があった。彼らの「小中華」意識はその自信の現れであったといえよう。そのために、そうした普遍的な礼教文化を破壊する行為は、祖先祭祀を廃止する天主教にたいする斥邪運動のように徹底的に否定されたのである。ここには、古賀侗庵が主張したような交易によって西洋の科学技術を摂取するとか、軍備を増強するといった議論の余地はまったく存在しない。その意味では、明らかに朝鮮の朱子学は慣習まで深く根ざした現実の社会体制を擁護するイデオロギーであったといえよう。しかしまた一方で、この衛正斥邪思想は、西洋列強の侵略にたいするばかりか、日清戦争以後の反日義兵運動をささえる思想であったことも看過すべきではない。ここでは、その強固な普遍的な礼教文化への自信のゆえに、「倭洋一体」としての「倭夷」にたいする反侵略の論理に転化しえたのである。闇斎と李恒老を対比した『大韓毎日申報』の記事は、こうした朝鮮朱子学のもつ二面性を突いたものであったといえよう。

ところが、幕末日本においては二つの選択肢があった。その一つは、ペリー来航時での速やかな軍事的な対応にみられるような富国強兵の路線である。軍事力＝「武威」による欧米列強への屈伏を受け入れ、一刻も早く軍事力を増強して「万国対峙」の体制を構築しようとする考え方である。いうまでもなく、明治国家はこの路線をひた走りに走った。それは神功皇后の「三韓征伐」のような「武国」日本の神話を鼓吹して、朝鮮・中国への侵略に突き進むことでもあったのである。そしてもう一つの対応とは、古賀侗庵にみられたような西洋蘭学との結びつき、さらには普遍的理念のもとでの国家間の対等性・平等性の認識を深化させる路線である。それは、侗庵が反英運動の闘士を「義士」と称賛したような、アジア連帯への可能性でもあった。

思うに近代日本はこうした二つの選択肢をもちえたことによって、朱子学を国教とする朝鮮や中国と異なる道を進みえたのである。たとえば、近代ヨーロッパの国際関係が主権平等を建て前としながらも、現実には軍事力を主とする物理的な力によって主権国家間の関係が定まるものであったとすれば、前者の側面を朱子学的な理念の延長として、後者の力関係として国家間をとらえる現実的な側面を「武国」日本にふさわしい考えとして同時にもち、それぞれ使い分けるようなことができた。近代日本は一方で「万国公法」の理念性を受け入れるとともに、木戸孝允のような冷めた認識ももちえたのである。

> 万国公法などと申候ても是又人の国を奪ひ候之道具にて毫も油断不二相成《あひならず》一、今日世間縦横往来相開け居候に付、名目無レ之《これなく》ては猥《みだ》りに人之国も不レ被レ奪《うばはれざる》故、不レ得レ止《やむをえず》如レ此之法を立候もの歟と愚考仕候。弱国は此法を以奪ひ強国此法にて未奪れ候を不レ聞《きかず》、安心不二相成一世界に御座候。（『木戸孝允文書』三）

近代日本の人々は、現実の力をあってはならないものとして認めようとしない徳治主義による華夷観念の呪縛に深くとらわれていた朱子学一尊主義の朝鮮や中国とは異なって、リアルに現実の力関係を認めて、そうした幻想から自由であったのである。それはより広い視野からみれば、中国をはじめとして朝鮮が華夷観念と近代ヨーロッパの国際体系とのせめぎあいのなかで苦闘していたのにたいして、中国の儒教的な華夷観念を否定して、そこから抜け出ることを容易にしたであろう（その功罪、プラスとマイナスをあわせ見なくてはならない。竹内好が指摘していたように、苦闘することによる思想の創造作用が日本には欠けていたとも評しうるからである）。それは言葉をかえていえば、東アジア地域の普遍的な価値・理念から離陸して、近世日本の朱子学者が保持していた普遍的な理念を見失い、近代ヨーロッパの帝国主義の道を歩むこと、つまり「脱亜入欧」を意味していたのである。しかし、それは朝鮮の衛正斥邪思想の立場からすれば、「倭洋一体」としての「倭夷」に転落することでもあったのである。

付論1　古賀侗庵の海防論――朱子学が担う開明性

「維新の精神」

明治維新と海防論というテーマを考えようとするとき、まず想起されるのは藤田省三氏の『維新の精神』（みすず書房、一九六七年）である。藤田氏は幕末の海防論に関して、「浜辺に台場を築き大砲を並べ」て同時に木陰から「小筒」を打つべきだ、元寇の先例にならって小舟で「唐人」の軍艦に漕ぎ付け飛び乗り「敵」を全員みなごろしにしろ（福沢諭吉『唐人往来』）、といった海防論の内容自体は「荒唐無ケイでリアリズムの一かけらすらない」が、海防策論議の沸騰によって「処士横議」「横行」「横結」という新たな社会的連結がもたらされたところに、「維新の精神」があると説いている。藤田氏はまたこうした海防策のなかから、「今日に生かす道」も生まれていたことにも注意を喚起した。それは幕末期の異常な興奮した精神状況のなかで、維新の社会変革を指導した正気の精神であって、西洋の文明の精神にたいする「崇拝」「尊敬」「讃嘆」をもちつつも、西洋列強の権力性にたいしては敢然と「独立」「同等」「対決」の意識をもつ、自己の「状態」にたいする醒めた自己批判的な健康な精神である、と藤田氏は説き、福沢諭吉の思想のなかに典型的な「維新の精神」の結実をみた。

『海防臆測』

こうした「維新の精神」の体現者として、われわれは福沢以前に、ペリー来航時、「天地仁義の大道」にもとづいて、「有道の国は通信を許し、無道の国は拒絶するの二ッ也」（『夷虜応接大意』）と説いて、近視眼的な攘夷論を批判した横井小楠（一八〇九―六九年）の名前をあげることができるだろう。しかし、この小論では小楠よりも一世代前の古賀侗庵を取り上げてみたい。古賀侗庵は、一九世紀初頭のレザノフ来航・エトロフ襲撃事件などの「外寇」に強い衝撃を受け、昌平黌の官舎のなかで、ロシア・イギリスなどの情報収集に努めるとともに、西洋列強の侵略を防ぐために銃砲・艦船といった西洋の先進的な軍事技術を積極的に導入すべきことを主張し、その導入のために開国交易論を説いて、偏狭な攘夷論者を批判した。アヘン戦争情報が日本に伝わる直前の天保九年（一八三八）から一一年に書かれた『海防臆測』は、そうした侗庵の海防論の集大成ともいえるもので、幕末海防論の白眉と評すことのできる著作であった。

そのなかで侗庵は、四面海に囲まれた「一巨島」である日本に「絶えて船艦銃砲海防の備を修めざる」ことは、「鳥にして翼なく、獣にして蹄無」いようなものだと警告し（一条、二条）、西洋式の艦船を新造するために、蘭学者に蘭書を翻訳させるとともに、長崎のオランダ商人に命じて「参互考覈《こうかく》」して遺漏のないようにすべきであると説く。その際、「国家の急務」なので費用は惜しんではならない（六条）。さらにできあがった艦船を自由に操縦できるようにするためには、「諸侯は則ち其の国中の河海に於いて肆《ほしいまま》に習はしめて、可なり」と、幕府のみならず、諸大名にも艦船の所有を認め、さらに近海ばかりではなく、寛永以前の旧制に復して、遠く「天竺・シャム・安南等の地方」にも交易して、操船技術を磨けば、「富国」にも資するところがあるだろう、と開国論を展開した（八条）。

「驕矜」批判

このような侗庵の海防論が「維新の精神」という観点から注目すべき理由は、西洋式軍艦・銃砲の摂取をいちはやく唱えたこと、あるいは、それを使いこなすために「互市《ごし》」を提唱した海防策の先駆性にあるのではない。このような論点だけであれば、同時代の会沢正志斎や佐藤信淵にもみえるからである。彼ら、気宇壮大な「皇国」「神州」論者たちもまた、「水操の法、巨艦の制は、皆海国の先務にして、間暇に及んで審らかにこれを議せざるべからざるなり」（会沢正志斎『新論』守禦、一八二五年）、「先づ広大堅固の軍船を多く製作し、且つ極大の炮を数千門鋳造し、今時軍事に習はざる武士を勉励して大炮の打発を専一とし、或は海に乗り出し船打の点放《ねらひうち》を修練せしめて、各々其の精妙を究めざれば調はず」（佐藤信淵『防海余論』、一八四七年）と、海軍力増強を説いていた（先にみたように、侗庵も正志斎も、戚継光の所説に依拠していた）。侗庵の海防論がこうした「皇国」「神州」論者のそれと截然と切れているのは、侗庵がたんに軍事力の充実を説いていたのではなく、「鎖国」のなかで醸成され「宿習」となっていた精神の変革を求めていたところにある。具体的には、独善的なエスノセントリズムへの自己批判である。

> 支那もまた宇内最大の邦と為す。然して其の驕矜《きようきよう》はまことに是れ大疵なり。其の外国を痛斥し、歯《よわい》して人と為さず、本邦の政俗を評するに其の矯誣を極むることを観て、灼然たり。本邦の風習の懿《い》は、万々支那に度越す。惟《た》だ中古以還、支那と交通す。故に驕の一失、未だ少しく汚染する所と為ることを免れず、痛悛せざるべからざるなり。（『海防臆測』二二一条）

侗庵によれば、華夷思想の「支那」ばかりか、日本もまたこの「驕矜」の弊害を免れてはいなかった。たとえば会沢正志斎や佐藤信淵は「皇国」や「神州」の優越性をもとにして、先のような勇ましい海防策を声高に説いていたからである。そうした攘夷論盛況のなかでの「驕矜」批判は、藤田氏が「維新の精神」の体現者として評価する福沢諭吉の「己惚《うぬぼれ》の病」(『唐人往来』)とぴったりと重なっている。福沢は西洋を夷狄視して、その進んだ科学技術を学ぼうとしない「世間知らずにて、己が国を上もなく貴き物の様に心得て、更《さ》らに他国の風に見習ひ改革することを知らざる、己惚の病」(同右)を指弾していた。

侗庵にとって、「人の過悪は驕より大なるは莫《な》し」(『海防臆測』二二条)い。西洋式の艦船・銃砲を摂取しようとするとき、最大の障害になるのは「祖法」遵守の慣例主義であり、この驕慢の独善主義であった。というのは、導入を率先して進めるべき「有土の君」が驕慢であるとき、「自ら己の国の富庶昌熾を矜《ほこ》り、情に任せ意を肆《ほしいまま》にし、専ら娯適を図り、自ら己の為す所を是として、少しも悛改せず、復た他邦の長を採ることを思はず。是に於いてか奢傲日に長じて制すること能は」(同右)ざるからである。そもそも「他邦の長」を「長」として認めようとしない傲慢なものは、相手を知ることを蔑ろにして、彼我の現状を醒めた眼で見ようとしない。

社会批判に通じる海防論

いつの時代でも、彼我の力関係を客観的に見極めることは容易ではない。とくに「鎖国」体制のもとでは、長崎という限られた情報ルートしかなく、西洋情報が決定的に不足していた。それでも、侗庵の同時代には蘭学が盛んになり、すでに杉田玄白や前野良沢の蘭学第一世代に続く、大槻玄沢の時代を迎えていた。そのため特権層には、わずかとはいえ、情報は手に入れようとすれば手に入らないわけではなかった。しかし、驕慢の心を懐《いだ》いている限り、それを実行することは難しい。こうした状況下、幕府の昌平黌の儒官、侗庵は腰を低くして、蘭学の大家玄沢に教えを乞うたのであった。そして、侗庵はその成果を膨大な著作として残した。たとえば、ロシアにたいしては、『俄羅斯《オロス》紀聞』一集（一八一一年序）、同二集（一八一六年序）、同三集（一八二二年序）、同四集（一八四〇年序）で、ロシアに関する訳書・著書すべて九八種を収めた。この他にも、大槻玄沢の評言を附した『俄羅斯情形臆度』（一八四六年序）二巻がある。またイギリスについては、アヘン戦争の経過を叙述した『鴉片醸変記』（一八四一年）や『英夷新聞抄訳』八巻があり、さらにこれ以外にも、蘭学者の地理書である青地林宗『輿地誌略』、山村才助『訂正増訳采覧異言』、箕作省吾『坤輿図識』にそれぞれ序文を書いている。このように「驕矜」を排した侗庵は、可能な限りの情報を収集して、まず冷静に「彼を知る」ことを目指したのである。

さらに独善を排除した侗庵の海防論のメリットは、西洋科学の摂取ばかりか、国内政治、社会のあり方への根本的な批判につながっていた点にある。侗庵は文化年間の対外危機に際して、『擬極論時事封事』(一八〇九年)を著し、一〇項目の提言を将軍にしようとした(もちろん、この提言は「擬」とされているように、実際に将軍に提出されてはいない)。その第一番目に掲げられた提言は「言路を開き、以て壅蔽《ようへい》を防ぐ」ことである。侗庵はそこで、『書経』の「衆に稽《かんが》へ、己を舎《す》て人に従ふ」という聖天子堯帝の言葉を冒頭に掲げ、言路洞開を主張している。秦の始皇帝や隋の煬帝は、「正言は必ず誅し、直諫者は必ず戮」して、「四海鼎沸《ていふつ》し、豪傑相継ぎて起り、天下に一寸の乾浄土無」くなってしまっているにもかかわらず、「猶ほ自ら功業を矜誇し、必ずしも憂ふるに足ること無」いと豪語していた。そして、とうとう亡びてしまった。臣侗庵があえて始皇帝や煬帝の故事を持ち出したのは、ここ数十年来、「忌諱《きき》の風」が甚だしく、「光明正大の気」が滅してしまっているからである。そう述べて、侗庵は林子平『海国兵談』の処分を批判的に引きながら、直言する者がいなくなってしまっている現況を歎く。さらに対外的な危機のなかで、ますますこの弊害が甚だしくなって、「上に災患有るも、下の人は泛然として聞かざる如く」、「吾の与《あづか》り知る所に非ず」といい、また一方で、「下に殃苦《おうく》有るも、上の人は蔑焉《べつえん》として知らざる若《ごと》く」、「彼なんぞ恤《あは》れむに足らんや」という始末であるという。このような見て見ぬ振りをする「上下の勢、壅隔《ようかく》すること此の如ければ、一旦変起れば、渙然として瓦解するのみ、紛然として鳥散するのみ」と警告した。

同時代の会沢正志斎の『新論』は、こうした民心の「瓦解」「鳥散」の危機感から、「国体」神話による民心統合を謀ろうとしていたのだが、侗庵はここではむしろ、活発に議論を起こそうとする。ロシアの危機はたんに「吾が宗社の巨恥」のみならず、「斯《こ》の邦」に生まれた者にとっての危機だ、と将軍自らが海内に広く訴え、さまざまの意見を求めよ、と将軍に迫る。侗庵によれば、こうした将軍の政策転換によって、「崇論讜議、紛然として天下に満ち」ることになり、そのなかから良い意見を取ればよいという。侗庵はいう、「言路を開くことは、実に百事の本為」りと。

上に立つ者が「矜誇」を捨てて、広く意見を聞けという主張は、『海防臆測』にも継承されている。そこでは、今の「大吏重臣」たちが西洋列強の侵略を憎むあまりに、己自身、絶えて西洋の「政俗及び防禦の宜」を語ろうとしないし、また「他人の之れをいうを喜ば」ない。このような現状にたいして、侗庵は、「吾、我の心思を竭《つく》し、時の宜を揆《はか》りて、詳らかに之れを論じ、又た博く輿人〔多くの人〕の議を采り、参証考覈して、以て虜を防ぐの長策を定めて、方《まさ》に好悪の当を得ると為す」と説き、「若《も》し乃ち外夷の治忽《ちこつ》強弱、概《おおむ》ね之れを膜《ばく》外《がい》に措き、吾既に絶えて討究せず、又人を尼《とど》め熟議することを得ざらしめ、以て海防の兵備壊隳《かいき》し修めざることに馴致すれば、異日、侵擾の禍は勝《あ》げて言ふべからざる者有り」（『海防臆測』三二条）と警告している。侗庵は、会沢正志斎のように「国体」神話のイデオロギーや「武威」の強権によって民心統合を謀っていこうとするのではなく、議論を巻き起こし、多くの議論を「参証考覈」しながら、国論の一致を図ろうとしていたのである。

彼の提言は、「御威光」が汚されることを何より恐れていた強権的な幕府に受け入れられたとはいえないが、少なくとも昌平黌、とくに全国各地の俊秀が集っていた書生寮（昌平黌は幕府直参教育を中心にしていたため、諸藩士や浪人などの外来人は、教官役宅の書生寮に収容されていた）とその周辺では、温容な性格の侗庵の膝下、活発な議論が行われていたろうと推測される。その証拠に、侗庵の弟子たちから多くの海防策が提出されているからである。羽倉外記（『海防策』）、藤森弘庵（『海防備論』）、斎藤竹堂（『阿片始末』）、塩谷宕陰（『籌海私議』）などは、その代表である。藤田省三氏の指摘するような海防策を「陣痛促進剤」として生じた「処士横議」の震源の一つは、「崇論讜議」を貴んだ侗庵の役宅にあり、そこでの議論が文字通り「紛然として天下に満ち」ていき、新たな社会的連結を作っていったのである（拙著『江戸の読書会』平凡社ライブラリー、二〇一八年）。

原理的な道義と物理的な力

また、侗庵の海防策は福沢諭吉に体現される「維新の精神」そのものであったことを確認しておかねばならない。それは、一言でいえば、原理的な道義と物理的な力（軍事力と経済力）との緊張を持ち続ける精神である。道義があるからこそ、現実の力関係は醒めた眼で見極められるし、逆に物理的な力の裏づけがあることによって、原理的な道義は空論・抽象論に陥ることがない。道義とパワーのそれぞれへの偏向（「驕矜」はどちらにしても偏向から引き起こされる）を許さない精神、これが藤田省三氏のいう自己の「状態」にたいする醒めた正気の精神であろう。

そうした意味での「維新の精神」の侗庵的な表現が、箕作省吾（省吾は幕末の代表的な蘭学者箕作阮甫の婿養子である。また箕作阮甫は侗庵の弟子である）の『坤輿図識』（一八四五年刊）に附した序文である。そこで、侗庵は世界の諸国を二つの類型に分けている。一つは「確然として自守、士を養ひ民を字《いつくし》み、国勢をして金甌《きんおう》の欠くること無きが如くせしむる」国であり、もう一つは「遠略を是れ事とし、貿易を務め交際を重んじ、敵国に釁《すき》有らば、襲ひて之れを取る」国である。前者の「確然として自守する者は義を崇ぶなり、寡欲」であり、後者の「遠略を是れ事とする者は貪婪なり、残暴」であって、道義的な「優劣枉直」の立場からいえば、前者が優位にあることはいうまでもない。にもかかわらず、現実の軍事力・経済力という立場からいえば、「確然として自守する者は、間《しばら》く或は競はず。而れども遠略を是れ事とする者は往々盛強」である。今のこの時点で、「隣交を締ばず、辺防を修めずして、確然として自守することは、断じて為すべからざる者有」る。それでは、どうすればよいのか。侗庵はいう。

蓋し必ず外夷を雷征するの勢有りて、然る後に一国を退保すべし。敵人を威慴《いしよう》するの略有りて、然る後に固く盟約を申すべし。（『侗庵六集』巻九、坤輿図識序）

これが、侗庵が行きついた結論であった。つまり、自衛力としての軍事力を保持しつつ、道理にのっとって「盟約」を結び、友好関係を築いてゆけというのである。後者の面でいえば、侗庵は『海防臆測』のなかで、「虎狼の志」を懐き、侵略をしようとしている西洋諸国であっても、「我、理直く義正しく」（三七条）、指弾される瑕疵がなければ、きっと恥じ入るであろうと説いていた。このように侗庵は、たんに物理的力だけがパワーとして機能しうるのではなく、「理直義正」という道義がパワーとなりうるのだと注目していた点で、福沢諭吉の先駆者であり、藤田氏の「維新の精神」をいちはやく体現していたのである。

付論2　女性解放のための朱子学——古賀侗庵の思想

松平定信の寛政の改革によって、深川をはじめとする岡場所は、一時撲滅されたかに見えた。ところが、一一代将軍家斉の時代、文化・文政年間になると、ふたたび息を吹き返してくる。そこは、芝居・寄席・寺社の開帳などと同様、江戸の人々の遊び場のひとつとして、爛熟した町人文化、化政文化の舞台となった。

しかし、華やかさの翳で、遊女の生活は悲惨をきわめていた。この時代の世相を伝える武陽隠士の『世事見聞録』(一八一六年序)によれば、一晩に「今は廻しと号して、五人にても十人にても、客の有次第に廻して相対」させられ、嫖客の機嫌を取り損じたりすると、主人に折檻され、酷《ひど》いときには責め殺されることもあった。

若しその［客の］機嫌を取損じて客の盈《あぼ》れ出したる事あるか、又不快にて不奉公をいたすか、又客来らで手明きなる時は、悉く打擲《ちやうちやく》に逢ふ事なり。是皆老婆が目付役にて妻妾娘分なるものの指揮する所にて、鬼の如き形勢《なり》にて打擲するなり。其上にも尋常にも参らざる時は、其過怠として或は数日食を断ち、雪隠其外《せっちんそのほか》不浄もの掃除を致させ、又は丸裸になして縛り水を浴せるなり。水湿《しめ》る時は苧縄《おなわ》縮みて苦み泣叫《なきさけぶ》なり。折々責殺《せめころ》す事あるなり。

この文化年間、吉原や岡場所が風俗を敗壊するという道徳的な理由とともに、「夫れ天下の至賤にして至苦なる者、妓より甚だしと為すもの莫《な》し」と説き、そこに身を沈めた遊女の苦痛と恥辱に目を向け、彼らの立場から廃娼論を主張していた人物がいた。

夫れ天下の至賤にして至苦なる者、妓より甚だしと為すもの莫《な》し。是を以て古《いにしへ》より婦人の志操有る者、人に花街に略売せられ、身を殺し節を全うする者比比《ひひ》として有り。即《も》し其の死すること能はざる者、豈に慙憤の心無けんや。乃ち其の良心を抑遏し、忍びて禽獣の行いを為さしむ。亦已《またすで》に酷《むご》し。其の妓籍に上るや、又主父母の為めに虐使せらる。之れをして方を刓《けづ》り円と為し、涙を破り笑を作し、多方、媚を容に求めしめ、色稍《やや》售れざれば、則ち箠撻《すいたつ》し之れを従はしむ。又豈に仁人の坐視するを忍ぶ所ならんや。

この論文『壺範新論』(『侗庵二集』巻二)を書いたのは、古賀侗庵である。彼は、古賀精里の息子で、『壺範新論』(一八一五年)を著したときは、昌平黌の儒者見習いの地位にいた。

精里の死後、その跡を継いだ侗庵は、昌平黌で多くの俊才を教育したばかりか、全国の河童伝説を集め、民俗学者柳田國男が「天下ノ一奇書」(『山島民譚集』)と評した『水虎考略』から幕末海防論の白眉といえる『海防臆測』に及ぶ、四百三十余巻の膨大な著作を残した。

しかし、昌平黌という幕府の教学の中心にいて、その影響力は大きかったはずであるにもかかわらず、これまで侗庵の思想については、それほど注目されることはなかった。侗庵の上司、大学頭林述斎や、林家の塾頭で、述斎を補佐した佐藤一斎と比べ、その研究は寥々たるものである。その理由のひとつには、彼が生前一冊も著作を刊行しなかったことがあげられよう。彼の詩文集は写本でのみ伝わっていて、広く知られていない。

ここでは、おそらく江戸時代においてもっとも卓越した女性解放論を展開している『壼範新論』を取り上げ、この埋もれた朱子学者古賀侗庵の一側面を照射してみたい。

ところで、朱子学者が女性解放論を唱えたなどというと、奇異の感をもつ方もあるかもしれない。教科書的には、朱子学は男尊女卑を説き、封建的な身分秩序を支えるイデオロギーであったとされてきたからである。たしかに朱子が編したとされる少年教訓書『小学』には、幼いときは親に従い、嫁しては夫に従い、老いては子に従えという「三従」や、「子なければ去る」といった離縁する七つの条件である「七去」などが説かれ、山崎闇斎の『大和小学』（一六五八年）や、貝原益軒の名で広まった『女大学』（一七一六年）はこれを祖述している。この「三従」「七去」は、江戸時代の女性の置かれた弱い立場を象徴する言葉として、あまりにも有名である。

ところが、事はそう単純ではない。その朱子学の牙城であるはずの昌平黌の儒官が、先に述べたように廃娼論を唱えたばかりか、「子の無きを以て婦人を罪するは、尤も予の解せざる所なり」と述べ、まさに「七去の説」が「信ずべからざる」ことを論じ、また「男女は貴賤の殊等ありと雖も、鈞《ひと》しく是れ人なり。上帝より之れを観れば、豈に霄壌［天地と同じ］の懸有らんや」と、一定の留保付きではあるが、男女平等観を説いていたからである。ここには、封建イデオロギーという一言では括《くく》れない、朱子学の可能性が暗示されている。

もちろん、いつの時代のどの思想にも、必ず両義性があるものだが、江戸時代の朱子学の両義性についても、侗庵の好んで使った言葉をかりれば「平心夷考」、つまり公平に考える必要性があるように思える。このような問題意識をもって、侗庵の『壺範新論』を取り上げてみたい。

さて、前口上はこのくらいにして、さっそく『壺範新論』の序文を見てみよう。侗庵はいう。今や太平が二〇〇年に及び、恩沢があまねく行きわたっている。ただ「教化の具」が講ぜられていないため、風俗が日々に衰え、ことに都下の婦人に至っては、その醜行は甚だしい。ところが、「古来の諸儒」の婦道論は、たいてい膠柱守株《こうちゅうしゅしゅ》、融通がきかず、「物情人理」にそむいている。「予、故に天地の心に原《もと》づき、聖賢の旨に祖《のっと》り、人情の中を酌み、時勢の宜しきを察して、『壺範新論』十篇を著し、以て時人に警示し、亦た以て諸儒の謬《あやま》りを一洗し、千古の準則を立てんと欲」した。わたしの言は「奇創」であり、世人がこれまで見聞しなかったものであるので、読者は心を静めて、作者の苦心を察し、その「指帰」を求めてもらいたいと。

侗庵は、このように自分の議論が「奇創」であることを十分承知していた。それは、彼によれば、「七去」を墨守する「古来の諸儒」の婦道論のような「惨酷迫切、人情に近からざる」ものではなく、婦人に「寛」なるものであったからである。

では、その「奇創」な内容とは、一体どのようなものであったのだろうか。まずは、その『壺範新論』十篇の表題を挙げておく。

一に曰く、婦人は才無かるべからず。

二に曰く、婦人は学ばざるべからず。

三に曰く、当《まさ》に花街を禁絶すべし。
四に曰く、服飾の奢僭なる者を禁ずべし。
五に曰く、宮女は十に九を減ずべし。
六に曰く、婦人の再醮《さいしょう》［再婚と同じ］は必ずしも譏議せず。
七に曰く、婦人の節に殉ずるは礼にあらず。
八に曰く、妾媵《しょうよう》は定数を立つべし。
九に曰く、諸侯の、賈人《こじん》の女及び芸妓を以て妾と為すを禁ずべし。
十に曰く、七去の説は信ずべからず。

第一・二項で、侗庵は婦人に「才」と「学問」を求めた。世の人々はなまじ「婦女に才芸有る者は、動《やや》もすれば輒《すなは》ち夫に驕《おご》り人を蔑《さげす》む」ようになるから、「婦人は才を貴ばず」と唱えたり、あるいは学問をすると「徒に矜誇の心を長じ、反つて縫紉《ほうじん》［針に糸を通す］饋食の職を怠り、害有りて益無し」と、みないう。

これにたいして侗庵は、男は外、女は内という性的分業を前提にしながら、家政にもそれ相当の才が必要であると反論する。また、女に学問はいらぬとする議論は、女を「昏昧無知」のままに置いて、馭しやすくしようとする、狡知にたけた法家の愚民観であって、「人の治め易き所以は、その能く事理を識知する」ことにあることを知らないものだと批判する。

もちろん、朱子学者侗庵にとって学問とは、四書・六経・劉向撰『列女伝』・班昭撰『女誡』などを読むことであって、それによって妬忌悍悪・淫蕩な「邪穢の情」を去り、自ら「貞潔の心」を養うための道徳的なものである。その意味で、後に福沢が唱えたような、数学をモデルとする近代的な実学とは異なっている。しかし、江戸時代の女性の識字率はかなり高かったとはいえ（江森一郎『「勉強」時代の幕あけ』、平凡社選書、一九九〇年）、また一方で「女に学問をさせると縁が遠くなる」（山川菊栄『武家の女性』）ともいわれていた時代状況のなかで、婦人の学問の必要性を説いた点は評価すべきであろう。

注意すべきは、このような侗庵の主張が、朱子学者としてきわめて当然のものであったことである。もともと、朱子学では「聖人学んで至るべし」というスローガンがあるように、原則的には、すべての人に聖人への可能性を認め、人間の価値的道徳的平等を説く。それ故、貝原益軒も「三従」「七去」を諭す一方で、「人の本性はもと善なれば、いとけなきより、よき道にならわば、などかよき道にうつり、よき人とならざらんや」（『和俗童子訓』巻五、女子を教ゆる法、一七一〇年）と述べ、女性の道徳的可能性を認め、女子の教育方法も「はじめは大やう男子とことなる事なし」と論じ、『孝経』『論語』『女誡』の読書を勧めていた（この点について、『女大学』は『和俗童子訓』を下敷きにしながら、触れていない）。また土佐南学派の大高坂芝山の妻、維佐《いさ》の『唐錦』（一六九四年）にも、『中臣祓』や『古今和歌集』『新古今和歌集』とともに、『小学』『列女伝』『女誡』などを女子の学ぶべき書としてあげていた。侗庵の主張も、女性にも高い教養を求める、これら朱子学系統の女訓書の流れの上にあったといえよう。

次に第三項では、先に述べたように「当今の世、人心を蠱惑《こわく》し、習俗を敗壊する者、蓋し花街より甚だしきもの莫」いという道徳的理由とともに、「天下の至賤にして至苦なる」遊女の立場から廃娼を主張した。

ここでの侗庵の主張はきわめて周到である。彼は、岡場所＝私娼街については、即時その撤廃を断行すべしと説くのだが、幕府公認の吉原の廃止については、現実的な政策論を開陳する。参勤交代の制度によって、武士は二、三年、多いときには一〇年以上のやもめ暮らしを強いられている。その在府中の武士の欲望のはけ口として吉原を設けたことは、むしろ「天下の善政」だとする、現代にも通ずる俗論にたいして、侗庵は、国元で孤閨を守る妻妾の「独処無聊《ぶれう》の悲しみ」をどう思うのかと反論し、男の身勝手さを批判する。その上で、二年以上の在府者には、妻妾を携えることを許可すべきだと主張する。また、幕府の旗本については、もともと妻妾をもっているのだから、吉原遊びを厳禁すべしと容赦ない。

さらに商人に関しては、彼らは「浮薄姦黠《かんかつ》」で財利を得ることを事としている。彼らに吉原での遊興を禁じても、制すことはできないだろうから、必ずしもこれを禁止しなくてもよいという。ここに侗庵の身分差別意識、武士のエリート意識がうかがわれることはいうまでもない。

そして、このような段階的かつ限定的な措置が行われ、「人人道に嚮《むか》ひ、花柳に近づくを恥ぢ、北里衰颯し殄絶《てんぜつ》すべきの兆し有」るときに、時を移さず、撤廃すべきだと提言した。ただ、この吉原廃止については、侗庵は悲観的で、自分が生きているうちに実現できるかどうか、わからないと付け加えている。

これまで、日本における最初の廃娼論は、津田真道の「廃娼論」だとされてきた。それは、森有礼の呼びかけで結成された啓蒙学術結社明六社の機関誌『明六雑誌』に、明治八年（一八七五）十月、掲載されたものである。そこで、津田は「娼妓ノ世ノ風俗ヲ頽廃シ人ノ徳義品行ニ大害ヲ為」すという道徳的理由とともに、「無智ノ小民娼妓」のために家産を浪費するばかりか、さらに悪い病気をもらい富国強兵の妨げになるという国家的な観点から廃娼を唱えていた。ここには、侗庵がもっていた「天下の至賤にして至苦なる」遊女の視点は、まったく認められない。その意味で、廃娼論としては後退しているとさえいえる。侗庵は、「豈に仁人の坐視するを忍ぶ所ならんや」とあるような、朱子学者として道義的な観点から遊女の苦痛と恥辱に目を向けていた点で、はるかに津田の主張を超えていた。日本最初の廃娼論者としての名誉は、侗庵にこそ与えられるべきであろう。

また第六項では婦人の再婚を認め、第七項では「殉死」に反対した。ともに儒教の典型的な貞女・節婦観を批判している点で興味深い。近世日本では、中国の『列女伝』にならって、中江藤樹の『鑑草』(一六四七年)や中村惕斎の『比売鏡』(一六六一年序)などの女訓書が現れた。これらは、「忠臣は二君に事《つか》へず、貞女は二夫を更《か》へず」(『史記』)とあるような、夫が死んでも、節を守り再婚すべきでないという貞節観念を強調した。「餓死するは事極めて小にして、節を失ふは事極めて大なり」という程伊川の言葉はその常套語であった。

江戸時代、後家を守りとおすという寡婦の理想像は、武家のものであって(武家の婦人の再婚は、道徳的には非難されたかもしれないが、法律的に禁止されていたわけではない)、庶民の間では、むしろ揶揄の対象とされた。

　列女伝せせら笑つて後家はきき　（『川傍柳』三編）

侗庵は、こうした当今の「人情時勢」を考慮して、再婚を認めよと論じている。侗庵によれば、男にだけ再婚を認め、女にはそれを禁ずることは「偏頗にして、苛刻」なものであって、先にも引いたように、そもそも「男女は貴賤の殊等ありと雖も、鈞しく是れ人なり。上帝より之れを観れば」、天地のへだたりがあるわけではない。侗庵はこうした男女平等的な観点から、女にだけ貞節を求める「諸儒」の偏頗を非難した。

　第八項の「妾媵可㆑立㆓定数㆒」では、侗庵は蓄妾を論じた。この議論の過程で、彼が西洋の一夫一婦制を取り上げている点は注目すべきである。

　近世社会は何より「イエ」の継続を重んじた。それ故、蓄妾は跡継ぎを得るという大義名分のもとに当然視され、逆に、これを否認する西洋の一夫一婦制は、キリスト教邪教観と結びつけられ、常に非難されてきた。たとえば、侗庵の同時代にも、後期水戸学の会沢正志斎は蓄妾を「天地の道」として正当化し、一夫一婦制を「陰陽の理に暗き陋説也」（『迪彝篇』夫婦の別を論ず）と断じ、攘夷論者大橋訥庵は「陰陽貴賤ノ理ヲ知ラズ、継嗣ヲ軽ンジ、祖統ヲ絶チテ、夫婦ノ倫ヲ斁《やぶ》ルニ非ズヤ」（『闢邪小言』巻四）と陰陽論を根拠にそれを否定していた。ところが、侗庵は次のようにいう。

西洋諸国、上《かみ》天子より、下《しも》庶民に達するまで、一夫一婦なり。亦是れ良法なり。今請ふ、本邦・西土の群聖人の意に原《もとづ》き、参るに西洋の制を以て、略《ほぼ》之れが防を設く。諸侯は二妾を過ぐるを得ず、大夫士は一妾を過ぐるを得ず、庶民は則ち一夫一婦なり。……或ひと曰く「西洋一夫一婦の制、迥《はる》かに先王の法に勝れり。何ぞ遂に挙げて之れに従はざるか」と。曰く、「西洋の制、良法と曰ふと雖も、終に是れ夷虜の道、吾が聖人の意に非ざるなり云々」と。（八日妾媵可立定数）

朱子学者侗庵は「イエ」を絶やさないために妾の存在を容認する。しかし、無制限の蓄妾を批判して、妾の定数を制度化せよと説く。具体的には、大名は二人、武士は一人、農民・町人などの庶民は妾を置くことを禁じ、「一夫一婦」にせよという。

今、傍線を引いた部分は、後に削除された箇所である。愛知県西尾市の岩瀬文庫には、侗庵文集の自筆稿本が所蔵されている。それは、侗庵自身が朱墨で訂正・削除を施していて、彼の思想形成の跡と、彼が公表を憚ったものが何であったかを窺う絶好の資料である。われわれは、この削除された箇所に注目すべきであろう。なるほど、侗庵が西洋の一夫一婦制を「良法」と評したのは、妾の定数を立てることによって「後宮の費を省く」（『海防臆測』第三〇条）という、第四項と第五項にかかわる経済的理由からであって、必ずしも女性の人権を擁護するという近代的な発想からではない。しかし、後に侗庵がその部分を削除し、公表を憚った時代状況（蛮社の獄で、渡辺崋山は家宅捜索を受け、西洋を称賛した反故が見つけられて、罰せられた）のなかで、西洋の一夫一婦を「良法」と認めたことは正当に評価すべきであろう。

というのは、このような侗庵の蓄妾論が、明治初期の西洋の一夫一婦制論を受け入れる素地を作ったと思われるからである。ここで想起すべきは、侗庵の弟子阪谷素である。阪谷は、先にみた「廃娼論」を書いた津田真道とともに、明六社の同人であり、そのなかで唯一の儒学者であった。

周知のように、『明六雑誌』では、森有礼の「妻妾論」や福沢諭吉の「男女同数論」のような一夫一婦制の主張が展開されたが、阪谷はこれらの議論に伍して、必ずしも森や福沢に全面的に賛同したわけではない。彼は「男ノ女ノ上ニ立チ、夫ノ婦ノ上ニアリ、婦ハ弱男ハ強、夫ハ外ヲ治メ婦ハ内ヲ治」めるような性的役割分担を説きつつ、「夫婦ハ人倫ノ大本」と述べ、一夫一婦制を倫理的に評価し、蓄妾については、まず上にたつ「大臣華族」が「妾リニ妾ヲ置ズ、置モ亦必ズ一妾ニ過ルヲ得」ざることによって風俗を改めよと説いていたのである（「妾説ノ疑」）。この阪谷の漸進的な立場こそ、師侗庵のものであり、キリスト教にもとづく一夫一婦制論を受容する際のクッションになったといえよう。

こう見てくると、侗庵の『壺範新論』は、女性教育論、廃娼論、一夫一婦制といった明治初期の女性解放論の論点のすべてを含んでいた。これまでの女性史研究では、「三従」「七去」の世界から、一足飛びに明治の啓蒙思想家が現れたかのような感があった。その理由は、この両者を橋渡しするものが語られなかったためであろう。『壺範新論』はまさしくその役割を果たしていたのである。

それにしても、これまで侗庵の思想が看過されてきたことは、幕末思想史を考える上で大きな空白を作ったように思える（本論の後、眞壁仁氏の大著『徳川後期の学問と政治』〈名古屋大学出版会、二〇〇七年〉が刊行され、侗庵は広く知られるようになった）。本章付論1で見たように、対外観についても、侗庵は卓越した先見性をもっていた。ちょうど『壺範新論』を書いた文化年間に、彼は西洋の進んだ軍事技術の導入を主張し、さらに日本の独善的な優越意識にたいしては、大槻玄沢らの蘭学者から学んだ西洋諸国の知識・情報をもとに、その偏狭性を批判していた。泰平を謳歌していた文化文政の時代、侗庵は、後に福沢諭吉が「己惚の病」(『唐人往来』、一八六五年成)と指摘した鎖国日本の宿痾を、昌平黌の一室で見て取っていたのである。少なくともここには、固陋な攘夷論者とは異なる朱子学者像が浮かび上がってくる。それは、われわれが横井小楠に見る、あの開明的なイメージなのである(源了圓『横井小楠研究』藤原書店、二〇一三年)。

Ⅲ 蘭学

第三章　功名心と「国益」――平賀源内を中心に

一　「国益」論者平賀源内

江戸の奇才平賀源内（一七二八―七九年）の思想は、これまで「合理思想」「反封建思想」「近代人」といった評価がなされてきた。その評価自体は間違いないにしても、筆者には飽き足らないものがある。その理由は、彼の思想が同時代の思想状況のなかで、どのような意味をもっていたかについて十分に明らかにされていないところにある。源内の思想は、同時代人によって理解されなかったと同様に、近世思想史上においてもなお正当な位置を与えられず、店晒しにされているように思える。そこで本章では、この孤立した源内の思想を近世思想史の構図のなかに組み込んでみたい。

こうした問題意識から注目すべきは、源内の著作に頻出する「国益」という言葉である。彼は旺盛な自己の事業を正当化するために、しばしばこの「国益」をもちだしている。たとえば、物産開発や戯作などの多方面にわたる活動を見て、世間から「山師」と誹《そし》られているが、「日本の益」をなそうとする願望があるのだと述べる。

> 智恵ある者智恵なき者を譏《そしる》には馬鹿といひ、たわけと呼、あほうといひべら坊といへども、智恵なき者智恵あるものを譏には、其詞を用ゐることあたはず。只山師／＼と譏るより外なし。又造化の理をしらんが為、産物に心を尽せば、人我を本草者と号《なづけ》、草沢《やぶ》医人《いしゃ》の下細工《したざいく》人《にん》の様に心得、已《やむ》に賢《まさ》るのむだ書に浄瑠璃や小説《よみほん》が当れば、近松門左衛門・自笑・其磧が類《たぐひ》と心得、火浣布・ゐれきてるの奇物を工《たく》めば、竹田近江や藤助と十把一トからげの思ひをなして変化竜の如き事をしらず。我は只及ばずながら、日本の益をなさん事を思ふのみ。（『放屁論後編』追加）

「智恵なき者」からは一攫千金を狙う「山師」と嘲笑されてはいるが、どこまでも、「我」の思いは「日本の益」のためにあるという。こうした源内の「国益」への意思は、これまでも源内研究者によって注意されてきた。その一人、城福勇氏はこれを「産業的な国家主義」と規定している（『平賀源内の研究』、創文社、一九七六年）。本章ではこのいわゆる「産業的な国家主義」が一八世紀後半の思想状況のなかで、どのような意味をもっているかを検討することによって、源内の思想の独自性を明らかにすることを課題としたい。

ここで同時代の思想状況を考えるうえで想起すべきは、平賀源内と国学の大成者本居宣長とが、ほぼ同世代の人であったことである。源内の生年が享保一三年（一七二八）であるのにたいして、宣長が松坂の商人小津家に生まれたのは享保一五年（一七三〇）である。高松藩の足軽の子として生まれた源内は、宝暦一一年（一七六一）に他藩への仕官禁止の条件づきで藩を辞職して浪人となり、いわゆる田沼時代、江戸で本草学者・戯作者として活躍するばかりか、長崎や秩父、秋田などに出かけ、さまざまな事業を企て失敗して、安永八年（一七七九）、獄中で失意のうちに病死する。これにたいして、もともと商人の資質に欠けていた宣長は、宝暦二年（一七五二）に上京して朱子学者堀景山のもとで医者になる勉学をしながら、のびのびした一時期を過ごすが、同七年、故郷松坂に帰り、源内が江戸の町で八面六臂の活動をしていた頃、日々町医者としての仕事を勤勉にこなしながら、隙を見つけては、鈴屋と称した中二階の一室で畢生の大著『古事記伝』の執筆に没頭していた。源内が動の人であったとすれば、宣長は徹頭徹尾、静の人であったといえる。

この対照的な二人は賀茂真淵の門下であるという接点はあるにしても、直接の交渉があったわけではない。しかし、二人の間には、ある共有する考えがあることに気づく。宣長は「神典」『古事記』をもとにして、中国にたいする「皇国」の優位性を主張したが、源内にもそうした「日本」という国家意識が認められるのである。

唐の風俗は日本と違ふて、天子が渡り者も同然にて、気に入らねば取り替へて、天下は一人の天下にあらず、天下の天下なりと、へらず口をいひちらして、主の天下をひったくる、不埒千万なる国ゆゑ、聖人出でて教へ給ふ。日本は自然に仁義を守る国故、聖人出でずしても太平をなす。唐は文化にとらかされて、国を韃靼にせしめられ、四百余州が罌粟坊主《けしぼうず》に成つても、みづから大清《たいしん》の人と覚へて、鼻をねぶつて居る様な、大腰ぬけのべらぼうどもなり。日本にも昔より、清盛・高時がごとき悪人有りても、天子に成らふとは思はず。日本で天子を疎略にすると、慮外ながら三尺の童子もだまつて居ぬ気に成るといふは、忠義正しき国ゆゑなり。夫故にこそ天子の天子たるものは、世界中に双《ならぶ》国なし。（『風流志道軒伝』巻五）

この源内の主張は師の賀茂真淵の影響というよりは、通俗神道家の増穂残口の語り口とその主張に近いものがある。その影響関係はともかくも、こうした「天子」が「渡り者」同然な「唐」と対比して、「天子」の一系性をもとに「日本」が「世界中に双国」のないとする

「日本」の優位性の主張は、宣長と源内とが生きる一八世紀後半のひとつの有力な思想動向であったことは間違いない。問題は、なぜこの時期にこのような「日本」「皇国」、あるいは「日本人」というナショナル・アイデンティティが浮かび上がってくるのかという点にある。本章ではこの問題について、同時代の本居宣長を傍らにおきながら、世間の人々から「山師」と嘲笑されながらも、一生涯、功名を追い求め続けた源内の「産業的な国家主義」思想の独自性を明らかにすることによって考えてみたい。

二　「芸」による功名

さて、こうした問題を考えるにあたって、本章では源内戯作のなかでも主に『風流志道軒伝』（一七六三年刊）を取り上げる。というのは、ここに登場する風来仙人は、中村幸彦氏が「多く源内自身の属性が与えられている」（『風来山人集』、岩波書店、日本古典文学大系、一九六一年）と評したように、戯作という形で源内が自己を表出している書物だからである。この『風流志道軒伝』は、当時「江戸に一人の名物」（巻一）とされる実在した浅草の狂講師深井志道軒の若いころの諸国遍歴物語という趣向をとっている。主人公志道軒（若き日の名前は浅之進）は父母の勧めで出家して、仏道修行に精励していたが、仙人との邂逅がきっかけで、諸国修行に出ることになる。その転機の場面、浅之進は、仙人から陰陽二気の聚散説によって仏道修行の無意味さを教えられ、これに同意し、次のようにいう。

浅之進手を拍《うつ》て大に悟て曰く、「先生の教を受て、是までの迷豁然《かつぜん》として夢の覚たるがごとし。今より出家の志を止むべし。しかれども人世の中にありて、只草木と共に朽果んは本意ならず。願はくば先生、我に業とすべき道を教へよ。」（『風流志道軒伝』巻二）

これに答えて、仙人は、戦国時代、固定的な身分制度が出来上がる以前の実力の時代を回想しながら、次のように教えている。

我は片田舎に長《ひとゝなり》けるが、つく〴〵思ひめぐらすに、高祖は三尺の剣を提《ひつさげ》、漢朝四百年の基をひらき、「相将豈種あらんや」とは楚の陳渉が詞なり。今諸国の大名小名を見るに、頼朝・義経の驥尾《きび》について、匹夫よりして家を起すもの少からず。我は治世に育《そだち》たれば、剣戟を起んは天にさかふの罪なり。然らば芸を以て家を起さん事を思ふ。（『風流志道軒伝』巻一）

乱世の「剣戟」のような暴力ではなく、太平の今、「芸を以て家を起」せというのである。ここでまず注目すべきは、「草木と共に朽果」てることを遺憾とする功名心である。こうした生をうけた限り、何の功名もあげられずに「草木と共に朽果」てることを恥とする意識は、近世日本の儒者に見られるものである。朱子学を通俗的に教訓化した貝原益軒（一六三〇—一七一四年）の次のような言葉は、その一例である。

もし聖人の道を学ばずして、道を知らずんば、此世にいける時は禽獣と同じくして、人と生れたるかひなく、死して後は草木とおなじく朽ちはてて、人のほむべき佳名を残す事なく、後世にいたりて知る人なかるべし。われも人も、皆かくの如くなれど、人とかく生れし身を、とりけだもの草木に同しくせん事、本意なきことならずや。（『大和俗訓』巻二、一七〇八年刊）

仏教の三世因果説を否定する儒者は、来世を信じてそこに望みを託すのではなく、この一回限りの現世での充実した生を求めようとした。益軒は、何もなすこともなく、鳥獣と同じように「草木とおなじく朽ちはてて」しまう凡庸な生き方を潔しとせず、「聖人の道」を学び、道を知る「佳名」を残すことを求めるのである。浅之進によって代弁される源内の生涯を貫く功名心も、こうした近世日本の儒者の姿勢と遠く隔たってはいない。

ただ源内の特性として注目すべきことは、この「草木と共に朽果んは本意」ではないとする浅之進の問いかけに答えて、風来仙人の提示する、功名を遂げる事業が「芸」であったという点である。仙人は、益軒のように「聖人の道」を学んで、道徳的な人格者である聖人君子になれと諭すのではなくて、「芸」によって功名を挙げよと勧めた。この点は注意を要する。

というのは、静観房好阿の『当世下手談義』（一七五二年刊）以来の談義本もふくめた源内以前の通俗的な教訓書は、定められた家業に励み、親孝行する家業道徳を教えの内容としていたからである。そこでは、武士は武士らしく、百姓は百姓らしく、町人は町人らしく生きてゆくこと、先祖から受け継いだ家業・家職に精励してきちんと子孫に譲り渡す、その間の勤勉・正直・孝行・知足安分が教訓のすべてであった。この点では、たとえば草木とともに朽ちることを遺憾とした貝原益軒の『大和俗訓』『和俗童子訓』をはじめとする、いわゆる益軒十訓もまた、「聖人の道」の学問と家業を結び付けることによって、家業道徳を教えていた。そこには、遊芸に耽り、家業をないがしろにしてはならないという考えが貫かれていた。これは、学問は家業の邪魔になるものだという世間一般の批判にたいする反論という意味合いをもっていたのである。このような反論のなかから、享保以後の石門心学の通俗道徳論は生まれたといってよい。

源内はこうした「芸」否定の考えをとらなかった。源内の著作には、武士は武士らしく、百姓は百姓らしく、町人は町人らしくせよという家業道徳の影は微塵もない（正確には、勧善懲悪の浄瑠璃本を除くといった方がよいかもしれない）。むしろ家業道徳論とは反対に、源内には、本業にたいする余技でしかなかった「芸」に賭けるという姿勢があらわれているのである。なぜ源内がそうするかといえば、「芸」が身分や出自と別次元の実力の世界であると考えたからである。

といって、「芸を以て家を起」すために、どんな芸能があるのだろうか。ここで『風流志道軒伝』のなかでは、穴をうがった「芸」の総捲りがはじまる。そこで揶揄される「芸」を順にあげると、茶の湯、立花、囲碁、将棋、香、揚弓、鞠、尺八、鼓、これら「俗の芸と云ふは、皆小児の戯」である。この他にも、「只人の学ぶべきは、学問と詩歌と書画の外に出でず」（同右）とあるように、学問と詩歌・書画の文人的な教養も、その「芸」の一つに数え上げられている（学問が「芸」の一つであること自体、近世日本における儒学の存在形態を示している。先にみたように、佐藤直方は、この点を慨嘆していた）。しかし、これらの芸は、現実には一八世紀中頃にもなると、確固とした家元制度が形成されていた。その上、そうした制度化のもとで、「近年の下手糞ども」は、「音曲」に限らず、学者、「詩文章を好む人」、哥人、医者、俳諧、茶人、「其余諸芸皆衰へ、己が工夫才覚なければ、古人のしふるしたる事さへも、古人の足本へもとゞかざるは、心を用ゐざるが故」（『放屁論』）に、新たに「家を起」すことは困難になっていた。それでは、源内は「芸を以て家を起」すために、どのような「芸」を想定したのであろうか。

ここで源内が「芸」というとき、そこには当時の芸道や文人趣味的な教養ばかりか、もっと広い意味が含まれていたことに注意しなくてはならない。城福氏は、『風流志道軒伝』の「芸を以て家を起さん事を思ふ」の「芸」には、「産業上の技術が含まれている」と指摘しているのである。氏は、「源内の、自らたのむところのあった知恵は、主として技術の方面に発揮された。技術のことを当時「芸」と呼んだが、意識的にも彼は芸をもって身を立てようとした」（城福前掲書）と説いている。これを源内一流の滑稽でいえば、さまざまなおならの音を出し、「自身の工夫計にて、師匠もなければ口伝もな」いところで「屁道開基の祖師」となった「屁ひり男」（『放屁論』）のように、誰の真似もせずに、自ら創意工夫した技術を作り上げることが源内の目指すものであった。源内は火浣布、寒熱昇降器、国倫織《くにともおり》、金唐革、エレキテルのような「自身の工夫計《ばかり》」で創始する技術によってこそ、「芸を以て家を起」すことができると考えたのである。

こうした自己の智恵・工夫によって、功名を上げようとする強い意志は、『風流志道軒伝』の主人公浅之進のものというよりは、ほかならぬ源内自身のものであった。源内は、彼のよき理解者大田南畝に次のように述懐したと伝えられている。

> 世人身の智計の不レ足を不レ知。智術有者を貶して山師／＼と呼ふ。然共其輩皆所謂律儀者にして、斤々自守り謹孝と称し、鞭策すれども不レ前《すすま》。草木と同しく朽ちて泯滅無レ聞。豈大丈夫の事ならんや。夫人ハ五鼎ニ不レ食ハ、五鼎に煮られん社《こそ》本意なれ、……自レ古和漢帝王将相公侯皆山師也。成得る時ハ帝王公侯、成得ざる時ハ賊と成、叛逆人と成る。……成と不レ成とにて褒貶地を替る、豈人の遇不遇ならすや。（『鳩渓遺事』）

ここには、『風流志道軒伝』同様の「草木と同しく朽」ちることを恥辱として、「智術」によって「帝王公侯」をも目指す「大丈夫」の強烈な功名心が吐露されている。この述懐で注目すべきは、それまでの教訓書であれば必ず顕彰されていた「律儀者」、家業・家職に孜々として励む、小心翼翼な「律儀者」の志の低さが批判されていることである。源内によれば、自ら「帝王」になろうとする意志の欠けた彼らは、ルサンチマンから「智術有者」を「山師」と貶する弱者に過ぎないのである。

ともかくも、源内の「芸」にはこうした「産業上の技術」を含んでいたからこそ、安永八年（一七七九）、すなわち源内が獄中で破傷風にかかって死んだ年に書かれた『金に生木』にあるように、「芸」によってえた功名には、「富貴」がついてくるものだと考えることができた。「芸」の功名は文人世界の詩文の名声という超俗的なものではない、もっと実利的なものであった。

　惜しいが積《つも》つたら、盲でさへも溜る金。豈手に入ざる事あらんや。兎角前にもいふ通、万能一心一向《いちむき》に、金になる気でやり付たら剣術者ならば僧正坊。学問ならば文宣王。役者は海老蔵。作者は近松。昔の人の上を越し、四海に溢るゝ高名には、自と富貴自在にて、身代ずつしりあたゝまる。室《むろ》には金の花を咲、実入《みいり》もしつかり受合なり。汝も今より心を励まし、金に成気で出精せば、物産は時珍を挫《ひし》ぎ、薬性吟味は往古の神農にもまさるべし。嗚呼小子勉哉《つとめよや》。（『金の生木』）

「万能一心一向に、金になる気」で励めば、学問ならば孔子、役者ならば市川団十郎（海老蔵）、芝居作者であれば近松門左衛門のような「昔の人の上を越し、四海に溢るゝ高名」を得ることができ、自ずと「富貴自在」になる。源内戯作一流の「針を棒にいひなし、火を以て水とするは、我が持まへの滑稽」（『里のをだ巻評』自序）な表現とはいえ、あからさまに「芸」によって金をえることを正当なものだとする。ここでは、金儲けへの罪悪感とともに、芸能を賤視する通念が否定されているのである。さらに源内の思想で注目すべきことは、こうした「芸」がたんに金儲けのためではない、それ以上の意味をもっていたことである。それは何か。源内によれば、「芸」は「人間の益」（巻二）になるというのである。この「人間の益」とは、志道軒が「芸」の総捲りの後に説いているもので、中村幸彦氏はこの語にたいして、「源内が常に口にする国益」（日本古典文学大系の頭注）であると指摘している。われわれはこの「国益」を検討する前にまず、源内の「日本人」というアイデンティティの意味を考えてみなくてはならない。そこで、もう少し『風流志道軒』を読み進めてみよう。

三　源内の「日本人」意識

草木とともに朽ちない功名をあげるために、「芸」で身を立てることを教えられた浅之助は、風来仙人から諸国修行のなかで「人情」を学ぶことを勧められ、どこでも飛行自在の「羽扇」を授けられる。浅之助はこの羽扇を使って、「人情の至る処は、色慾を第一とすれば、諸国の色里なんどをも遊行すべし」（巻二）という仙人の忠告をうけいれて、吉原をはじめとする全国の遊里をめぐり、さらに大人国・小人国・長脚国・長臂《ちようひ》国・穿胸《せんきよう》国などの諸外国を遍歴して「修行」（同右）を重ねていく。この「修行」の過程で、浅之進が得たものは、一言でいえば、世界中どこもかしこも、色慾と金銭の世の中であるという認識である。

浅之進は諸国修行に出発する前に、僧侶・寺院の金銭的な腐敗堕落を顧みて、寺を飛び出した後、さまざまな体験をする。まず「羽扇」の力によって、江戸の町の一年のありさまを一瞬にして目撃して、次のようにいう。

一年の内には千変万化の世渡りも、つまる処は金と云ふ一字に帰し、人慾の私に使はるゝが故なりと、（巻二）

さらに浅之進は国内に飽きたらず、外国遍歴に向かう。しかし、結局、国変われども、金と色の世界であることに違いはなかった。これを『風流志道軒伝』と同年に刊行された『根南志具佐』（一七六三年刊）では、次のようにいっている。

喰《くふ》て糞《はこ》して寐《ね》て起て、死んで仕舞ふ命とは知ながら、めつたに金を慾《ほし》がる人情は、唐も大倭も、昔も今も易《かわる》ことなし。聖人も「学ば禄其中にあり」（『論語』衛霊公）と、旨《うま》く云つて喰付かせ、仏は黄金の膚となりて慾がらせ、初穂なしには神道加持力も頼まれず。皆是金銀が敵《かたき》の世の中なり。（『根南志具佐』自序）

この『根南志具佐』では、「近年は人の心もかたましくなりたるゆゑ」（巻一）、地獄もさまざまな請負業の山師が多く現れて（いうまでもなく田沼時代の反映）、「地獄の沙汰も銭次第、油断せぬ世の中」（巻一）となっていた。

なるほど、こうした色慾と金銭のなかにあっても、どこの国、どんな時代にも、五倫は確かにある。「汝こそ世界中の国々嶋々をめぐりて能く見覚へつらん。何れの国に至りても、君臣・父子・夫婦・兄弟・朋友の五の道にもるゝ事なし」（『風流志道軒伝』巻五）。しかし、それを眺める源内の目はどこか冷《さ》めていた。金と色の現実世界にもかかわらず、人間の道徳性を信じ貫くという儒者の理想主義は、揶揄の対象でしかなかったのである。「源内の総作品のエッセンス」（中村幸彦氏）たる『放屁論後編』に、源内は次のようにいっていた。

世上一統金銀にのみ目が付故、先祖はお馬の先に進、義は金鉄よりも堅く、命は塵芥よりも軽しと、踏止つて高名を顕したる家柄の子孫でも、又君を諫万民を教え、国家の礎を堅ふせんと、心を砕く忠臣でも、算盤《そろばん》の桁に合ず、見一無頭早急に金にならねば、二一天作言語道断、六沈が二進、雪隠が決ちん、穴のせまい仕送り用人に乗越され、云々（『放屁論後編』）

源内にあっては、道徳や人情の絆によって結びついた温かで、時にはウェットな人間関係は「金銀」に媒介されて、平板化・即物化されていることに注意せねばならない。ここでは、たとえば「小人嶋」で姫君を奪われて腹十文字にかき切って自害した忠臣の奥家老、あるいは『根南志具佐』のなかの歌舞伎役者菊之丞と水虎（かっぱ）の情愛は、滑稽なものでしかない。源内において前面に出てくるのは、そうした纏綿とした人情のからみつく人間関係から析出された丸裸の個人である。その具体的な姿が、君臣関係からも、父子関係からも、そして夫婦関係（源内は男色を好んだと伝えられる）からも離脱した浪人であった。「風来山人」、「天竺浪人」の号はまさにそれを物語っている。

　こうした色と金の世界では、何事にもいつも「観察者としての距離」（芳賀徹『平賀源内』、朝日評伝選、一九八一年）を保つことによって、「我」を失わないようにしなくてはならない。決して人情に溺れてはならない。それが、風来仙人が浅之進の諸国遍歴の後に、彼に教える「世を滑稽の間にさけ」る処世法であった。源内によれば、滑稽は何事にも「なづまない」ところに生まれる自由である。

　我汝に教《をしゆる》も、世界の人情をしりたる上にて、世を滑稽の間にさけよと教へしに、汝物にふれて心動し故、却つて難儀なる事度々に及べり。人の浮世にまじはることは、只銭湯に入るがごとし。穢《けがれ》し中へはいる事は、其穢を請けん為にあらず、けがれを以て穢を落し、掛湯《かゝりゆ》をして出でたる時、我が身はいつも清浄なり。此理を以て世に交らば、我側に袒裼《たんせき》裸《ら》裎《てい》すとも、何ぞ我をけがさんや。汚泥《をでい》の蓮花を染ざるは、涅《くり》にすれども緇《くろ》まざるの理なり。しかるに世の人、物の為にとらかさるゝが故に、我が身をそこなひ家を破《やぶる》。

遊女狂ひにとらかさるゝばかりを、とらかさるゝとは云ふべからず。何事もなづめば害あり。（『風流志道軒伝』巻五）

色慾と金銭の世界で、何者にも穢されない「我」を確立しておかなくてはならない。思うに何者にも「なづまず」、何者にも心が動じない主体は、世の中から一歩退いた特権的な知識人のみに可能な境遇であろう。ここからは、傍観的な高等遊民は生まれるにしても、人間同士の親密な心情共同体は望めない。源内は、「万人の盲より一人有眼の人を思ふて」（『放屁論後編』追加）とあるように、民衆を盲人視して、無視し、さらに蔑視していた。「世人の愚昧なる、今に始ぬ事なり」（『木に餅の生弁』）と、諦めていた。

それはともかくも、何事にも「なづまない」、世の中を滑稽に生きる主体はどこに自己のアイデンティティを求めたのであろうか。この点、『風流志道軒伝』の諸国遍歴のなかで注目すべきは、浅之進の自己証明が「日本人」であったことである。故郷の君臣・父子・夫婦の人間関係、家業のしがらみから解放されたあとに残る、というよりは、生まれるアイデンティティ＝帰属意識が「日本人」であったのである。

浅之進が最初に上陸した外国である「大人国」は、「背におふたる子の形も日本人より大（巻三）きい。この国での浅之進の第一声は、「我は日本の者なり」（同右）であった。そして、ご馳走され籠に乗せられて、見世物にされてしまった時、「大人」の口上が、「生きた日本人の見せもの」（同右）であった。また長脚国は「体は日本人程なれども、足の長さ一丈四五尺なれば、此川水には流ざるも断《ことわり》なり」（巻四）と、「日本人」の体形と対比される。

さらに、『和漢三才図会』や『華夷通商考』所載の国々を遍歴した後、唐土の乾隆帝の後宮では、官女の閨に忍び込んでいたことが露見して、皇帝の前に引き出された時、浅之進は次のように自己紹介していた。

我は日本江戸の者にて、深井浅之進と申す者なるが、我が師風来仙人の教にまかせ、諸国の人情をしらんがため、有りとあらゆる国々をなん見廻りけるに、（巻四）

また、唐土の五岳などもそれに比べては「草履取にも不足」（巻四）であると絶賛する「我が故郷の日本」（同右）の富士山の雛形を取る工夫が許可された時の皇帝の言葉にも、次のようにある。「今に始めぬ日本人の智恵なるかな」（巻四）。また富士山の雛型を取られてはならじと防戦しようとする神々は、「我守護の名山を、唐土へ写されては日本の恥なり」（巻五）と考えて、元寇の時の「神風」を再現しようとする。すると、風邪をひくものがいなくなって、医者が難儀してしまう。そのため、風の神がその計略に異議を唱えると、「若不二山をはりぬかれなば、日本末代の恥辱なり。何ぞ医者の難儀ぐらいに替べきや」（巻五）と、神々に反論される。ここでは、医者個人の利益以上に「日本の恥」が優先されるのである。さらに神風によって「三十万艘」の唐船は海中に没してしまうのに、浅之助の乗った船だけは、「日本人のありし故にや」（巻五）助かり、女護嶋に流れ着いて、そこで遊女町ならぬ遊男町を作るが、唐人は精気を抜かれて死に絶え、浅之進だけが生き残ったという。

このように『風流志道軒伝』のなかで、浅之進が自己を「日本人」であると自己規定し、さらに他者からもそう認知されていたことに注目したい。後に述べるが、宣長流の自己の文化・価値の絶対化の対極にあるとはいえ、源内と宣長はともに自己を「日本人」であると規定することにおいては共通しているのである。

一八世紀後半にこのような自己規定が登場してくる背景には、人間関係が「金銀」を媒介にして即物化していく現実があるだろう。田沼時代の商品経済の成長と都市化の進行のなかで、人間関係が「ウリカイ（売買）」（海保青陵『稽古談』巻一、一八一三年成）関係になったことの結果、これまでの安定したタテの階層秩序における人間関係が崩壊しつつあったのである。すでにその兆しは、享保期の神道講釈家増穂残口の「死一倍」の叙述にみえていた（後出）。源内によれば、まさに「地獄の沙汰も銭次第、油断せぬ世の中とぞ知られける」（『根南志具佐』巻一）である。思うに、こうした人間関係の経済化にともない、それまでのアイデンティの根拠となってきた身分や「家」（これを支えたのが家業道徳であった。源内以前の談義本と石門心学はこの家業道徳を教訓の内容としていた）が危うくなり、それとは別の「日本人」というアイデンティティが浮上してきたのである。『根南志具佐』で描かれる有名な、「さまざまの風俗、色々の顔つき、押しわけられぬ人群集は、諸国の人家を空《むなしく》して来るかと思はれ、ごみほこりの空に満つるは、世界の雲も此の処より生ずる心地ぞせらる」（巻四）両国橋の賑わいのなかの人々（さまざまな階層と職種の老若男女）を超えて、というよりは平準化して存在する「幻想の共同体」である「日本」に、源内は、そして後に述べる同時代の本居宣長は生きる拠り所を求めたのである。

四　蘭学者の「国益」意識

われわれは、君臣・父子・夫婦の人間関係のなかで臣であること、子であること、婦であること、さらに家業・家職における武士・町人・百姓という身分的なアイデンティティとは異なる、「日本人」というアイデンティティが源内をささえていたことに注目しなくてはならない。このことが、従来から指摘されてきた「国益」の問題につながっている。というのは、こうした「日本人」のアイデンティティのうえに立って、個人がそれぞれの持ち前の「芸」によって「国益」のために尽くすことが、源内の目指したものであったからである。

浪人の心易《こころやす》さは、一箪《たん》のぶつかけ一瓢《へう》の小《こ》半酒《なから》、恒の産なき代《かはり》には、主人といふ贅《むだ》もなく、知行といふ飯粒が足の裏にひつ付ず、行度《ゆきたき》所を駈《かけ》めぐり、否《いや》な所は茶にして仕舞ふ。せめては一生我体を、自由にするがもうけなり。斯隙《かくひま》なるを幸に種々の工夫をめぐらして、何卒《なにとぞ》、日本の金銀を、唐阿蘭陀へ引たくられぬ、一ッの助にもならんかと、思ふもいらざる佐平次にて、せめて寸志の国恩を、報ずるといふもしやらくさし。其位にあらざれば其政を謀らず（『論語』憲問）、身の程しらぬ大呆《たはけ》と、己《うぬ》も知ては居るそふなれど、蓼《たで》食ふ蟲《むし》も好々《すきずき》と、生まれ付きたる不《ふ》物好《ものずき》わる塊りにかたまつて、椽の下の力持、むだ骨だらけの其中にゐれきてるせゐりていとゝいへる人の体より火を出し、病を治す器を作り出せり。（『放屁論後編』）

身分や出自ではなく、何のしがらみのない「自由」な我が、たとえ放屁のようなつまらない芸能であったとしても、自己の工夫と精進によって獲得したそれぞれの「芸」によって、「寸志の国恩」を報ずるような社会を源内は戯作のなかで夢想していた。

家永三郎氏は、江戸期の町人の利潤追求の精神が町人道の中核をなしたと論じるとともに、その利潤追求が自己一身のためかせいぜい一家一門のためだけのものであって、「社会公共の利益」という意味は全然含まれていないと総括した。ただ、そうした一般的な風潮のなかで、源内の「国益」論は、それを超えでるものだと高く評価している。家永氏はこの点、源内の「我は綿羊を見て、日本にて羅紗・らせいた・ごろふくれん・じよん・とろめん・へるへとあん、さるぜ毛氈類の毛織を織らせ、外国の渡リを待ず、用に給せんと心を砕き、人は手短に銭をせしめんと計る」（『放屁論後編』）という述懐を引き、「我知恵の分限相応、国家の器を工夫せん」と努力した（林家所蔵筆跡）源内は、「国益」「国産」の増殖を念願した大蔵永常らとともに、「江戸時代に於ける経済思想の最先端に立つものであった」と指摘している（『日本道徳思想史』、岩波書店、一九五四年）。筆者もこの家永氏の論に同意する。

こうした源内の「国益」論は、六代将軍徳川家宣のブレーンとして、正徳の治に活躍した新井白石（一六五七―一七二五年）の思想に、その先蹤があった。白石は、長崎貿易によって金銀が外国に流出している現状への危機感をもち、長崎貿易の制限を主張したが、この白石の著『五事略』を、源内は自己の「創製」した寒暖計の効用を説きながら引用しているのである。

僕是を視て笑て曰、蛮人かく浅はかなる工にて、我邦の人を惑はす。若《もし》日本人拙にして、かゝること奇なりとし妙なりとして貴び翫ばゝ、新井先生の五事略に論じ玉ふごとく、我邦の宝貨年を逐て減じなんと。鳴呼惜むべし。故に彼国より来れるもの尽く我邦にて製出して、これを防ぎなん数年心を用れども、力足らずして徒に過行ぬ。此両品のごときは、もとより一目撃《ひとめして》其理明白なれば、製し出さんこと嚢中の物を探るよりもいと安しと。(『日本創製寒熱昇降記』)

国益を図る白石には、彼の自伝『折たく柴の記』の「我国の恥」という言葉に象徴されるような、為政者としての責任感があった。白石は、徳川将軍の名称を「日本国大君」から「日本国王」と改めた朝鮮通信使の応接にあたっては、次のような強い決意をもっていた。

我身はなきものとこそ思ひ定めたれ、かく思ひ定たりつるは、我国中の事はいかにありなん。此事もしあやまつ所あらんに、我国の恥をのこすべきなりと思ひしがゆゑ也。

(『折たく柴の記』巻中)

日野龍夫氏が指摘するように、一八世紀後半、国益が至上課題である新井白石のような国政担当者ではなく、源内のような卑賤な一介の浪人がこうした「我邦」意識をもちはじめたことは注目すべきである(「平賀源内と「国益」」『江戸文学』一四号、二〇〇一年)。しかも、こうした源内の意識は決して孤立していたわけでなかった。それは同時代の人々、とくに源内の周囲にいた蘭学者の共通認識であったのである。杉田玄白・前野良沢のもとで蘭学を修めた大槻玄沢（一七五七―一八二七年）は、次のように自己の蘭学者としての「職」の有益性を論じていた。

鄭ノ子産、イヘルコトアリ、人心同ジカラザルコト、其面ノ如シ、ト。人々、各〻志ス所アリ。余ガ好ム所ヲ以テ、誣《シイ》テ人ニ施サンニハ非ズ。実ニ、吾人泰平ノ恩沢ニ沐浴シ、鼓腹欣抃《キンベン》、豊衣美食スルコトヲ得テ、草木ト同ジク朽ルハ、丈夫ノ恥ル所ナリ。茲ニ、和蘭勧学警戒ノ語アリ。曰、「メン　ムート　ヱーテン　ヲム　テ　レーヘン　マール　ニート　レーヘン　ヲム　テ　ヱーテン」ト。此ヲ訳スレバ、人ハ天地ノ間ニ生ヲ稟《ウ》ケ、飲食ヲ為シテ生命ヲ全フス。然レドモ、飲食ノミスル為《タメ》ニ生ヲ稟クルニハアラズ、ト云フ事ニシテ、コレヲ切意スレバ、各其職トシテ受ル所ヲ務メ、天下後世ノ裨益トナルノ一功業ヲ立ヨト教ル意ヲ含メリ。（『蘭学階梯』巻上、一七八八年刊）

「メン　ムート」云々とは、「人は生きるために食べなくてはならない。しかし食べるために生きるのではない」（『日本思想大系　洋学　上』、岩波書店、一九七六年）という意。われわれが注目すべきは、ただ食べて生きるだけでは「草木ト同ジク朽ルハ、丈夫ノ恥ル所」であると、その凡庸さを恥じて、生きるに価する功名への志とのかかわりで、「天下後世ノ裨益」となるための自己の「職」が語られていることである。ここで玄沢は直接に「国益」といっていないが、「天下後世ノ裨益」は源内のそれに相当しよう。玄沢は、オランダ医学が「国家ノ裨益」（『蘭学階梯』巻上）となることを述べ、「豪傑ノ士」が蘭書を学ぶことによってますます「此業ヲ発」（同右）くであろうことを諭していた。これは、源内と等しい「国益」意識である。

こうした功名心と「国益」との関連は、源内の弟子司馬江漢（一七四七―一八一八年）にも認められる。同じく人はパンのみにて生きるにあらずの一句を引照しながら、江漢も次のようにいう。

和解して曰、人ハ食物の為に齢を保ち、存命す、然ども食の為に存在すべからずと、是人間ハ食事せねバ一日も生て居られず、無病の人にても食を絶ハ忽死す、然ハ活て居るハ此食物の為所也、其食物ハ毎日喰滅すといへども手も足も働かせず、偶然として土木人の如くなる時ハ衣食住の三ツの物日々減り、損するといへども夫程の事を不レ務時ハ死人の活て食するか如し、教導師ハ人に教る事を業とす、士農工商ハ各の業を専に力べき事也、是を天道の教と云、天の教を知らすして悟る時ハ、宿なし薦かぶりと同物にて、知ると不知となり、即天壌の癈物とハ此事なるべし、（『独笑妄言』、一八一〇年序）

ここでは、ただ食べて生きているだけの者は「天壌の癡物」だとされる。源内同様に、一回限りの生のなかで功名を立てること、これが江漢の望みであった。それは次のような教訓として表明されている。

> 欧陽公本論云、同二乎万物生死一、而復二帰於無物一者、暫聚之形也、不下与二万物一共尽上、而卓然不レ朽者、後世之名
>
> 人死すれバ万物と共に滅し、亡びてきへて仕舞者なり、いきて居ルうちの事ならずや、夫故に何ぞ能キ事カ、珍ヅらしき事を工夫して、能き名を遺《ノコ》せと云事なり、徒《イタヅラ》に生キて居べからず、（『訓蒙画解集』、一八一四年刊）

そして、「我若き時より志を立てん事を思ひ、何ぞ一芸を以て名をなし、死後に至るまでも、名を貽す事を欲」（『春波楼筆記』、一八一一年成）していた江漢の場内、「名」をなす「一芸」は、自ら工夫して創製した腐蝕銅版画であった。それは、江漢によれば、従来の唐絵や日本画と異なって、何より風景を実写する「国用を為して、翫弄の為ニ設るニ非」（『西洋画談』、一七九九年序）ざるものであったのである。ただし、江漢は源内と違って、こうした並外れた功名心を虚しいものとする認識をもっていた。そこに、江漢のいわゆる厭世主義があるのだが（村岡典嗣「市井の哲人――思想家としての司馬江漢」『新編日本思想史研究』所収、平凡社

東洋文庫）、源内との関係で注意しておかなくてはならないことは、江漢もまた人間世界を功利の支配する世界と見て、そのなかで「予一人」の意識を強く持っていたことである。ここでは、親子兄弟のような血縁関係からも切れている。

> 三世因果経曰、天上天下唯我独尊三界皆苦我等安レ之、是は釈迦の遺言にして、人の能く知る処なり、予此語を解して云、天地は無始にして開け、其中に無始にして人を生じ、是より先、無終の年数に人を生ずる事、無量なり、其中我と云ふ者は、予一人なり、親子兄弟ありと雖も、皆別物なり、然れば予能く吾に教へて迷はざる時は、生涯我を安んず、迷ふ時は、三界皆苦しみとなりて、我を亡す、（『春波楼筆記』）

源内流にいえば、「金が敵の世の中」（『根南志具佐後編』巻二）、君臣・父子・夫婦の人間関係から離脱した個人が、一回限りの人生を充実させようとして、より普遍的な高次の「国益」を目指そうとする。この「我」と「国益」との結びつきに、われわれは注目せねばならない。

五　源内と宣長

最後に源内の思想を同時代の国学、とくにほぼ同年代の本居宣長と対比をしてみよう。まず指摘できることは、源内には国学者宣長のような「皇国」を絶対視する贔屓の引き倒し的な一途さはないということである。宣長との関連で、本章冒頭に紹介した中国との対比の文章は、源内一流の滑稽のひとつであって、そこには次にあげるような「日本」の相対化の視点がともなっていた。

唐の法が皆あしきにはあらず、されども風俗に応じて教へざれば、又却って害あり、日本人は小人嶋を虫のごとく思へば、また大人は日本人を見せものにし、穿胸国では全き人をかたはと心得、手長・足長のふつり合なること、皆是土地の風俗なり。天竺の右肩合掌、日本の小笠原、其仕うちは替れども、礼といへば皆礼なり。只聖人のすみがねにて、普請は家内の人数によって、長くも短くも大にも小にも、変に応じて作るべし。経済の道は風俗を正し、足らざるを補、しげきをはぶく事、時に随ひ変に応ず、柱に膠《にかわ》し、酌子《しゃくし》を以て定木とはしがたし。然るに近世の先生達、畑で水練を習ふ様な経済の書を作て、俗人を驚ことかたはら痛き事なり。（『風流志道軒伝』巻五）

問題は、こうした「日本人は小人嶋を虫のごとく思へば、また大人は日本人を見せもの」にするという自己相対化が源内にはできて、宣長にはできなかった理由である。この点、彼らの間には、同じく「日本人」のアイデンティティを説いても、その主体の質に違いがあったことに注意せねばならない。

「国益」を一身に担おうとする源内の「我」は、自己の創意工夫によって「芸」を作り出そうとする、いわば強者である。「其外何ヲ致候而も口すぎの芸ハ沢山故、御めしつぶハ頂戴不ㇾ仕候」（城福前掲書所引）という満々たる自負心をもっていた源内の目からみれば、「人並に人別帳には付ながら、畜生に劣たる無芸の者は心にて、己が恥を思ふべし」（『放屁論後編』）とあるように、「無芸の者」は畜生にも劣る存在であった。ところが、後に述べるように宣長の場合、「天皇の大御心を心」として生きる万民は、悪神である禍津日神の荒びの前に、ただ「せむすべなく、いとも悲しきわざ」（『直毘霊』）として受け止めることしかできない弱者であった。宣長の想定する万民は、源内からすれば、「畜生に劣たる無芸の者」、あるいは源内が大田南畝に語ったという「斤々自守り謹孝と称」す「所謂律儀者」（前出）であったといえよう。思うに、「皇国」を絶対視する者は、まさにそうした凡庸な者たちであった。というのは、取るに足りない彼らにとって、誇り高い「皇国」の民であるというアイデンティティは唯一無二の存在根拠であったからである。「皇国」の民というアイデンティティは、「芸」に恵まれない「律儀者」、あるいは「芸」を所持しているにもかかわらず、固定的なタテの階層秩序のなかで、それを存分に発揮できず、鬱々としている者にとって、自己の弱さを補塡してくれる幻想であった。だから、その幻想は限りなく肥大化し、絶対化していったのである。ただし繰り返すが、強者にせよ弱者にせよ、「日本」や「皇国」というナショナル・アイデンティティに一体化する主体は、「金銀」がすべての商品経済の進展と都市化によって、それまでの安定した人間関係が崩壊しつつあった一八世紀後半の社会から生まれてきたのである。

ここで想起すべきは、宣長の理想とする人間関係が「徳」、源内流にいえば「芸」の能力によって結びついたものではなく、「種」という系譜によって結びついた人間関係であったことである（『くず花』巻下）。宣長とても、「上下の人ことごとく、金銀にのみ目をかくるゆゑに、今の世は武士も百姓も出家も、みな鄙劣なる商人心になりて、世上の風儀も軽薄になる事ぞかし」（『秘本玉くしげ』巻下）とあるように、現実の社会のなかで人間関係が「金銀」によって無機質なものに変質してしまっていることは、百も承知していた。ただ、源内はこれを極度に推し進めていって、いつの時代もどこの国でもそうなのだと認識したのにたいして、宣長は失われてしまったウェットな人間関係の模範を「神代」に見た。そこには、「芸」にも「金銀」にも関係なく、ただ系譜のもと、所属しているというだけで、安心感・一体感がもたらされる世界があったのである。

これに関連してさらに、源内が「汝物にふれて心動し故」難儀を蒙ったのだとして、「なづむ時は大に害あり」（『風流志道軒』巻五）と述べ、「人情」から一定の距離を保ち、「滑稽」視せよと教えていたのとは反対に、宣長では、何につけても心を動かすことが、「もののあはれをしる」ことだと称賛された点にも注意しなくてはならない。宣長は、「事しあればうれしかなしと時々にうごくこゝろぞ人のまごゝろ」「うごくこそ人の真心うごかずといひてほこらふ人はいは木か」（『玉鉾百首』）と詠い、何事につけても事に触れて感動する「真心」を求め、逆にそれを押し隠すことを「漢意」だと非難していた。宣長は「金銀にのみ目をかくる」時代のなかで、詠歌を通じて、お互いの悲しみや喜びに共感し心動かされていた王朝の繊細優美な世界を夢見ていたのである。

最後に源内の「国益」論にもどるならば、源内の生きた田沼時代、「国益」と個人の利益とが一致するわけではなかったことはいうまでもない。当時、藩に限定された意味での「国益」論はあったが、藩の割拠を超えた「日本」全体の「国益」という観念は一般的ではなかった（藤田貞一郎『近世経済思想の研究』、吉川弘文館、一九六六年）。ここに、源内の悲劇の一因があるだろう。大槻玄沢や司馬江漢のような一部の人々の支持はあるにせよ、源内の「国益」論は十分に理解されず、城福氏によれば、「世間の人々はしかし、源内は金もうけが巧みで、しかもがめついところがあると思い込んでいた」（前掲書）のである。個人の利益と立身出世を追い求め、挫折・失敗を繰り返す「山師」であるという非難はそれを物語る。源内の次のような「憤激と自棄ないまぜの文章」（平秩東作の言葉）は、自己を理解されない「憤激と自棄」としてみることができるであろう。

我も此当世をしらざるにはあらねども、万人の盲より一人有眼の人を思ふて、仮にも追従軽薄をいはざれば、時にあはぬは持前なり。されども人と生《うまれ》し冥加の為国恩を報ぜん事を思ふて心を尽せば、世人称して山師といふ。（『放屁論後編』追加）

思うに、時代を先取りして疾駆した源内の悲劇が、ここにある。安永六年（一七七七）、五十歳の末に、「功ならず名ばかり遂て年暮ぬ」という一吟を源内は残している。

Ⅳ　国学

第四章　近世天皇権威の浮上

一　「下から」の天皇権威

近世天皇論は近世史研究のなかで注目すべき論点を提出してきている。近世国家の「公武融和の金冠的権威部分」として占める天皇の役割を論ずる深谷克己氏（『近世の国家・社会と天皇』、校倉書房、一九九一年）をはじめとし、公家と宗教諸集団の関連に注目するもの（高埜利彦氏『近世日本の国家権力と宗教』、東京大学出版会、一九八九年）、朝幕関係史（久保貴子氏『近世の朝廷運営』、岩田書院、一九九八年。藤田覚氏『近世政治史と天皇』、吉川弘文館、一九九九年）といった問題が切り開かれ、近世国家・社会のなかで天皇・朝廷が果たした役割が徐々に明らかになりつつある。しかし、思想史研究では、天皇の問題は真正面から取り上げられることは少なかった（取り上げられても、大義名分論や朝幕関係論の枠組みを超えることはなかったといえよう）。たとえば、この問題でもっとも重要な位置を占めるはずの本居宣長研究においてさえも、巧妙に「皇国」や「天皇」は回避されてきたのが現状である。

このような研究状況のなかで、安丸良夫氏の研究（『近代天皇像の形成』、岩波書店、一九九二年）は注目すべきである。安丸氏は、「偽造された構築物」としての近代天皇制の淵源を前近代にたどって、近代天皇像の形成過程を明らかにしようとした。その際、近代天皇制にかかわる基本観念を四点に要約している。

①万世一系の皇統＝天皇現人神と、そこに集約される階統秩序の絶対性・不変性
②祭政一致という神政的理念
③天皇と日本国による世界支配の使命
④文明開化を先頭にたって推進するカリスマ的政治指導者としての天皇

安丸氏は、「こうした諸観念が明確に形づくられてあるまとまりをもったのは、近世後期以降の日本社会全体の転換過程においてであった」と説いて、その中核となる①については、「いわゆる「天壌無窮の神勅」を根拠に、天照大神以来の一系性をそれだけで絶対的価値として強調したのは、十八世紀末の本居宣長以来のことである」と、本居宣長の画期的な意義

を指摘している。たしかに近代天皇制が「上から」の構築物であったことは明らかである。また、天皇権威を一般民衆に普及しようとして、教育・軍隊・メディアなどのイデオロギー装置を最大限に活用したことも周知の通りであり、その実態を明らかにすることは重要な問題である。しかし、前近代の「天皇」についていえば、権力側の「上から」の構築物としてのみとらえることには、疑問がある。安丸氏は徂徠学‐後期水戸学の流れ（尾藤正英氏）を中心軸にすえて、これを権力側の秩序の論理とし、これにたいし民間習俗・民俗信仰を反秩序・混沌として配置する構図を描いている。後期水戸学が権力側の「国体」イデオロギーの形成に果たした役割は同意できるにしても、この問題設定から抜け落ちるのは、神道や国学の運動である。それは、誤解を恐れずにいえば、民間習俗や民俗信仰と密接に結びついた自生的な「下から」の運動であったからである。

安丸氏の研究にたいする異論のもうひとつの点は、ナショナリズムの問題である。氏は「いわば偽造された構築物として、近代天皇制を対象化して解析する」立場から、近代天皇制の生成と展開の過程を明らかにしようとした。繰り返すが、筆者も近代天皇制国家が「上から」の構築物であることは認める。しかし、その構築物は何もないところから作られたわけではない。なぜ明治政府は天皇権威を持ち出し、それを「我国ノ機軸」（伊藤博文の語）においたのか。それには、前代に「日本」「天皇」という観念が遺産として存在したことを抜きにしては考えられない。たしかに遺産といっても、天皇権威の民衆世界への浸透度には大いに疑問があるが、吉田松陰を持ち出すまでもなく、幕末志士のなかに、天皇への宗教的信仰に近い感情があったことは事実である。このような天皇権威がすでにあったからこそ、明治国家は、幕末の志士の用語でいえば「玉」として利用できたのであろう。もちろん、そこには当然、構築する過程での変容があり、永遠性を創出するための歪曲・隠蔽があったことはいうまでもない。本章は、この遺産としての前近代の「日本」「天皇」について、幕藩制国家の政治権力や社会体制の側面ではなく、思想史の立場から考えようとするものである。

本章ではこうした問題意識をもって、近世日本の神道と国学を概略してみようと思う。その際、便宜的に三期に分けて、「天皇」「日本」言説の浮上過程を追うことにする。まず第一期はほぼ一七世紀全体をさす。近世国家の確立したこの時期は思想史的にいえば、儒仏論争の時代であって、いまだ「天皇」という言説は思想史の前面に現れていなかった。しかし、「天皇」や「日本」が浮上してくる前段階として押さえておかねばならない。ここでは具体的には、仏教の分厚い宗教的伝統にたいする儒教の批判の意味を検討することになる。というのは、そこに、「天皇」や「日本」を生み出す新たな問題の萌芽が見られるからである。

次の第二期は元禄以後の経済成長を経た後の一八世紀前半から本居宣長の国学成立以前の時期である。徂徠学の盛行したこの時期は、神道思想の側面に限っていえば、山崎闇斎を創始者とする垂加神道が問題となる。ここでは、この闇斎の孫弟子の玉木正英を中心に最盛期の垂加神道の問題を摘出するのに加えて、同時代の神道講釈家、増穂残口を検討することによって、この時代、「日本」「天皇」言説が「下から」現れてくる理由について考えてみたい。

続く第三期は一八世紀後半以後、宣長以後の国学中心の時期である。この時期、神話をもとにして、「天皇」と万民の間に観念的・幻想的な結びつきを求める思想が生まれる。これは、明治国家の「創られた伝統」としての一君万民論とのかかわりで注目すべきである。先に述べたように、その構築の過程で、どのようなカラクリがあるのか。この点を考えてみたい。

本章では、このように時期を追って、近世神道と国学を検討することによって、泰平の世の中で、「日本」や「天皇」言説が「下から」浮上してきたことの意味を問いたい。それらは、嘉永期のペリー来航を契機に高揚したことは間違いないにしても、それ以前に徐々にではあるが、近世社会のなかで流通していた。ここではその内在的な過程と、その浮上の理由について思想史的な観点から、ひとつの仮説を提示してみたい。

二　第一期　儒仏論争と神国論

近世国家は一向宗・日蓮宗不受不施派やキリシタンを徹底的に弾圧して、宗教的な権威を否定した「王法為本」の世俗的な兵営国家であった。それは、中世日本にはらまれていた宗教的共同体の可能性を徹底的に叩き潰して成立した国家である。このことは、近世の天皇・神国を考えるうえでの大前提となる。

これまでの朝幕関係の通説を整理した尾藤正英氏によるならば、「近世の政治権力は、いわば裸の政治権力そのものとして被支配者に臨」んだのであって、豊国大明神や東照大権現といった権力者の自己神格化も政治上の有効性には限界があった（こうした見解にたいしては、大桑斉氏・曾根原理氏らの批判がある）。さらに尾藤氏によれば、「神仏を背景としない支配を維持してゆくため」の「別の権威」が「伝統的な国家の体制と、その形式上の君主である天皇の権威」であって、その意味で、「天皇の権威」は近世国家にとって不可欠な要素であったという（「近世史序説」『岩波講座日本歴史 九』、一九七五年）。

この国家においては、儒教や仏教は支配のためのイデオロギー装置であると位置づけられた。若尾政希氏が近世社会に広く普及した「太平記読み」の研究で明らかにしているように、「後ノ世ヲ能ク願ヒ、神仏ヲ崇《アガメ》奉ル」ことは「下民ニ道ヲ教《オシユ》ルノ謀《ハカリゴト》」（『太平記評判秘伝理尽鈔』巻一一、『「太平記読み」の時代』（平凡社ライブラリー、二〇一二年）参照）である。こうした宗教・学問が信仰の対象ではなく、政治的なイデオロギー装置であったことを露骨に説いているのは、たとえば、享保期に書かれたと推定される『神武権衡録』という書物である。そこには、次のように説かれていた。

儒仏の二道此国になくては、治世の政事成らぬといふ事は決而《けっして》なく、既に東照宮御一代、数度の御合戦に御勝利を得給ふ。慶長年中天下悉く御手に入たる時、大学の三綱領・八条目を敵に読聞せられ、或は法華経・楞厳経《りようごんきよう》などを説て、敵に感伏させ、治め給へたる天下にあらずや《ママ》。御武徳の盛んなるに依而《よりて》、天下太平に治り、今百有余年、御治世長久の御恩沢を蒙り、諸宗の坊主は高座に上りて釈迦の法を説、儒者は見台に向ひて周公孔子の道を講釈す。農工商の遊民迄も夫々の家業を勤て、心易く妻子を養ひ安堵する事、是偏《ひとへ》に御武徳の御影にあらずや。（『神武権衡録』巻四）

「裸の政治権力」としての近世国家は、「御武徳」あるいは「武威」の支配を本質としていた。その端的な表現が、元和元年（一六一五）の最初の武家諸法度にある「以《テ》レ法《ヲ》破《リ》レ理《ヲ》、以《テ》レ理《ヲ》不《レ》レ破《ラ》レ法《ヲ》」の一句であったことは先にみた。近世日本において、もっともラディカルな朱子学者であった佐藤直方は、この「以レ法破レ理、以レ理不レ破レ法」の一句は権謀者のものであると非難していた。近世国家は、「理」（たとえば「仏法」のような普遍原理）以上の「法」によって維持されたタテの階層秩序の絶対性を本質とする。それは軍隊の統制原理と方法＝「軍法」を平時の政治に拡大した、いわば兵営国家であった。

この「武威」の兵営国家のなかで、朱子学はどのような役割を果たしたのだろうか。この問題は近世思想史を貫く大問題であるが、近世前期に限ってみれば、寺檀制度によって安定した社会的地位を獲得した仏教と比べるならば、イデオロギー装置の一端を担うにはほど遠い微弱な存在であった。この点については、われわれはすでに見てきた。ただ一方で、国家と思想の適合性問題ではなく、宗教思想の流れからいえば、朱子学の排仏論が仏教にたいして理論的に対抗するための武器を提供した点は注目しなくてはならない。具体的には、陰陽二気の聚散説が、古代以来の分厚い伝統をもつ仏教の教説、なかんずく三世因果説・輪廻転生説を否定する理論的な武器になったのである。その意味で、中世的な宗教権威を否定するうえで、近世前期、朱子学が啓蒙的な役割を果たした点は評価すべきである。

その口火を切ったのは、自らは剃髪して法印の位に就いた朱子学者林羅山（一五八三―一六五七年）である。羅山の排仏論への反響は大きく、近世を通じて、仏教側は激しい反論を繰り返した。この羅山によって引き起こされた近世前期の儒教と仏教との論争は、当時の思想的大事件で、仮名草子においても取りあげられていた。仮名草子とは、慶長から天和のはじめまでの約八〇年間に書かれた教訓・滑稽・実用の要素をもつ小説・随筆の総称であるが、このなかに、登場人物の問答によって教義の普及を試みようとする教義問答体と分類される一群の作品がある。そこで題材となったのは、儒者と仏者の間で戦わされた儒仏論争であったのである。具体的な作品をあげれば、『清水物語』、『祇園物語』、『百八町記』などである。その一つ『見ぬ京物語』には、次のようにある。

三人［浄土宗・一向宗・日蓮宗の僧侶］口をそろへていはく。儒者ハ死して後なにとかなり侍るや。若男のいはく。それ儒ハうまれかハる事もなく。死して後苦楽をうくる事もなし。かるがゆへに朱文公曰形朽滅神飄散泯然無レ跡とのたまへり。いふ心ハ人死して形くちほろぶれバ。神《たましゐ》ふきちるかきけちて跡なしとなり。形をうけて天地に。ミちミちたる元気あるほどハ生なければ死す。死すれバ魂《こん》ハ溟漠に帰り。魄《はく》は黄泉《くハうせん》に帰る。なにをからうミなにをかよろこバん。（『見ぬ京物語』巻上、一六五九年刊）

羅山を想起させる「若男」知識青年が説いている気の聚散説とは、世界は気というガス状の物質によって成り立っている、それが集まって凝固すれば、固体となり、また散って雲散霧消すれば、もとのガス状の状態にもどり、死後の世界など存在しないという考えである。朱子が編纂したとされる『小学』に引かれている司馬光の「死者形既朽滅、神已飄散、泯然無レ跡」するという一句は、その明快な表現とされた。この気の聚散説は、三世因果説を否定する（三世因果の主体としての神霊の実在を否定する）言説として近世社会に広く流通していくのである。山片蟠桃の近世日本のもっともラディカルな無鬼論も、この延長線上にあったといえる。

それはともかくも、これにたいする仏教の対抗論理は、陰陽二気の聚散説によって来世を認めない儒教よりは、来世の賞罰を説くことにおいて、勧善懲悪の教説として仏教の方が優れているというものである。

凡仏の出世は。勧善懲悪を以て根本とす。七仏通戒に。諸悪莫作これ悪をいましめ。諸善奉行是善をすゝむるなり。世典の三墳五典また孔老の道毋レ不レ敬・思無レ邪・執レ中なと三綱五常みな其心也。外典の勧善懲悪は。仏法よりおとりて候。仁義をおこなふ人も。悪逆をなす者も死しては同じ天理に帰ると申により。今生の咎にならぬ外は。酒をのみひるねもし。仁義たてをし苦労して。いらぬ物よと申人もありなん。仏法は今生の善悪によりて。未来に善悪の報をうくるとをしへ候により。すこしの悪をおそれ。善にすゝむ事つよし。同し勧善懲悪と申せども。浅深ある事なり。(『祇園物語』巻下)

現世しか眼中にない儒教の勧善懲悪であると、「今生の咎にならぬ外」は酒を飲んでも昼寝をしてもかまわないし、また「仁義たてをし苦労して。いらぬ物よと申人」も生まれる。これにたいして「今生の善悪によりて。未来に善悪の報をうくるとをしへ」る仏教の勧善懲悪は、「すこしの悪をおそれ。善にすゝむ事つよ」いので、儒教のそれよりも優れているという。こうした現世と来世の二世にわたる因果応報を説いている点で、仏教の方が儒教よりもずっと優れているのだという論理は、何もこの『祇園物語』に限られたものではない。もともと、それは中国の護法書に説かれていたものであった。

ここで注意せねばならないことは、来世の存在を認めるか否かの違いはあるにせよ、儒仏ともに、基本的には現世のタテの階層秩序(君臣・父子・夫婦の三綱・五常)を肯定して、そのなかで自己の家職・職分の精励を教える点で共通していたことである。ここには、「法」によって維持される強固なタテの階層秩序のなかで、先祖から継承した「家業」「職分」を真面目に勤めあげれば、一定の生活が保障されるという「役の体系」社会の成立があった。このなかで、戦闘者である武士が皮肉にももっとも存在理由を見つけにくいものだったが

(ここに先にみた山鹿素行の士道論が生まれる)、ともあれ、この時代、「武威」によって強権的に保持される階層秩序が成立したのである。儒仏の説いた、善人が報われ、悪人が罰を受ける善因善果・悪因悪果の応報説は、こうした安定した階層秩序のなかで、それなりの説得性をもっていたであろう。しかし、後に述べるように、一八世紀後半、貨幣経済・商品経済の進展にともない、タテの階層秩序の安定性が崩れ、疑われたとき、もはや勧善懲悪の教説を信じられないような本居宣長が現れると同時に、勧善懲悪を基調とする幕府の孝子伝の刊行にみられるように、極度にイデオロギー化(虚偽意識化)していったといえよう。

ところで、近世前期の儒教と仏教との対立状況のなかで、もうひとつの問題は「神国」論である。周知のように、近世の「神国」論はキリシタン禁制に深くかかわっていた。そのうえ、この時期の「神国」論は、神儒仏の三教一致的な要素が強く、「神国」に対置して「邪法」を想定し、「日本」対「きりしたん国」という対抗図式を設定した点で重要である。たとえば、金地院崇伝が家康の指示の下に執筆して、将軍秀忠の朱印状がおされて全国に布達された慶長一八年(一六一三)の伴天連追放令には、日本は「神国」「仏国」であるとされている。それによれば、キリシタンの徒党は、「邪法」を広めて人々をまどわして、日本を奪取しようとしている。彼らは「政令に反し、神道を嫌疑し、正法を誹謗」するばかりか、

「刑人あるを見れば、すなはち欣《よろこ》び、すなはち奔《はし》り、自ら拝し自ら礼」し、殉教を喜び死をも恐れない。ここに崇伝は、キリシタンの「邪法」の本質を見る。彼によれば、君主の現世での賞罰や「後世」の「冥道閻老の呵責」という刑罰の威嚇と死の恐怖によって、「勧善懲悪の道」は保証されるのであって、キリシタンのように、死を恐れなくなってしまったとき、秩序は維持できなくなってしまう。それゆえにキリシタンは「神敵仏敵」であり、「国家の患」である。「日本国のうち寸土尺地」も彼らを生かしておく場所はなく、すみやかに「掃除」せねばならないという。先に述べた儒仏の勧善懲悪の教説は、殉教のような死をも恐れず、来世の救済を渇仰する信仰心を圧服する権力の暴力的な政策の裏づけがあって成り立ちえたことは看過してはならない。

近世前期の「神国」論で注目すべきことは、儒教と仏教とがお互いを批判する際に、「神国」を決め手としていたことである。この点、仏教を「神国」に異質な夾雑物として排除した最初のものとして、理当心地神道を唱え、神仏習合を批判した林羅山の『本朝神社考』は重要である。そのなかで、羅山はいう。

夫《そ》れ本朝は神国なり。神武帝の天に継ぎて極を建てし已来、相続《つ》ぎ相承《う》け、皇緒絶へず。王道惟《こ》れ弘まる。是れ我が天神の授くる所の道なり。中世寖《ようや》く微にして、仏氏は隙に乗じて、彼の西天の法を移して、吾が東域の俗を変ず。王道既に衰へ、神道漸く廃《すた》る。

（『本朝神社考』序）

儒教の華夷思想で理想化された世界とは堯舜三代の御代であり、そこで華開いたとされる礼教文化であったが、羅山は「神国」「神道」をそれに代替して、さらに、上代の「神道」の理想世界が仏教伝来によって喪失してしまった、と仏教排斥とからめて論じているのである。羅山は端的に仏教を、「神道」＝「王道」にたいする「夷狄の法」だという理由から排斥した。

夫れ仏は一黠胡にして、夷狄の法なり。神国を変じて黠胡の国に為すは、譬へば喬木を下りて幽谷に入るが如し。君子の取らざる所なり。（『本朝神社考』巻上之二、日吉）

「喬木を下りて幽谷に入る」とは、よいところから悪い方に移る譬えで（『孟子』滕文公篇上）、「夷狄の法」の仏教の汚染によって「神国」が衰微し、暗黒時代にいたったことをいう。このような羅山の批判は、「王道神道理一也」（『神道伝授』）という「神国」＝「王道」の前提のもとに成り立っていたのだが、少々強引なところがあった。というのは、「武威」の支配が貫徹する兵営国家「日本」は、儒教的な礼教文化から縁遠いことは明らかであるからである。それ故に、次のような仏教側からの反批判が生まれる余地があった。

仏法は西天の夷法也といふて、今やうの儒学者いやしみ下す。その義ならば日本にて唐法の儒学無用たり。日本は神国なれば神道を慎守すべし。されば仏法の大理をいふに、上一人より下万民まで人我の濁情を清浄せしめて愚暗を照し、疑惑妄執の愁苦なからしめむがため也。この正心の大理、すなはち天道にして、大千世界に遍満するほどに、天竺震旦南蛮朝鮮鬼界畜島等のたてわけを依怙邪念憎愛差別なく法界平等利益大慈大悲大道理也。（『百八町記』巻四、一六六四年刊）

『百八町記』の著者如儡子によれば、仏教が「西天の夷法」であるとすれば、「神国」日本では、儒教もまた「唐法の儒学無用」ではないかというわけである。ここでは、「天竺震旦南蛮朝鮮鬼界畜島等のたてわけ」を超えた仏教の普遍主義の理念に立っているとはいえ、仏教側も「神国」を持ち出して儒教を否定していた。

もともと「神国」論は外来なるものを排除する論理を内包していた。近世社会にあっては、その排除の符牒が先にみたキリシタン「邪法」であった。ここでは、批判者同士が相手側を「邪法」に結び付けて、排除しようとしているのである。しかしそれ以上に注目すべきは、儒仏論争が戦わされていた当該期にすでに、儒教と仏教の両者をともに排除する、「日本」中心の「神国」論も現れていたことである。

すでにむかしは、儒仏の二教此国になし。然共《しかれども》正直素朴にして、よくおさまりし事は、本朝の国風神教の証明也。然ば神道の教、何の不足ありて、儒仏の力をからんや。儒仏のちからをかりあわせて、我神風の道にいらんとおもふ人は、大にまどへるなるべし。又我神風の家に生て、儒仏の道を好みならぶるは、是又大に賊なるべし。所詮本朝にむまれ、神胤たらん者は一向に神の教に本づき、神の法を守り、神の道を明《あきらめ》て後、終に神明の位にいたらんとおもふべし。（西田以正『神風記』巻二、一六八八年刊）

何れの国に生れ、いかなる人か、此道理を聞きて、我日本を不レ仰《あふがざる》ものあらん。然るに我国に生れて、神の子孫たる人、神国の粟《ぞく》を食《は》み乍《なが》ら、他邦の道をあがめ、吾先祖の道を不レ知《しらず》、たとひ万巻の書をそらんずとも、一文不通の盲人と云べし。尤可レ憐哀哉夫。

（吉川惟足『神道大意講談』、一六六九年成）

次の時代、このような儒教と仏教の両者をともに外来思想として排除する「神国」「神胤」説が、元禄以降の商品経済の進展のなかで新たな意味を獲得していくことになる。

三　第二期(一)　増穂残口の「日本人」意識

よく知られているように、元禄時代は江戸期を通じてもっとも経済的に成長した時期である。このなかで、人々はカネに価値を置くようになっていく。すでに、元禄以前に成立した教訓書『人鏡論』(一六九四年刊)では、第一期同様に、八宗兼学の学僧と儒教の聖人による典型的な儒仏論争が戦わされているが、それは前半部分であって、むしろ物語のハイライトは、儒者と僧侶がともに「道が無い」という象徴的な名前の「道無斎」という人物の拝金主義に太刀打ちできなくなってしまう後半部にある。道無斎の主張はたとえば次のようなものである。

道無がいはく、うき世の人のほめそしる事を聞給へ、皆金にて侍るなり。金銀にあきみつるものをば大悪人といへ共、善人といひ、賢人なりといへ共、勝手不如意なるをば悪人なりといふは、これみな金銀のなすわざにあらずや。(『金持重宝記　一名人鏡論　又金銀万能論』)

このカネの世だという認識は、あの井原西鶴の浮世草子のなかに示されていた。武士であること、町人であること、百姓であることよりも、金持ちか否かが、人間を評価する判断基準になっていたのである。

元禄時代の高度成長の後の享保期、一本の箸も金で買わなくてはならなくなったと嘆いたのは、江戸時代の代表的な思想家荻生徂徠（一六六六―一七二八年）である。彼は、商品経済の進展にともなって、農民も職人も武士もみな商人化してしまい、身分的アイデンティティが揺らぎはじめたことに危機感を抱いた。徂徠が『政談』『太平策』のなかで、「旅宿ノ境界」にいる武士の土着と「礼楽制度」を建てることを求めたのは、こうした階層秩序の危機を克服するためであった。徂徠は聖人作為説にたって、「五倫ト云モ士農工商ノ分レタルモ天然ノ道ニハ非ズ、民ヲ安クスル為ニ聖人ノ立置玉ヘル道也」（『太平策』）といって、治国平天下のために聖人の作為した道を基準にして、武士らしい生き方はどのようなものであり、百姓・町人はどのような生き方をすべきか、制度として客観的に提示し、再確認しようとしたのである。ここに倹約の心掛け論に終始していた凡百の朱子学者と異なる、徂徠のすぐれた着想があった。

徂徠によれば、「礼楽制度」がしっかり建てられていないため、いたずらに身分の差異を際立たせる「格式」が偏重され、逆説的だが、身分的な差異自体が掘り崩されていった。身分の重々しさを表現しよう、あるいは身分の体面を守ろうとして、「格式」通りに世間並に着飾り、装飾しようとしても、奢侈化した社会のなかでは、多額のカネを使わざるをえない。そのために、身分的には低い商人に頭を下げて、借金を頼まねばならないという逆転現象が生まれる。徂徠はこうした商人の台頭を苦々しく思っていた。

徂徠は、かつて五代将軍綱吉の御前で易の講釈を仰せ付けられ江戸城に登城したとき、列座の「御老中モ、若年寄モ、大名モ、御旗本モ、有官無官トモニ」、自分らの衣服と何の違いもなかったことに、「余リノコトニ涙コボレ茫然」とした、と回想する。徂徠は衣服の差別のないところに、身分秩序を突き崩す金銭の力を見たからである。徂徠はいう。

兎角金サヘ有バ賤キ民モ大名ノ如クニシテモ、何ノ咎メモナシ。唯悲キハ、不レ持レ金、手前悪ケレバ、高位・有徳ノ人モ自ヅト肩身スボマリテ、人ニ蹴《ケ》落《オト》サル、今ノ世界也。因レ之人々我勝ニ奢ヲシテ人ニ勝ラントス。（『政談』巻二、一七二六年頃成）

これは、先の西鶴の言説と表裏の関係にある武士の論理である。徂徠が、カネによって崩されつつある身分の差異を制度的に確定しようとした享保期は、身分制度、ことに被差別民にたいする統制策が強化された時期であったことを想起すべきである。この時代、被差別民にたいする差別は、むしろ強まったといってよい。髪型や服装などの衣食住全般にわたる差別は強化されたのである。その理由として挙げられるのが、被差別民が町方に徘徊するようになったとか、贅沢になって町人たちの間に紛れ込んでいるとか、いわれる。こうした事態が事実かどうかは、なお検証が必要であるが、商品経済の伸長のもとで被差別民の成長があったことを反映しているだろう。

しかし、権力の側からみれば、彼らの成長こそが身分制度弛緩の象徴として映じた。被差別民はカネという中性的な力によって、「分」を破壊する悪の象徴としてとらえられたのである。この時期、徂徠もまた、「穢多ノ類ニ火ヲ一ツニセヌト言コトハ、神国ノ風俗、是非ナシ」(『政談』巻一)と述べ、「平人」と被差別民との隔離策を説いていた。以後、権力側の一貫した対応策は、この締めつけ、隔離策である。時代が下るにつれて、商品経済の進展によって、ますますカネの力、資本の力が大きくなって身分的な垣根を崩壊させていくのだが、近世国家の権力の側では、そうした経済的・社会的な情勢の変化に対応するのに、上からの身分制度の再編強化しか取る手だてはなかった。

元禄期以降の商品経済の進展による身分アイデンティティの揺らぎにたいしていかにして対応するか。これまで徂徠をみてきたのだが、徂徠と同時代、享保期、まったく異なる方向から対応した者がいた。それが増穂残口(一六五五―一七四二年)である。享保期、残口は京都の寺社境内地や街頭で神道講釈をしていた。残口は当時の世相を次のように見ていた。

昔は人売・人買とて、鬼神程に恐れしが、山椒大夫の辛世を、今に泣する哥念仏。今は人売・人買も、何国の辻にも所狭《ところせく》、山売あれば新田売、親を売《うつ》ては死一倍《しにいちばい》「親の死に際して二倍にして返す約束をして借金すること」、主を売ては似セ判する。文道売《うれ》ば武道売《うり》、儒書も神秘も仏法も、毀《こぼ》ち売になりにけり。如何に下れる世なりとて、天地形を改めず、日月光明らかなり。然ルに博士・知識《ものしり》・芸術師、隠遁・道者・農・工・士、皆商人と成ル事は、どふした暗き夜市ぞや。（『艶道通鑑』巻五、一七一五年刊）

あらゆる階層の人々が「皆商人」となってしまった。残口によれば、「非情の金銀が威勢《いきおひ》を振いて、すべて人情の真《まこと》」（『艶道通鑑』巻一）ない世の中であった。こうしたカネがはびこる世俗社会の問題状況を理解しようとするとき、社会学者ピーター・L・バーガーの考察が示唆に富む。バーガーは、世俗化が庶民にまで及ぶことによって起こる、宗教における〈信憑性の危機〉を指摘している。バーガーによれば、「世俗化が伝統的な宗教上の現実規定のもつ信憑性を広範に崩壊せしめる結果」、「庶民がともすると宗教的な事柄にあやふやになりがち」になり、「多種多様な宗教、その他現実規定の機関」が「巷の庶民の帰依を求めるか、あるいは少なくとも彼の興味を惹くことにやっきとなって競い合うよう」になる。しかし、

「そのどれもがもはや彼に忠誠を強制する立場にはないものばかりで」、〈多元主義〉とよばれる現象が生まれるという。さらに、「宗教的伝統は、かつては威信をもって強制することのできたものが、今や市場化されねばなら」ず、「もはや〈買う〉ことを強制されていない顧客に〈売り〉込まねばならな」くなる。「多元的状況は、なかんずく一種の市場相場なのである。そのなかで各宗教教団は市場取引き機関となり、宗教的伝統は消費者のための商品となる。そしてある程度、この状況における宗教活動の相当部分は市場経済の論理に支配されてくる」という（『聖なる天蓋』、薗田稔訳、新曜社、一九七九年）。

　残口の直面した享保期の宗教的状況は、このバーガーのいう「多元的状況」であるといえよう。「冥加銭」を求め、何とか顧客に売り込もうとして、「法筵にて女形の真似し、立役の声色作り、浄瑠璃かたり」をして「猿楽役者」ばりの談義をし、「愚人の眼」を欺き、「有《ある》と説出《ときいだ》す地獄をおそれず、往《ゆく》とおしへし極楽をいそが」ない「売僧《まいす》」たちへの残口の勧化僧批判（浄土宗と日蓮宗批判）はそれを物語っている（『異《い》理《り》和《わ》理合鏡《りあわせかがみ》』巻地、一七一六年刊）。そして、バーガーの〈信憑性の危機〉の残口流の表現が「やら」「げな」であった。

　解信も至らず、平信心も堅《かたま》らで、慭《なまじい》に愚信のともがらが、一分の了知を交て持扱《もてあつかふ》から、耳を信じて眼を疑、目を信じて耳をうたがふ物にして、談義をありがたしと聞て、還《かえつ》て書物を見れば、又書の眼にうつり、談義の耳がうたがはしく、書の理を尽得《つくしえ》ざるよりして、目がうたがはしく、又談義の耳が尊ふなる。模稜の手とて両角をとらゐ、両楹《りようえい》に踟《ち》蹰《ちう》すとて両つの枝に足をかけて、落《おち》つきがたきから地獄ありて落《おつ》るが実やら、極楽有て往《ゆく》が本やら、どふやらこふやらと成ル。そのヤラの文字は哉羅牟《やらむ》の仮名にて、決定せぬ言葉ぞ。又有ルげな無イげなのケナの字は漢字にて、疑難《ぎなん》の二字なり。うたがひはゞむと読《よむ》。そうじやげなこふじやげなとて、げな仕廻《じまひ》なるを疑難闇方《げなあほう》といふ。闇方とは方にくらきなり。（『異理和理合鏡』巻天）

宗教談義がむなしく盛んな時代、「庶民がともすると宗教的な事柄にあやふやになりがち」になり、儒教と仏教との間で、どちらとも態度を決めかねて宙ぶらりんの状態の人々が充満している。

愚俗の男女は、我国の訓に根底、高天が原の帰魂、帰魄の道を説ものなき故に、依所《よるところ》なく久く地獄、極楽の感報のみ聞馴て、虚《うそ》やら実《まこと》やらの分別にも及ばず。儒の心魂散滅は、一向に高遠にして納得せず。儒にもよらず、仏にもよらず、両楹《りようえい》［二本の柱］にただよふものあり。（『神国増穂草』巻下、一七五七年刊）

こうした仏教の三世因果説にも、儒学の陰陽二気の聚散説にも納得できず、「儒にもよらず、仏にもよらず、両楹にただよ」い態度を決めかねる、一種の精神的アノミーが生じていた。このような不確かな時代に、残口は恋愛至上主義（家永三郎氏）を唱えたのである。よく知られた姦通や心中をも肯定する残口の恋愛至上主義は、「ヤラ」「ゲナ」と疑い迷ってばかりいて、何も決断できない精神に対するアンチテーゼであったことは看過してはならない（この点は、付論で詳しくみることにする）。

残口の思想で注目すべきは、こうした「ヤラ」「ゲナ」の精神状況のなかで、明快に「日本」の優位性を主張し始めたことである。その際、残口は仏教の「天竺」と儒教の「毛唐」にたいする「日本」という黒白図式を前面に打ち出していった（先にみたように、こうした言説自体はすでに近世前期の神道家に存在した）。

仏者の説に、天照太神は大日如来の変作、此蘆原国《このあしはらのくに》は阿字原なりといふなれば、それでは日本は天竺の下屋鋪《しもやしき》のやうにて、うれしからず。儒者の説に、天照太神は呉の泰伯なりと沙汰すれば、それでは和国が毛唐人の新田場に聞《きこ》えて気味悪し。天竺で何といわふと、唐でどふぬかそうと、それは是非におよばず、己々が国贔屓《びいき》なり。日本に生れて日本の土に立、日本の米を喰ながら、我一気の元、祖主にも親にも師匠にも頼み奉る天照太神を、嬲物《なぶりもの》には浅間し。恩を知ざる者を人とはいはず。これによつて古人も書にあら

はし、筆に談じて憤《いきどほれ》ども、例の漆桶共が用ひず。（『異理和理合鏡』巻地）

残口は「天竺」の仏教と「唐」の儒教をともに外国の教説として一挙に排斥して、両者の間で中途半端に生きる者に「日本人」の卓越性を主張する。

日本に生れたる者第一に知べき事は、三千世界の中に日本程尊き国はなし、人の中に日本人程うるはしきはなし、日本人程かしこき人はなし、日本程ゆたかなる所なしと知べし。けつからなる財《たから》の器も、薬物も、書物も、支那《から》よりも天竺からも持込は、此国ばかりと知べし。此は是天照大神の生れさせ給ふ国、その日輪の皇孫《すべみまご》日本の王位をふみはじめ給ふより、億々万歳まで日輪の種《たね》をついで、日本をふまへさせ給ふにより、天より伝はりし三《み》種《くさ》の神宝《かんだから》、国の守とならせ給ふゆへと知べし。（『有像無像《うぞうむぞう》小社探《そうほこらさがし》』巻上、一七一六年刊）

こうした強烈な「日本人」意識は、決断もできず、いつもふらふらしている宙ぶらりんの〈信憑性の危機〉の時代に、明快な断固とした生き方をうながすとともに、元禄期以降の商品経済の進展のもとで不安定になったタテの階層秩序（「氏系図」によって保証される）を補塡する役割をはたしていたことに注目しなくてはならない。

日本は神代より系図を第一にして、四民の祖神を立て、先祖の筋《すぢ》をちがへず。その筋といふが血脈なり。代々を経て、家相続するを規模とし、手柄として、それを歴々といふ。士は士にて世々を歴《ふり》、農工商も代々相続するが歴々なり。去によりて氏神を祭り、土産《うぶすな》の敬《うやまひ》を専一にせるぞ。今の世は、成揚者《なりあがりもの》でも手前豊に、襟本《ゑりもと》あつく金銀沢山にて、暖《あたゝか》成《なる》者を歴々といふ。穢多《ゑった》でも皮剝《かははぎ》でも、持たが人の上座《うはざ》に居《すはる》ゆへ、系図氏姓を云者をば笑ひあなどる。是乱世より国の基、本を忘れし始なり。去程に祖神氏神を唱失ひしぞ。利欲ふかき者が、儲溜《まうけため》て上人に交るから、是輩が系図のさたをいやがりて、只支那風の徳智を尊《たつとむ》国風をこのむもの也。それゆえ一を守り、本を本とする神訓《かんさとし》は、次第におとろふるなり。（『神国加《か》魔祓《まばらい》』巻地、一七一八年刊）

この残口の言説は、「俗姓筋目にもかまはず、只金銀が町人の氏系図になるぞかし」（『日本永代蔵』巻六、一六八八年刊）と豪語した井原西鶴を踏まえながらも、それとは対極的なもので、残口の同時代、西鶴を継いだ八文字屋本にみえる、「成揚者」肯定の言説にたいするアンチテーゼだった。残口の立場は、西鶴が描く、あの現金掛け値なしの越後屋の三井高利のような己の智恵と才覚によって巨万の富を獲得していった者や、八文字屋本に描かれる「町人の系図は金銀ぞかし」（『世間手代気質』巻三、一七三〇年刊）と誇らかに言い切る進取的な町人たちのものではなかった。むしろ元禄以後の商品経済の波に乗れない、「成揚者」になれない人たちのものであろうと思われる。彼らは、「非情の金銀が威勢」を笠に着て、寄り合いのおりに、自分たちの上座に座るようになった「成揚者」を苦々しく感じた人々である。彼らは、「系図を第一」にして、先祖伝来の家業に律儀に励んでいるにもかかわらず、報われず、「系図氏姓を云者をば笑ひあなどる」者たちを羨望・嫉妬し、自分が「成揚者」になれないことに深く傷ついた人々だった。おそらく、そのような人々は数多くいただろう。そのひとりであった残口の眼には、金銭的な「成揚者」となった被差別民は、「系図」「血脈」を乱す異分子として映ったのだった。残口から見れば、カネの力によって成り上がった者たちは、身分秩序を保証する「系図」を重んじ、「四民の祖神を立て、先祖の筋をちがへず」、真面目に家業に精励してきたわれわれ「日本人」の秩序を揺るがすものであった。残口にとって、氏系図や血統は、身分社会が商品経済の進展によって不安定になり、流動化するなかで、「成揚者」になれない律儀者に幻想的な誇りを与えるものであったのである。

こうした「成揚者」にたいする残口の反感は、弱者のルサンチマン（怨恨 Ressentiment）であったと思われる。ニーチェによれば、ルサンチマンとは、「本来の《反動》、すなわち行動上のそれが禁じられているので、単に想像上の復讐によってのみその埋め合わせをつけるような徒輩の《反感》である」（『道徳の系譜』、木場深定訳、岩波文庫、一九四〇年）。ニーチェは「貴族道徳」と「奴隷道徳」を区別し、前者が支配する強者・能力のある者たちの道徳であるのにたいして、後者は被支配者たる多数の弱者たちの道徳であるとした。残口の神道講釈を聞いて喝采を叫んだ者たちは、このニーチェのいう弱者であっただろう。彼らは「俗姓筋目にもかまはず、只金銀が町人の氏系図になるぞかし」と啖呵をきって、自己の才覚によって財を築いた「成揚者」たちに嫉妬を抱き、羨み、傷ついた者たちであった。彼らは、たしかに一攫千金をつかむような智恵と才覚を欠いているかもしれない。しかし、彼らは先祖から伝わる家業に精励して、次の世代に譲り渡すことを願う、何より「系図」にプライドをもった人々であった。彼らは「系図」に幻想上の救いを求めるとともに、「成揚者」強者に復讐する。ニーチェは、奴隷道徳は「外のもの」「他のもの」「自己でないもの」を頭から否定する、この否定こそが奴隷道徳の創造的行為なのだといっているが、残口の中国とインドにたいする口汚い罵り、そして「穢多」「皮剝」にたいする差別の言葉はまさにそれを物語っているだろう。

四　第二期(二)　垂加神道の救済論

残口と同時代、最盛期を迎えたのは垂加《すいか》神道である。殊に享保期の中心人物は、山崎闇斎（一六一八―八二年）の孫弟子にあたる玉木正英（一六七〇―一七三六年）であった。結論を先に述べると、近世思想史上、垂加神道の特筆すべき点は、「天皇」という存在を浮かび上がらせたことにある。バーガーのいう世俗化にともなう〈信憑性の危機〉の時代、垂加神道家たちは、「天皇」という商品によって新たに宗教的市場に参入し、「顧客」に売り込みをはかっていったのである。

この垂加神道は近世神道のなかで、もっとも宗教的な色彩の濃い神道であった。それは、もともと山崎闇斎が生きているうちに自己の霊魂を神に祀りあげ、封じ込めた奇妙な生祀《せいし》という行為に起源をもっていた。伝えられるところによると、闇斎は晩年近くになって、自己の霊魂を生きているうちから御神体として、神社を創立したという。彼は京都の吉田神社の社内から赤土をとってきて、それを一杯につめた銅の箱のなかに、自己の霊魂を封じ込めて、それを御神体として自分の家に祀り、のちには京都御所近くの下御霊社の末社猿田彦社に移した。彼は生きているうちに、「垂加霊社」という神になって、死後も弟子たちに祀られようとしたのである。彼は、神道説を弟子たちに講義するときには、鈴を鳴らして、それから講義場に入ってきたと伝えられている。

垂加神道には「みたまうつし」と呼ばれる勧請《かんじょう》の秘伝がある。勧請とは、もともと本祀の神の分霊をよそに移して鎮め祭ることを意味し、たとえば、全国各地にある稲荷神社は、伏見稲荷大社の祭神を勧請している。玉木正英の橘家神道は、この勧請の行法を整備した。鹿島神宮の神官であった鹿島則朋が、闇斎の垂加霊社と跡部良顕（一六五八―一七二九年）の光《て》《る》海《み》霊社を鹿島に勧請したときの記録である、『鹿島垂加霊社光海霊社勧請式』という写本は、この垂加神道の勧請行法の具体的な様子を伝えている。これによって、垂加神道の宗教性の一端を垣間見ておこう。

この「みたまうつし」の神事は、享保六年（一七二一）五月二七日の夜、一〇時前から始まり翌日の早朝四時ごろにかけて行われた。この勧請の神事の最中に、祭主の則朋は、四〇年近く前に死んでいた闇斎の「短面痩頬明眼」の容姿をはっきり目撃したという。また勧請されたもう一人の「光海霊社」跡部良顕は、鹿島から遠く離れた江戸の町に生きていた。しかし、その光海霊社の「容色」が「胸中に照応」したという。このような「みたまうつし」

をされる死霊や生霊が来格して、祭主がその姿を見るということは、垂加神道の「虚津彦《そらつひこ》」という秘伝のなかで語られていた。他にも「神光」「鳴動」「感心」の口伝・秘伝があったが、これらを説明している資料には、次のようにある。

其人の徳業を思ひ入れ吹切ては、敬々〳〵神霊の我身内に入り来ると覚ゆる所が則神来格也。其時榊を取て、オオ鎮《しづま》り玉へと云。是則空津彦也。次は神光の拝まれ玉ふ所を勧請す。又其次を鳴動と云。来格の時、何となく鳴動る也。次を感心と云。今まで虫の音、風の音も耳に入たるに、仮令《たとひ》耳にて太鼓を打ても我耳に入らぬ位に至るを云。（『橘家神体勧請口授伝』）

「みたまうつし」の勧請の最中に、祭主は側で「太鼓を打ても」耳に入らないような、一種の没我的境地に至るという。また、この鹿島での勧請の行われている間、外にひかえていた者は、「恐怖の意自然に生じ言形容すべからず」と語り、「恐怖しきりに生じ神風の神宮に到るを見」たという。ドイツの宗教学者ルドルフ・オットーは、宗教の本質である「聖なるもの」＝ヌミノーゼが戦慄・恐怖をもたらすと説いているが、まさしく「みたまうつし」の勧請は「聖なるもの」の秘儀であったといえるだろう。こうした霊魂にたいする生々しい感覚が、垂加神道家の神観念をささえていた。垂加神道家にとって、神は、勧請の儀式などで直接、眼に見ることのできるものとして本当に生きていた。宝暦事件を引き起こした垂加神道家竹内式部が、「代々の帝より今の大君に至るまで、人間の種ならず、天照大神の御末なれば、直に神様と拝し奉」（『奉公心得書』、一七五七年成）るというとき、「今の大君」は「恐怖の意」が自然に生じるような存在として観念されていた。その意味で、「神様」は、何ら言葉の修飾ではなかったのである。

ところで、闇斎は「垂加霊社」、跡部良顕は「光海霊社」、玉木正英は「五鰭《いひれ》霊社」という神号を賦与され、神になったが、垂加神道はそうした神としての霊魂＝「霊社」「霊神」になるために、天皇への忠誠を求めた教説であった。その教説は神籬伝《ひもろぎでん》という垂加神道における最高の秘伝のなかで語られていた。「神籬」の語は、もともと神代紀の天孫降臨の段の一書に、高皇産霊神《たかみむすび》が降臨する天忍穂耳尊《あめのおしほみみ》に天児屋命と太玉命をつけ従わせたとき、天児屋命への勅として出てくる言葉である。

吾は天津神籬《あまつひもろぎ》及び天津磐境《あまついはさか》を起し樹《た》てて、当《まさ》に吾孫《すめみま》の為に斎《いは》ひ奉らむ。汝、天児屋命《あまのこやねのみこと》・太玉命《ふとだま》は、天津磐境を持ちて、葦原中国に降りて、亦吾孫の為に斎ひ奉れ。

おまえたちも、神の依代である「神籬」をたてて、「吾孫の為に斎ひ奉」れという。なぜ高皇産霊神は降臨する天児屋命らに「神籬」を起こし樹てよといったのか。闇斎はその理由を、「神籬」の「ひもろき」という読みに目をつける。「ひもろき」は、闇斎によれば「日守木」の意味であって、「日継の君」たる天皇を守護することだという。

口伝に云く、日守木は、日は日なり、日継の君なり。守木は皇孫を覆ひ護り奉ること、なほ樹木の天日を蔽翳するがごとし。（『持授抄』、一七二六年成）

こうした「日守木」解釈は、もちろん闇斎が唱えだしたことではない。中世の吉田神道で、すでに説かれていた。垂加神道の創意は、皇統の絶対性を保証する呪術的な霊力としての三種の神器の秘伝とともに、これを神道説の根本に置いたことにあるだろう。

ここでは、「日」＝「天照大神」＝「日継の君」を守護することは高皇産霊神の勅命として受けとめられた。つまり、「日」＝太陽のお蔭をこうむっているかぎり、この太陽と一体の「皇孫」である天皇を守護することは、神代以来の勅命だとされたのである。そして、この勅命を実行するとき、「此国ノ神」と成ることができると約束する。これが垂加神道の神籬伝の内容である。

凡《オヨソ》日本国ニ生ヲ受ル者気化ノ最初ヨリ二尊及皇天二祖之臣民ニシテ御恩頼ヲ蒙リ今日ニ其血脈ヲ相続シ、身体髪膚皆天君ノ物ナレバ皇天二祖ノ勅リヲ守リ日継ノ君ヲ覆ヒ守リ奉リ天下太平ナラシメント大願力ノ金気ヲ立テ生《イキ》テモ死《シニ》テモ千人所引磐石《チビキノイハ》ニ凝固《コリカタマ》リテ此国ノ神ト成テ鎮リ守ルト云外《イフホカ》一言半句ヲ添ルコトナシ。（「神籬磐境之伝」）

「日本国」に生を受けた者は、イザナギ・イザナミの二尊と「皇天二祖」の「臣民」であって、「血脈」を相続している。共通の祖先神話を有する日本人であるかぎり、「皇天二祖」の勅命を守り、天皇を守護する志をもち、「此国ノ神ト成」ることが求められる。神籬の秘伝伝授の際には、次のようなことが諭された。

トカク日本ニ生レタカラハ、善悪ノ別ナシニ朝家ヲ守護シ、ヲホヒ守ルト云コトヲ立《タテ》カビヤリ、以朝家ノ埋草トモナリ、神ニナリタラバ、内侍所ノ石ノ苔ニナリトモナリテ、守護ノ神ノ末座ニ加ハルヤウニト云コトガ、コノ伝ノ至極也。（『玉木翁神籬口授』）

善い悪いの別なく、ただひたすらに天皇を守護して、死後に「神」になり「守護ノ神ノ末座」に加わる。ここにある「内侍所ノ石ノ苔」という表現には、どこかマゾヒズム的な自虐的な喜びといったものを筆者は感ずるが、どうだろうか。ともかくも、天皇を守護して、神になるのだという卑下と誇りとが交じり合った歓喜は、垂加神道家に共有された感情であった。たとえば、玉木正英（神としての霊社号は五鰭《いひれ》霊社）に学んだ若林強斎（守中霊社）も次のようにいっている。

志をたつるといふても、此五尺のからだのつゞく間のみではなひ、形気は衰へうが斃うが、あの天の神より下し賜はる御玉を、どこまでも忠孝の御玉と守り立て、天の神に復命して、八百万の神の下座に列り、君上を護り守り、国家を鎮むる霊神と成に至るまでと、ずんと立とをす事なり。(『神道大意』、一七二五年成)

さらに名古屋東照宮の神官吉見幸和も「所謂る日本魂にして念々忘れざれば、則ち身不肖と雖も、宜しく八百万の神の末席に列《つらな》るべし。然らざれば、則ち死して消滅するのみ」(『国学弁疑』巻二〇)と説いている。

こうした「八百万の神の下座に列」り「国家を鎮むる霊神と成」るという説は、仏教の三世因果・輪廻転生説とも、また「死者形既朽滅、神已飄散、泯然無跡」という一句に集約される朱子学の陰陽二気の聚散説とも異なる、新たな救済論である。バーガーのいう世俗化した社会では、来世での救済を求めることは難しい。すでに朱子学の合理主義的な思考の洗礼をうけた者には、目に見えない来世を信ずることはできない。しかし、だからといって、朱子学の聚散説のように、来世の存在を全否定することができるのだろうか。確信がもてない。次のような質問はそうした迷いを表現している。

或人の曰、神道儒道ともに天堂地獄の説を排し、再生輪廻はなしといひて、因果の説を叱り詈《ののし》る、道理を述る時はなるほど一理あり、さりながら死して先は誰も知らず、もし仏の説き玉ふ如くならば、地獄へ人落て苦み、悪人に生れ変りて頚を斬られはりつけにかゝらば、其時哭苦み後悔してもなりがたし、又鳥獣に生れ苦みを受るも悲しかるべし、此罪を救ひ仏に為し玉ふ其証拠に立つ人は仏なり、是を如何にと思ふや。答へて曰、これは尤なる事なれども、神道にては少しも恐れず悲しき事もなし。此方にも天照大神の証拠に立たせ玉ひ教へ玉へば、神道を尊び祓祈禱して学び行へば、地獄へ落る事なく生変る事なし、少も少も御気づかひなさるゝな。（跡部良顕『神道排仏説』）

残口流にいえば、「儒にもよらず、仏にもよらず、両楹《りょうえい》にただよふ」踏ん切りのつかない「ヤラ」「ゲナ」の〈信憑性の危機〉の時代、こうした「八百万の神の下座に列り、君上を護り守り、国家を鎮むる霊神と成」るという救済論は画期的であったと思われる。というのは、それは、古代の神話が約束する条件的救済を説いているという意味で、一種の選民論であったからである。

われわれは選ばれた民であるがゆえに、神との深いかかわりをもち、特別に神と契約している。その契約を果たすことができれば、われわれは天国に行ける。このキリスト教の選民論の論理を垂加神道にあてはめれば、われわれ日本人は、天照大神が天孫降臨のときに自らの霊魂を封じ込めた三種の神器を保持している天皇を戴いている。三種の神器を保持している天皇は「神」であって、君臣の秩序は「天壌無窮」に崩壊することはない。ところが、「中華」と自称する中国はどうだろうか。君臣の秩序は乱れに乱れているではないか。それに比べて、天皇を戴く日本人は、選ばれた民なのだ。だから、われわれ日本人は「トカク日本ニ生レタカラハ、善悪ノ別ナシニ」(前出)、この天皇を覆い守り、守護するならば、きっと「八百万の神の下座に列」り「霊神と成」ことができるのだ。それは高皇産霊神の勅命であって、約束されていることなのだというわけである。それは、この上もない喜びであっただろう。少なくとも、垂加神道家はそう信じたのである。

参考までにいえば、こうした「霊神」説は、この時代の一部の人々に抱かれた願望を代弁するものであったと思われる。近世後期には、百姓身分の専業神主志向が広く見られるようになるとの指摘がある(高埜利彦前掲書参照)が、この時代の人々の「霊神」願望の風潮については、次のような資料にうかがわれる。

近代神道の先達霊社号あり。……この外少し神道を学びたりとて私に佳号をえらび、生ながら社号を名のること僭妄の甚しきならずや。近頃はこの風いよいよはやりきて、末々の町人婦女五七歳の幼男女の夭《わかじに》したるにも、霊社号をつくる事多し。(谷秦山『俗説贅弁』巻五三、一七一六年刊)

思うにこうした垂加神道の救済論は、その受容層であった公家・神官が、幻想の世界のなかで、地位の逆転を求めるものであったことは注目すべきである。闇斎の没後、垂加神道の正系を継いだのが、闇斎の死の二日前に、『中臣祓風水草』を託された権大納言正親町公通（霊社号は白玉霊社、一六五三—一七三三年）であった。この公通の弟子は、正親町家所蔵『故一品公通卿御門弟、神学誓状』によれば、四七人いたが、その内訳は、堂上公家一一人、武家一人、社司一二人、自余二三人であるという（小林健三『垂加神道の研究』、至文堂、一九四〇年）。周知のように、公家たちは、近世国家にあっては、官位は高いにもかかわらず（もちろん、公家と武家の官位体系は異なっている）、実質的な権力を奪われていた。その彼らが、「神」であるにもかかわらず、御所に幽閉同様の惨めな地位にいる天皇に自己を同一化させ、その天皇への忠誠によって、「身不肖と雖も、宜しく八百万の神の末席に列」なることができるのだ、と名誉感情を回復させるとともに、幻想世界での地位の逆転を図れるものであったのである。その意味では、残口の「成揚者」へのルサンチマンと等しい屈折した心性を認めることができるだろう。

ここで垂加神道家に伝わる一つの逸話を紹介しておこう。それは、闇斎の生祀「垂加霊社」が、御霊を祀る下御霊神社に生きながら神として祀られたことに不審を抱かれた際の、闇斎の直弟子で正英の師にあたる下御霊神社の神官出雲寺民部の次のような弁明である。
垂加翁の鎮斎、下御霊社内にありしが、仰山に聞へてや、社司出雲寺民部を御町奉行へ召《めし》、いかなるゆゑに人を神にまつるやと有。答へに、神道より申せば、人は皆神とまつる筈也。仏道よりいへば、皆仏とする如し。日の神、月の神、素尊皆人也。曰、夫《それ》は上古の事也。近世ありや。曰、東照宮、豊国大明神、山家清兵衛、中古に北野天満宮也。
（『韓川筆話』）

この逸話は、垂加神道の「霊神」が非業の死を遂げた「人を神にまつる」という御霊信仰と底流で通じあっているという点で注目すべきだが、ここではそれ以上に、「霊神」「霊社」になることは「東照宮」や「豊国大明神」と同列なのだという意識に注意しておきたい。ここには、「東照宮」「豊国大明神」でも神になったのだから、われわれもなれるのだという一種の上昇志向を認めることができるだろう（ヘルマン・オームス『徳川イデオロギー』、黒住真ほか訳、ぺりかん社、一九九〇年）。

ただ後の国学との関連でいえば、垂加神道には、一つの問題がはらまれていたことは注意を要する。それは、「日本魂」を保持し、死後に「宜しく八百万の神の末席に列」なるという、このつまらない「不肖」の身に生きる意味を付与する、その前提となる天皇が「神様」

であるという信仰自体にあった。宝暦事件で、垂加神道に傾倒した、桃園天皇の近習衆とともに処分された竹内式部（一七一二—六七年）は端的に次のようにいっていた。

代々の帝より今の大君に至るまで、人間の種ならず、天照大神の御末なれば、直に神様と拝し奉つり、御位に即かせ給ふも、天の日を継ぐといふことにて、天津日継といひ、又宮つかへし人を雲のうへ人といひ、都を天といひて、四方の国、東国より西国よりも京へは登るといへり。（『奉公心得書』）

今、ここにいる生身の天皇を「恐怖の意」をもって「直に神様と拝し奉る」ことは、先にあげた『人鏡論』の表現を使えば、「とかく浮世は金の世」で、カネだけが確かなものとされる世俗化した社会のなかで難しい。バーガーのいう宗教的な多元状況のなかで、垂加神道の「天皇」商品が公家や神官たちの顧客に受け入れられたのは、こうした観念を秘伝という形で特権化したためであったと思われる。最初にあげた勧請「みたまうつし」の秘伝のように、死んだ人の容姿をはっきり見るといったことは、誰にもできることではない。しかし、逆にいえば、限られた者にしか伝授しない秘伝という装置があってはじめて、天皇への忠誠によって「八百万の神の末席」に列なるのだという信仰も保持できたのであろう。それは、われわれは選ばれし者であるという誇りを与えるものであったからである。たしかに正親町公通が「霊社号は、神道伝授の人は誰にても称すべし。霊はみたまに非ずや。人々霊なき者はあらじ」（『正親町公通卿口訣』）と説いていたように、「霊社」すなわち「神」になることは誰にでも理念上には可能であったが、垂加神道においては、現実には誰もが「神」になれたわけではなかったのである。

五　第三期（一）　本居宣長の天皇観

第三期は本居宣長（一七三〇―一八〇一年）の国学の成立をもって画期とする。宣長の生きた一八世紀後半、天明期の百姓一揆の頻発にみられるように、体制的矛盾は拡大する。商品経済はますます進展し、農村では農民層の分解が進み、町に貧民が流れ込み、貧富の差は進行した。宣長はそうした社会状況を次のように見ていた。

世間の困窮に付ては、富る者はいよ〳〵ます〳〵富を重ねて、大かた世上の金銀財宝は、うごきゆるぎに富商の手にあつまる事也。富る者《とめ》は、商の筋の諸事工面よき事は、申すに及ばず、金銀ゆたかなるによりて、何事につけても手行よろしくて、利を得る事のみなる故に、いやとも金銀は次第にふゆる事なるを、貧しき者は、何事もみなそのうらな

れば、いよ〳〵貧しくなる道理なり。（『秘本玉くしげ』巻上、一七八七年成）

上下の人こと〴〵く、金銀にのみ目をかくるゆゑに、今の世は武士も百姓も出家も、みな鄙劣なる商人心になりて、世上の風儀も軽薄になる事ぞかし。（同右、巻下）

ここで「鄙劣なる商人心」と言い放つ宣長は、「博士・知識・芸術師、隠遁・道者・農・工・士、皆商人と成ル事は、どふした暗き夜市ぞや」（前出）と嘆いた増穂残口と同様に、「俗姓筋目にもかまはず、只金銀が町人の氏系図になるぞかし」という西鶴の語に端的に表現される、タテの階層秩序を突き崩すカネの力を嫌悪していたといえよう。宣長によれば、このような「貧しき者はます〳〵貧しく、富る者はます〳〵富ことの甚し」（同右、巻上）く、「武士も百姓も出家も、みな鄙劣なる商人心」になってしまっている「今の世」では、善人が必ずしも報われない。それにもかかわらず、善人は幸福になるとまことしやかに教える儒教は、宣長にとって偽善そのものであった。

世の中にはすべてかくの如く、道理に違へる事、今も眼前にもいと多し、然るを善人は必福《さか》え、悪人は必禍《まが》ることは、いさゝかもたがひなしといふは、かの売薬を能書《のうがき》の通りにたがはず、よく験《きく》ものと思ひ惑へる、愚昧の心歟、はた能書の如くにはきかぬ事を知ながら、猶人を欺きて、売つけんとする歟、（『くず花』巻上、一七八〇年成）

天道ハ福ヒシ㆑善ニ殃ヒス㆑淫ニ（『書経』湯誥）といへる、此心ばへは一文不知の児童といへ共、よくわきまへ知れる事にて、まことに然あるべき道理也、然れ共此語は、理にはよくあたれ共、事の跡につきていふときはあたらず、世には悪神のある故に、返て善に殃《わざはひ》し、淫にも福《さいはひ》すること、古今にあげてかぞへがたし、故に天道天命の説は、こゝに至て窮せり、（『くず花』巻上）

この儒教の「天道福善殃淫」＝「漢意」への批判は、一八世紀後半のカネがカネを生む時代背景を抜きにしては理解できないだろう。この時代、残口の享保期には存在した善因善果・悪因悪果の楽天主義（儒仏論争の戦わされた近世前期には共通の認識であったもの）はもはや信じられないほどに、タテの階層秩序は揺らぎ、そこに生きる人々の不条理感は深刻になっていた。この不条理な世界に生きるという感覚は同時代の上田秋成にもみえているものであって、宣長・秋成の時代、善人は幸福になり、悪人は不幸になるという善因善果・悪因悪果の因果応報にたいする信頼はもう失われてしまっていたのである。少し時代は下るが、一九世紀初頭の文化年間に書かれた武陽隠士は次のようにいっている。

これ元禄の頃までは世に困窮のなかりしものが、奢侈利欲の争ひよりかくの如く貧富の高下出来、世の曲り狂ひ、享保の頃より萌《きざ》して今ここに至るなり。すべて当世は正道篤実なる人、流行に後《おく》れて身の不幸を生じ、不実・非道なるは功をなして身を立て、善人に悪報来たり、悪人に善報来たり、道理間違ひ、罰利生逆様に行はるるなり。(『世事見聞録』巻七)

こうした善人が報われない、悪人が栄える不条理な「世の中」だという憤懣は、武陽隠士がいっているように、享保の頃から萌した「奢侈利欲の争ひよりかくの如く貧富の高下出来、世の曲り狂ひ」、社会経済史的にいえば、「初期資本主義的な金融の支配が個人の恣意によって左右せられない社会的現象」(和辻哲郎「現代日本と町人根性」)の反映であったと思われる。体制の危機意識という大袈裟なものではないが、松坂の町人出身の宣長によって鋭敏にとらえられた不条理感に注意しなくてはならない。というのは、この不条理感こそが、宣長の神学の中心に位置する禍津日神の問題の核心であったからである。これをみる前に、まず宣長の思想と前代の垂加神道との関連を述べておこう。

よく知られているように、宣長は垂加神道の「陰陽五行の理」による神代の付会説を「漢意《からごころ》」として批判して、いわゆる文献学的な神典注釈の方法によって「神代」を再現・再生しようとした。その再現された「神代」の中心を占めるものは、「当代の天皇をしも神と申して、実に神にし坐《まし》ま」(『直毘霊』)す天皇であった。この点に関する限り、宣長は前代の垂加神道と等しい。これまでみてきたように垂加神道もまた、「此御子天日と御合体ゆへ、如《かくのごとく》此称し奉ると云者は手延にして正意に非ず。直に天日御一体と拝み奉る御事也」(『神代藻塩草』巻二)と説いて、天照大神以来の皇統の一系性を強調し、また天皇を「直に神様と拝し奉」っていた。かつて村岡典嗣は「垂加神道の根本義と本居への関係」(『増訂日本思想史研究』、岩波書店、一九四〇年)のなかで、垂加神道の「天日一体の皇祖神天照大神の子孫としての天皇に対する、絶対崇敬の信仰」の宣長への影響を示唆していた。もちろん、垂加神道と国学の間には非連続するところがある。それは宣長による秘伝否定にかかわっている。

垂加神道では、生身の天皇を「直に神様と拝し奉」る不可思議な信仰は秘伝によって保証され、厳選された少数者のみのものであった。逆にいえば、そうした限られたエリートのものであることによって、神官・公家たちの幻想上の地位の逆転も意味あるものになったのであろう。無制限に誰でも天皇を守護して、「八百万の神の末席」に列なるようになったならば、その希少価値は著しく減ずる。ところが、宣長はこのような特権的な垂加神道の秘伝を否定し、誰でも読むことのできる公開された「神典」=『古事記』を根拠にして、現人神としての天皇の存在を万民ひとりひとりの生に直接、結びつけた点で画期的な意義をもっている。

いにしへの大御代には、しもがしもまで、たゞ天皇の大御心を心として、ひたぶるに大《おほ》祖《おや》神《がみ》の命《みこと》をかしこみゐやびまつろひて、おほみうつくしみの御蔭にかくろひて、おのも〳〵祖《おや》神《がみ》を斎祭《いつきまつり》つゝ、ほど〳〵にあるべきかぎりのわざをして、穏《おだひ》しく楽く世をわたらふほかなかりしかば、今はた其道といひて、別に教を受て、おこなふべきわざはありなむや。

（『直毘霊』、一七七一年成）

天皇が天照大神の御子として「天つ神の御心を大御心」とするように、上は将軍から下万民にいたる「しもがしもまで、たゞ天皇の大御心を心として、ひたぶるに大命をかしこみゐやびまつろ」う、天皇への随順を、宣長は求めたのである。ここでは、文献実証的に解明された『古事記』のなかに、「しもがしもまで、たゞ天皇の大御心を心と」する、天皇と臣民とが一体化した「いにしへの大御代」、「皇国」の神話が読み出され、理想化されたのである。

こうした天皇と「凡人《ただびと》」としての万民の新たな神話的な関係を考えるにあたって、注目すべきことは、宣長が悪神である禍津日神のもたらす不条理な世の中にたいして「せんすべなく、いとも悲し」むことしかできない「凡人」の生と、天皇の存在を結びつけていたことである。『直毘霊』には次のような周知の文章がある。

そも〳〵此ノ天地のあひだに、有リとある事は、悉皆《ことごと》に神の御心なる中に、禍津日神《まがつび》の御心のあらびはしも、せむすべなく、いとも悲しきわざにぞありける。然れども、天照大御神高天原に大坐々《おほましまし》て、大御光はいさゝかも曇りまさず、此ノ世を御照しましまし、天津御璽《みしるし》はた、はふれまさず伝はり坐て、事依《ことよさ》し賜ひしまにまに天の下は御孫命の所知食《しろしめし》て、天津日嗣《あまつひつぎ》の高御座《たかみくら》は、あめつちのむた、ときはにかきはに動く世なきぞ、此ノ道の霊《くすし》く奇く、異国の万《よろ》ヅの道にすぐれて、正しき高き貴き徴《しるし》なりける。（『直毘霊』）

ここに説かれているのは宣長の有名な「禍津日神」である。『古事記』によれば、イザナギ・イザナミ二柱の神は、オノコロジマでのミトノマグハイによってオホヤシマ国を生み、最後にイザナミは火の神カグツチを生んだ。そのために死に、黄泉国へ行った。イザナギはイザナミを慕って黄泉国におもむくが、全身に蛆虫のたかったイザナミを見て逃げ帰ってくる。宣長によれば、禍津日神とは、このイザナギが黄泉国から帰ってから、禊ぎをしたときに生まれた神である。それは「夜見国」の穢によって生まれた神であって、「世中に所有《あらゆる》凶悪事《あしきこと》は、みな黄泉の汚穢より起るものなり」（『古事記伝』巻六）とあるように、すべての凶悪事を引き起こす悪神であるという。なかでも人生でもっとも悲しい出来事は、死である。というのは、「貴きも賤きも善も悪も死ぬればみな此夜見国に往」（『古事記伝』巻六）かねばならなかったからである。

宣長にとって、この禍津日神の問題は、世界の悪や不条理を弁証する神義論にかかわるものであった。社会学者ピーター・バーガーによれば、神義論が第一義的にもたらすものは、幸福ではなく、意味であるという。不条理を感ずる者が求めるのは、なぜこうした不幸がよりによって自分にふりかかってきたのかということであって、それがたとえ、彼の苦難の報いが現世かあるいは来世における幸福であるという約束を含んでいないとしても、その意味を与える神義論は悩める人にたいして最も大切な目的を果たしてやることになるという（前掲書参照）。このバーガー説に従えば、不幸の原因を「禍津日神」の「あらび」だとする宣長は、善人も悪人もおしなべて、死後は汚く暗いじめじめした「夜見国」に行かねばならないにしても、少なくとも、なぜこの自分に不幸がふりかかってきたのかという理由を知ることはできたのである。

　ここで注目すべきは、宣長は、そうした「禍津日神」の「せむすべなく、いとも悲しきわざ」を悲しみと受けとめつつも、「然れども」と反転して、「天壌無窮の神勅」にもとづいて「現人神」としての天皇の地位は天地とともに永遠であると主張していたことである。宣長においては、天皇という存在は、禍津日神の「あらび」によって、善人も必ずしも報われないという「せむすべなく、いとも悲しきわざ」にみちみちている不条理な世界、すなわち、先にみたカネがカネを生み、富者はますます富み、貧者はますます貧しくなるような世界のなかで、悲しみに耐えて生きる「凡人」の、揺らぐことのない秩序の根源としての希望の光であった。

ここでは、日々、家業の勤めに孜々《しし》として励む「凡人」の平凡な日常生活は、「天皇の大御心を心」とする神聖な営みとなる。「凡人」は、先祖伝来の家業を律儀に勤めてきたにもかかわらず、報われず、真面目な者がなぜ幸福になれないのだという不条理感・憤懣を抱くこともあるだろう。そうした「世の中」の悲しみに耐えて生きる「凡人」に向けて、宣長は、今、自分に与えられ定められた家業を勤めること、それがそのまま「天皇の大御心を心」とする神聖な営みであって、そうした慎ましく穏やかな生き方こそ、「神代」以来の祖先たちの生活であったことを教えたのである。

六　第三期(二)　平田派国学の天皇観

宣長によって、一旦、「しもがしもまで」の万民のひとりひとりの生に結びついた天皇の存在は、平田篤胤（一七七六―一八四三年）の「大倭心の鎮」としての「霊の行方」（『霊の真柱』巻上、一八一三年）を明らかにした幽冥観によって、垂加神道の死後に「八百万の神の末座」に列なるという救済論と匹敵するような（篤胤は垂加神道の救済論を高く評価していた）、確固とした生死観を付け加え、いわゆる内憂外患の危機の時代、宣長のような知識人に限らず、だれもが世の中の不条理を意識せずにはいられない状況で、大きな力を発揮していくことになる。

宣長においては、たしかに天皇は万民に直結したが、万民そのものは能動的・活動的な主体ではなかった。「ほど〳〵にあるべきかぎりのわざをして、穏しく楽しく世をわたらふほか」ない単調な日常生活に、「天皇の大御心を心」とする意味が賦与されたにしても、その日常生活を超え出るようなことはなかった。ところが、篤胤とその後継者たちにあっては、激しく強烈な行動の意志がみられる。この違いは、たとえば「大和心」の解釈の差異となって現れている。周知のように、宣長の「しき島のやまとごゝろを人とはゞ、朝日ににほふ山ざくら花」という歌にみられるような、それは雅びな心であった。これに対して、篤胤の場合、その保持者は「豪傑」「英雄」であった。

とかく道を説き道を学ぶ者は、人の信ずる信ぜぬに少しも心を残さず、仮令《たとひ》、一人も信じてが有るまいとまゝよ。独立独行と云て、一人で操を立て、一人で真の道を学ぶ。之を漢語で云はゞ、真の豪傑とも、英雄とも云ひ、また大倭心とも云で御座る。（『伊吹於

呂志』巻上）

篤胤において、この英雄豪傑的な「大倭心」を支える内的な根拠が、死後審判説に基礎づけられた「霊の行方」（『霊の真柱』巻上）であるとともに、「神ノ御末」であるという名誉感情であった。

此国ハ神国ジヤ、我等モ神孫ジヤ。何ゾ毛唐人メガ、戎狄ドモメガ、何程ノ事ヲ仕出スモノカ、駈散ジテヤルガヨイナドト云フ。イヤシカラヌ強イ物ガ底ニ有テ、コリヤ篤胤ガ申マデモ無クサウデゴザル。（『古道大意』巻下、一八一一年成）

先に増穂残口にみたように、こうした「毛唐」「戎狄」にたいする「神孫」「神胤」という単純化された黒白図式のもとでの優越意識は、通俗的な神道家に存在した。たとえば、篤胤が仏教批判書『出定笑語』（一八一一年成）で引照している同時代の松本鹿々の『長寿養生論』（一七九五年刊）は、一向宗門徒を非難する文脈のなかで、次のように説いていた。

日本ニ生レ此国中ハ皆先祖カラツヾイタ一家ジヤトモ気ヅカズ、銘々ノ先祖ナル神々様ヲ敬ハズ、現在国王ノ禁裡様ヤ将軍様ハ銘々我先祖ヨリ血脈ノ明白ニツヾイタル本家ジヤトモ思ハズ、公道ヲ疎略ニ思ヒ切支丹同様ノ詭道ノ本尊ニ追従シテ足ルコトヲ知ラズ、貪欲ヨリ寂滅ヲ楽シミトスル気ニ成テ、稍《ヤヤ》モスレバ、一致ニ党ヲ結ンデ公道ニ敵対スル

コトハ何トモ思ハズ、六字ノ旗ニ向フハ仏敵也ト恐レテ、公道ニ弱ミヲ付シコト度々有シ也。（『長寿養生論』巻三）

ここで「切支丹」に対置して「我先祖ヨリ」の「血脈」が説かれていることは、残口で述べた「神国」論との関連で注意すべきであるが、篤胤についていえば、日本人が「神孫」であるという観念を「神典」に根拠づけた点で、通俗神道家と一線を画していた。もともと神々の子孫である天皇家の神話であった記紀神話は、人間の出生については無関心であったが（その意味で、『古事記』本文に忠実であろうとした宣長には、「神孫」意識は認められない）、篤胤はこれに疑いを抱き、祝詞などを援用しながら、イザナギ・イザナミは「大八嶋国」に住む「青人草」を生み、それが日本人の祖先であるという「古史」を創出していったのである。篤胤によれば、「天神の塊《つちくれ》を搏《まろ》めて、為《つく》れる」（『古史伝』巻三、一八二五年成）外国人にたいして、日本人はイザナギ・イザナミ二神の子孫として選民なのである。こうした神話的な「神孫」である名誉感情・誇りが、賤しめられている自己のアイデンティティのささえとなった。元より尊き神々の、「いかに汝はいやしきを、など集《つど》へぬに、つどひたる」など宣ふとも、おのれ更にうけひき奉らず、「この平篤胤も、神の御末《みすえ》胤にさむらふを、など然しも卑《いやし》めたまふぞ」と。（『霊の真柱』巻下、一八一三年刊）

寛政七年（一七九五）二〇歳のとき、わずか一両を持って秋田藩を脱藩して、江戸下層社会で根無し草的な生活を送ったこともある「平篤胤」も、「神の御末胤」であることによって、「神軍」に加わって「夷」を「打掃《うちはら》」う先頭にたつことができるのである。「いかに汝はいやしき」と「尊き神々」から蔑まれても、「神の御末胤」である限り、われわれも「真の豪傑」になれる。そう江戸の町の民衆に、篤胤は講釈していたのである。

この篤胤を「吾師大人《うし》は、実は人中之神、学林之聖」（『良薬苦口』）であると崇拝したのが、上州館林藩で不遇をかこっていた生田万（一八〇一―三七年）である。生田万は、いわゆる生田万の乱を引き起こしたことによって、歴史に名をとどめている。万は、「上下の人ことく〳〵く、金銀にのみ目をかくるゆゑに、今の世は武士も百姓も出家も、みな鄙劣なる商人心に」なってしまったと嘆いた本居宣長の『秘本玉くしげ』をもとにした藩政改革の書『岩にむす苔』（一八二八年）を提出して、故郷から放逐され浪人となった。「我よりはいとひもはてぬ世の中を世にも人にもすてられにけり」（述懐）と詠み、「なきたまも祭ればけふは来るものを帰るよぞなき我が故郷に」「玉のをのあはずばたえよ故郷をおもひほそりてながらへんより」と、故郷を思慕した万は、天保八年（一八三七）、大塩平八郎の乱に呼応して、「大塩平八郎門弟」と自称して、同志五人と近隣の庄屋宅を襲い、窮民救済の金品を徴収し、桑名藩領の柏崎陣屋を襲撃して敗死した。彼は次のように歌っていた。

かねてより、我はねがはく、我はしも、いやしかれども、生くる日も、まかれる後も、大君の、御為にこそは、そきばくの、力をつくし、こきばくの、いさをはたてめ、いたづらに、わがあらめやと、師木島《しきしま》の、やまと心の、真心の、しづめこらし、荒魂の、すさびなりけん、吾たまよ、我身をさかり、天がけり、国がけりつゝ、やすみしゝ、我大君の、御前にし、まゐりけるかも、（『加賀美能牟呂乃於毛迦宜《かがみのむろのおもかげ》』）

この「いやし」い「我」も「皇国」の人として天皇と一体化する。

我身は魂幸《さきは》ふ神の御霊に依りて、此皇大御国に生れ出で、天皇命の御民なれば、此身はたとひ賤しくともまことはいとも尊き所以のあるを、理なく我を穢《けが》さむとする奴等は、即神と皇と国とを穢《けが》し奉れるに当れゝば、いかでか其まゝに捨置くべき、是をしも忍ぶべくは、何をか忍ぶべからざらむ、此は支那風の真情を包み隠せる人どもは、知らざる事にて、大和魂あらむ人は此心用をも、常に忘るべからずなむ、（『大学階梯外篇』巻二、一八二三年成）

「此身はたとひ賤しくとも」、「神と皇と国」と一体化することによって、万は一挙に「官軍」（『良薬苦口』）となる。ここには、惨めな自己の栄光化があるだろう。ナショナリズムの生命力を論ずるアントニー・D・スミスによれば、近代世界のなかで集団的なアイデンティティとしてのネイションが魅力あるのは、それが宗教の死んだ世俗化の時代にあって、「歴史と運命の共同体のなかで不死と尊厳を望む気持がひろがったことによる」（『ナショナリズムの生命力』、高柳先男訳、晶文社、一九九八年）。スミスは言う。「私たちは、とるにたらぬ塵のごとき今の自分を清め、凡庸な存在から抜けだして、共同体の「真」の運命をになうことができるようになる。理想化された過去と自分を同一視することは、価値のない、醜い現在の自分を乗り越えることに役立つ。そして死を超越し、生のむなしさを払拭する統一体の中で、一人一人の人生に永久に重い意味が与えられることになる」（『ネイションとエスニシティ』、巣山靖司・高城和義ほか訳、名古屋大学出版会、一九九九年）。宣長によって再生された「神代」の「天皇の大御心を心」とする、天皇と万民との一体化は、強固なタテの階層秩序のなかで、篤胤や生田万のような疎外された者に「一人一人の人生に永久に重い意味」を賦与することになるのである。

因みに、こうした現実の社会で賤しめられ、無力であるが、本来はこのような惨めな地位にいる者ではないのだという意識は、篤胤とその門人だけのものではなく、同時代の江戸に住んでいた特異な神道家、賀茂規清（一七九八―一八六一年）の救済論にも認められる。烏伝《うでん》神道を唱えた賀茂規清は諸国を放浪した後、天保二年（一八三一）江戸に出て、神道講釈を行い、弘化四年（一八四七）の末、幕府によって「政道を批判之筋」があると見なされて、八丈島に遠島になった。規清は江戸の下層民のための「忠孝山」という国家祭祀の場の建設を構想していたが（末永恵子『烏伝神道の基礎的研究』、岩田書院、二〇〇一年）、その構想を展開した寺社奉行所への上書『蟻の念』（一八四二年成）のなかで、その建設理由を次のように述べている。

下々に生れ出たる不仕合《ふしあはせ》は、幾件の忠孝を尽し、其上家業を全《まつた》ふに相勤、無滞《とどこほりなく》終りを遂げ候ものにても、在世は、勿論、死後末世末代に至り候ても、位階に相進み候儀は、不㆓相成㆒《あひならず》候と申儀は、いかにしても哀れなる次第に御座候、最も、民は国の本にて、民あつてこそ、国家も豊かなれ、付ては、夫々《それぞれ》在世は御国用を相足し、おのおの国家へ、人並の功《いさお》しを立《たて》候ものに御座候得ば、存生中は、是非もなき次第に御座候得共、責《せめ》ては、死後なりとも、身分丈の位階に相進ませ候様、相成候はゞ、尊き神国に生れ出たる甲斐も有㆑之、幾許《いかばかり》難㆑有《ありがたき》仕合《しあはせ》に奉㆑存べき哉、其よろこび量りしるべからず奉㆑存候、猶、其位階は、六位、七位を相望み候儀にては、無㆑之、前件申上候、霊祠、霊神等にて、各遠祖の准例、神代のごとく、神号蒙㆓勅許㆒候はゞ、冥加至極、生々世々の大慶不㆑可レ過レ之、難レ有仕合に可レ奉レ存候、（『蟻の念』）

日々の家業を真面目に勤めあげ、「国家へ、人並の功しを立候」ても、何の名誉も与えられない哀れな「下々に生れ出たる不仕合」も、「神代のごとく」死後に位階を賦与されて神号を勅許されるならば、「尊き神国に生たる甲斐も」あり、これ以上の「誉れ」はない。

人は、死後の誉れを、ほまれと仕候てこそ、人道の本意とも申べけれ、然るに、今の人は、当然の誉れを、誉れと仕候て、死後のほまれを、ほまれといたさず候、其人気好悪に落入り、世の風俗甚然るべからず候ところ、前文の通、死後のそれぞれ身分に応じ、霊神蒙二勅許一候と申事に候はゞ、各身を慎み、死後の誉れを、所詮と可レ仕《つかまつるべく》候様、可二相成一候、勿論、現世にて、人道を背き候族は、永世の御勘当にて、神号等の御沙汰に不レ為レ及候儀に御座候、於レ是、人々身の行ひ、第一に仕候様可二相成一候、然れば、自然と世の風俗も神妙に相成、神国の、神国たる昔に、立帰り、遠津御祖の神々も、嘸《さぞ》御満足に可レ被二思召一《おぼしめさるべく》候、故に銘々身を正敷行ふときは、則先祖への孝道にて、人と生れたるの所詮に御座候、何分神国に生れ出たる人は、尊きも、賤しきも、農工商まで、遠祖の准例によつて、霊神号御免許被二仰出一《おほせいでられ》たく奉レ願候儀に御座候、（『蟻の念』）

「死後の誉れ」を与えて、階層秩序の底辺に生きる者たちに生きる意味を賦与する国家祭祀の構想が語られている。かつて垂加神道のなかで、秘伝を伝授された特権的な公家・神官に与えられていた死後に「八百万の神の末席に列なる」という名誉は、ここでは、「神国に生れ出たる人は、尊きも、賤しきも、農工商まで」全ての人に賦与されるべきだと説かれている。篤胤にも、この規清同様の「下々に生れ出たる不仕合」というルサンチマンがあったのであろう。

しかし、それは享保期の増穂残口で指摘したような、差別意識を助長するものであったことは注意を要する。この点、篤胤においては、汚穢意識をともなって一層深刻になっていたことは看過できない。宣長は、「家も身も国もけがすなけがらはし神のいみますゆゝしきつみを」「竈《かま》の火のけがれゆゝしも家内《いへぬち》は火しけがるれば禍おこるもの」（『玉鉾百首』）と詠み、内面化された「心」の穢れではなく、平穏無事な生活を脅かす穢れを避けることを求めた。彼にとって禁忌に服すことは「しもがしも」万民が日常にできる「天皇の大御心を心」とする信仰生活の証しともいうべきものであった。篤胤はこの宣長の汚穢意識を継承し、先にみたように神聖な天皇につながる「神孫」である「日本人」と穢れた存在としての外国人とを対比させるばかりか、汚穢意識を、残口にすでにみえていた「穢多」差別と結びつけた。『出定笑語附録』（一八四九年刊）のなかで、篤胤は一向宗と日蓮宗をともに神祇不拝の「神敵二宗」として激しく攻撃しているが、その際、被差別民にたいする差別意識を梃子にしていたのである。篤胤は、日蓮を次のように批判していた。

日蓮ハ元来、ハナハダ以テ、穢《ケガラ》ハシキ者ノ胤《タネ》ヂヤニ依テ、其世ノ人ガ用ヒナンダ故ニ、其憤ル心ヨリ、我慢ノ悪言モ発シ、マタ高ブリモ致シタコトト見エルデゴザル。（『出定笑語附録』巻二）

もちろん、これは歴史的には荒唐無稽な妄説に過ぎないが、ルサンチマンが差別を助長させ、「外のもの」「他のもの」「自己でないもの」を頭から否定し、攻撃的になる悪例を端的に示している。

七　明治国家の一君万民論

最後に本章をまとめ、また明治国家の「偽造された構築物」としての近代天皇制との関連について触れたい。近世日本の神道・国学のいわば「下から」の運動を辿ってきた本章で明らかにしたことは、宗教的権威を徹底的に圧服した「武威」の世俗的な権力国家＝兵営国家において、徐々に浮上してきた「天皇」や「日本」という言説が、強固なタテの階層秩序のなかで疎外された人々のルサンチマンにもとづく、幻想上の地位の逆転を図るものであったという点である。

「高位・有徳」があるにもかかわらず、カネを持たないために「人ニ蹴落サル、」(荻生徂徠『政談』)者のルサンチマンこそが、「系図」という出自の幻想を生み出す。固定的な階層秩序のもとで、カネのために苦しめられている者にとって、どこに救いを見いだすのかといえば、そのひとつの隘路が、本来自分はこんな惨めな境遇にいるはずのない者だという幻想であろう。カネにたいする憎しみ、それが「神国」日本へのアイデンティティ＝帰属意識を強めさせる。誤解を恐れずにいえば、商品経済の進展によって崩れつつあるタテの階層秩序の絶対性・不変性を望んだのは、上の者ばかりではなく、下の者もいたのである。

こうした幻想を「上から」掬い上げて創られたのが、明治国家の一君万民論であった。一君万民論とは、周知のように、一君＝天皇のもとでの万民の「平等」を説く理念である。冒頭に触れた安丸説は「上から」の「偽造された構築物」としての近代天皇制を描き出したことにおいて優れているが、その前提となる「下から」の幻想のもつ力の強さを看過していた点で、問題があると思う。安丸氏は、近代天皇制にかかわる基本観念の第一として「万世一系の皇統＝天皇現人神と、そこに集約される階統秩序の絶対性・不変性」をあげ、一八世紀末の本居宣長をその由来として指摘するが、問題はそうした観念が、宣長という権力とは何のかかわりもない民間の知識人に抱かれた点にある。なぜ宣長は「天壌無窮の神勅」という神話を呼び覚ましたのか、そこに込めた願いは何であったのか。このことが明らかにされなくては、それを遺産として利用して偽造した明治国家の作為性を批判しつくすことはできないだろう。本章で述べてきたことは、まさにこれにたいする一つの解答であった。

もちろん、平等という理念が一君万民論という形の実現であったこと、換言すれば、臣民の「も」の論理（藤田省三氏）による動員であったことにおいて、一君万民論は近代国民国家の平等観として大きな限界をもっていたことは指摘しておかねばならない。藤田氏によれば、「「びんぼうにんも臣民」、「部落民も臣民」、「朝鮮人も臣民」だから「ふんだりけったり」するな、というのが一君万民主義であった」、「付加を意味する「も」の論理は、政治的社会的な場では、対決に向かって作用《はたら》くよりも宥めや懇願として作用く。へっぴり腰で「部落民も平等の臣下」だなどといっても、その論理自体が「部落民」以前に「臣下である」者が存在することを認めてしまっている。だからその「先任臣下」が「俺こそ臣下の中の臣下である」といったらそれに対抗できない。そこで、対抗せねばならない状況でなおかつ「も」の論理しか使えない心根優しい者は、強引な「が」の主張者の前にしばしば不当な苦杯をなめさせられる。戦争中の「一君万民主義」は「我こそが股肱の臣」だと主張する軍国主義の前に敗れ去って国民動員のイデオロギー的手段としてだけ使われるにいたった。「貧乏人も平等の臣下だというのなら勇敢な兵士として君の馬前に死んでみろ」というわけである。また「も」の論理は、一定の状況では「客観精神」は特定の社会的担当者において典型的に現われるという歴史的精神を持たない。だから、「天皇主義」はそれ固有の社会的基礎を持っているのであって、その担い手でない者が「私も万民の一人です」といい寄ったなら、結局「股肱層」によって追従者たらしめられこき使われることになってしまうということを理解できない。同時に社会的に疎んじられている人間こそが、「人間性」と「人権」の理念の主たる担当者であるということも理解できない。だから原理的な対決ができないのである」（藤田省三『転向の思想史的研究』、岩波書店、一九七五年）と鋭く指摘している。

明治国家の一君万民論を創出するうえで利用された近世神道と国学の言説もまた、「も」の論理であることは、これまで挙げてきた資料からも明らかである。

この平篤胤も、神の御末胤にさむらふ（『霊の真柱』巻下）

尊きも、賤しきも、農工商まで、遠祖の准例によつて、霊神号御免被仰出《おほせいでられ》たく奉レ願候儀に御座候（賀茂規清『蟻の念』）

そして、明治五年四月教部省発令の「三条の教則」「一、敬神愛国ノ旨ヲ体スベキ事。二、天地人道ヲ明ニスベキ事。三、皇上ヲ奉戴シ朝旨ヲ遵守セシムベキ事」の通俗的な解説から、戯作者仮名垣魯文（一八二九―九四年）の『三則教の捷径』（明治五年）の「敬神愛国俗解《はやわかり》」の一節をあげておく。

神国の人と生れて神々の　お開きありし国の道
知らでくらすは人でなし　国の人たる道しるべ
教への小口手みぢかく　おかしく説て聴かすべし
夫三則の御趣意とは　神の造りし国民《くにたみ》の
守らにやならぬ三ツの事　其第一は神さまを
敬ひまつり我国を　大事にするが要ぞや
他国は言はず我国の　今帝様は日天子
太神宮のお末にて　位る上なき大君と
天のゆるしを受たまふ　万代易《か》へぬ帝なり
されば賤しき我々も　神のお国に生まるれば
先祖は天照太神の　御家来筋の末社神

奉書檀紙の尊きに　　はるか劣れど塵がみも、
浅草がみも、かみの中　　神の御末で有ながら
その御先祖を敬はず　　まつらぬ者は天の邪鬼
悪魔外道に似たるぞや

こうした「心根優しい者」が「も」の論理によってしか救済されないことの重さ。本章はこの重さの歴史的な背景を明らかにしようとした点で、憲法学者の横田耕一氏が一九八三年の時点で、天皇制の反対論が「完全に空転している。とりわけ、多くの被抑圧者や被害者が、幻想的な救済を天皇にしか求められない状況（一君万民幻想・慰霊幻想）には、ほとんど手もつけられていない」（針生誠吉・横田耕一『国民主権と天皇制』、法律文化社、一九八三年）という研究史上の欠落部分を補うものであったといえよう。

付論1　太平のうつらうつらに苛立つ者——増穂残口の思想とその時代

恋愛至上主義者

増穂残口（一六五五—一七四二年）は、江戸時代の中頃の特異な神道家として知られる。中野三敏氏の詳細な年譜考証によれば、彼は豊後に生まれ、江戸に出て日蓮宗谷中感応寺の所化となったが、元禄年間の幕府の不受不施派制禁によって寺籍を離れた。のち諸国を流浪して、正徳五年（一七一五）、六一歳のときに還俗して、京摂で神道講釈を始め、大いに人気を博したという。

これまで近世日本の思想史において、この増穂残口が注目されてきたのは、男尊女卑の社会にあって「恋愛至上主義」（家永三郎氏）を唱えたことにある。残口はその主著『艶道通鑑』（一七一五年刊）のなかで、「凡人の道の起りは、夫婦よりぞ始まる」（巻一）、「夫婦ぞ世の根源」（同右）と説いて、人間関係の中心は君臣や父子ではなく、夫婦であるとする。そこでは、外面的な「礼」ではなく、「我身を彼に委《まか》せ、彼方《かなた》を此方《こなた》に請《う》け込みて、真から可愛《かはゆく》、実から最惜《いとほし》」（巻三）く思う内面的な真情が尊ばれねばならない。ところが、今の世はこの真情＝「和」を見失って、世間体の「礼」を飾ることに汲々としている、と残口は痛烈に批判した。

余り和過て猥《みだ》りなるによりて、異国の礼を借りて節を用ひ来りしに、此頃は其礼斗《ばかり》を守りて根本の和の道を喪ふ。（巻一）

『艶道通鑑』のなかには、神代から当代にいたるさまざまな恋愛の物語・伝説がのせられているが、一話ごとに付されている論評には、残口の類いまれな考えが示されている。たとえば、お初・徳兵衛の道行《みちゆき》で涙をさそう、近松門左衛門の『曾根崎心中』（一七〇三年初演）をきっかけにして流行した心中にたいして、残口は次のようにいう。

今の世も売女《ばいた》の中に、金詰まり義理合いとはいへど、弐人心を乱《みだ》さで刃に臥有《ふすあり》。脇目よりは狂乱の様に笑ひ罵《のゝしれ》ども、死を軽んずる所潔く哀也。是を笑ひ謗《そし》る輩は、どふぞ、成らば死ンでみや。（巻五）

それを「狂乱」だと嘲笑する連中に、「どふぞ、成らば死ンでみや」と啖呵をきって、心中する者の真情に同情する。さらに、遠藤盛遠（後に出家して文覚）が、渡辺渡《わたる》の妻袈裟御前に横恋慕して、夫の身代わりとなった袈裟御前を殺してしまう説話を評しながら、残口は当時、死罪と定められていた姦通さえも肯定するのである。

今世に他《ひと》の妻を犯して掟に触《あ》い、または首の代《かはり》に金銀を立所帯を失ふ者数多《あまた》有り。その初め、誠の恋の心ざしなく、上傾《うはかぶ》きのそゝりより互ひに移り気出たるなれば、露《あら》はるゝより肝消《きもきへ》て、足手の置所なき程狼狽《うろたゆる》は恤《あはれ》むべし。初めより道ならぬ事と思慮を改めば、何に迷ふべきぞ。又改められぬ心決定《けつじゃう》せば、縦《よ》しは骨を刻《きざま》れ肉を削《そ》がるゝとも、何を悲しまん。善悪共に思ひ極《きは》めなき者は、総《すべ》て人に似たる猿ぞかし。（巻四）

残口は、「道ならぬ事」とわかっていても、そのわりない思いを改められないと「決定」したからは、たとえ露顕して「骨を刻れ肉を削」られても何を悲しむことがあろうかという。むしろ善にも悪にも思い切ることもできず、中途半端にうろうろしている者を「人に似たる猿」だと非難さえしている。

　こうした「凡世を恐れ人の唱を憚《はゞかる》程の薄《うすき》心柄にて、恋慕の沙汰は嘗分難《なめわけがた》し」（巻三）と述べる、大胆な「恋愛至上主義」を、家永三郎氏は、元禄時代以降の町人の反封建道徳意識、あるいは近代的な男女平等思想の先駆だと高く評価した。研究者個人の価値観と密接に結びついた、こうした評価には、残口自体に即して考えてみるとき、ひとつの問題がある。それは、この「反封建」「近代」といった価値基準からすれば、矛盾する言説が残口に存在するからである。たとえば『艶道通鑑』の序文で、残口は次のようにいう。

爰《ここ》に慶長一統の治天百有余年、四夷静に八蛮治り国風豊に万民和《やはら》ぎて、戸々に千秋楽を唱《とな》へ家々に万歳楽を諷《うた》ふこと、偏《ひとへ》に天に稟《うけ》地に封ぜる明君の、神武聖文の徳沢、寛仁大度の余薫なり、尊べし、仰べし。

『艶道通鑑』に限らず、残口の他の神道関係の著作にもみられる、このような太平讃歌の言説を、「太平の恩沢を称《たた》へて徳川将軍の徳を頌する残口の心境は、太平の無事に去勢されて酔生夢死する、無気力で覇気のない市井の逸民の心理を最も典型に表現するものであった」(家永三郎『日本近代思想史研究』、東京大学出版会、一九五三年)と解釈してよいのであろうか。たしかに、彼が士農工商の身分制度をそのままに受けいれていたことは間違いないが、むしろ残口は、そうした「太平の無事に去勢されて酔生夢死する、無気力で覇気のない」人々を苦々しく思っていたのではないか。

「非情の金銀」の社会

残口によれば、商品経済の進展にともなう元禄時代の世相は、「非情の金銀が威勢《いきおひ》を振いて、すべて人情の真」がない(巻一)。ここでは、「今は人売・人買も、何国の辻にも所狭《ところせく》、山売あれば新田売、親を売ては死一倍、主を売ては似セ判する。文道売ば武道売、儒書も神秘も仏法も、毀《こぼ》ち売にぞなりにけり。如何に下れる世なりとて、天地形を改《あらた》めず、日月光明らかなり。然ルに博士・知識・芸術師、隠遁・道者・農・工・士、皆商人と成ル事は、どふした暗き夜市ぞや」（巻五）とあるように、遊女などの人身売買が横行し、親子・主従関係も売買の対象となり、さらに学問や儒学・神道・仏教の宗教も金儲けの手段になっていて、社会の諸身分の人々が「商人」となってしまっている「暗き夜市」だ、と残口は批判する。

そして、この「非情の金銀が威勢を振」う社会では、「世の根源」である夫婦さえも、「唯一度も心を縦《ゆる》して一夜の枕も二世懸けてと思ふ情は、微塵も外の欲に従ふ事」（巻一）のなかった神代の昔の「夫婦の真」は失われ、「我身を養はれ、其人の陰《かげ》にて衣食に繋がるから、其人を大切に思」うという「他人向きの義理づく」の関係に堕してしまったという。

今時入聟に行者《ゆくもの》は、恩の為に使《つかは》るゝ者の如く、肩身を窄《すぼ》め声高には物も得言わず。敷金持て来る女房は、夫を尻に敷から、家鳴《やなり》する程高笑しても、誰に恐るゝ気色もなし。非情の金銀が威勢を振いて、すべて人情の真なし。下様《しもざま》に至りては、算用して見て、女房持は世帯の損なりとて追出し、女房は夫に呟きて、「己養ふ事がならずば隙給《ひまたも》れ」と口《くち》強《ごわ》に喚《わめ》く。是互ひに衣食住の欲に搦《から》められて、陰陽《めうと》の誠を知らず。共に飢共に寒《こゞへ》ても、

情の真は離れざるぞ夫婦とはいわめ。（巻一）

こうした「衣食住の欲に搦められ」た夫婦が生まれてくる原因は、残口によれば、「今の世の婚礼」が、「聟が鼻欠やら娵《よめ》が片眼やら互に知ら」ず、ただ仲人の「偽八百」にのせられ「何間口の家、何貫目の銀」という好条件にひかれ、すすめられる「無理ずくめの婚礼」にある（巻三）。そして、この欲得ずくの夫婦関係は、ひたすら外聞を恐れて「上辺」を取り繕う偽善的なものであった。

無理ずくめの女は夫を思はず。それを法を以て諫義《いさめ》を以て教ても元に和なければ、愈々内心は遠ざかり姑《しうとめ》に仕へず、世の見聞ばかりに順ふ風俗《ふり》はすれども、心の中は日に幾度か姑を呪《のろふ》やら。それでも上辺《うはべ》さへ順《したが》へば世間向《むき》よしと済まし置、夫《おつと》の心ぞ薄情《うたて》けれ。（巻三）

残口が神代以来の真率な恋愛の物語を集めて、『艶道通鑑』を著した意図は、このような「今様の欲に卑しき思分」（巻一）を恋愛に殉じた男女の一途さに対比して、懲らしめることにあったのは明らかである。しかし、われわれは、残口の眼がこうした「非情の金銀が威勢を振」っている表面的な世相のみではなく、太平のもたらす、より深い病巣に注がれていたことに注目せねばならない。

宙ぶらりんの生

残口の生きた元禄時代は、中世の憂世《うきよ》から浮世《うきよ》に転換したといわれる。この太平が謳歌されている時代は、死と向き合うことによって成り立つ宗教にとって、実はやっかいな時代であった。残口によれば、太平のなかで、乱世の「厭離穢土、欣求浄土」のリアリティーは喪失してしまっていたからである。この世を汚らわしいものと観念して、一刻も早く浄土に赴きたいと願うような人々は稀になってしまったのだ。ここでは、安穏な日々の生活に時々闖入する、病気や出産の危機をなんとかやりすごして、今の安楽を先にのばしたいと思う連中でみちみちていた。

太平の民の心、現世の安穏を欲するゆへ、厭離の情はおこらず。依レ之何方《いづかた》にも腹帯の地蔵、子安の観音、平産の薬師、或は難産はやめの十念、疱瘡よけの百万遍なんど、三界出離の法体へ、輪廻妄想の境界を説《とき》まぜ、人をいつわり世を誑《たぶら》かす、世人弥《いよいよ》道の道たるをしらず。後世やら現世やらうつらうつらなれば、茶に酔たるがごとく、狐穴にまよふに似たり。是立べき本の立ざるがゆへなり。(『濃科死出乃田分言』巻下)

この「茶に酔」てうっとりとして、時を過ごす人々の生き方を象徴する言葉が、「後世やら現世やら」とあるような、「やら」「げな」であった。

そのヤラの文字は哉羅牟《やらむ》の仮名にて、決定せぬ言葉ぞ。又有ルげな無イげなのケナの字は漢字にて、疑難《ぎなん》の二字なり。うたがひはゞむと読《よむ》。そうじやげなこふじやげなとて、げな仕廻《じまひ》なるを疑難闇方《げなあほう》といふ。闇方とは方にくらきなり。(『異理和理合鏡』)

この「何々やら、何々やら」「何々げな、何々げな」と、疑い、迷い、そしてどっちつかずの宙ぶらりんの状態が、太平の実相であった。こうした「後世やら現世やらうつらうつら」した、死後の確信がもてない〈信憑性の危機〉の時代にあっては、何が善で、何が悪なのか、はっきりと決めかね、ただ当座を取り繕うために上辺だけを飾る偽善者が横行する。

今様は内と外と二つにして、表さへ荘《かざれ》ば当分悪を塞ぐ故、文を学び智恵を磨《みがく》も心性の実を悟るにはあらで、只一身の飾りのみに用ゆ。己れが智恵の人に勝《すぐ》れん事を思ふは、智恵を以て己が悪を匿《かく》し、人を惑《まどは》して己が身を立んとする。去程《さるほど》に善を修するも外側、悪を慎《つつしむ》も外ばかりにして、都《すべ》て心を改むる事なし。上辺《うはべ》さへ良ければ、それで済むと心得たるこそ悲し。(『艶道通鑑』巻二)

他ならぬ残口もまた、このぬるま湯にどっぷり浸り、善にも悪にも徹底しえない偽善者でないかと自己を省みるのである。

いかなる我等なれば、台《うてな》に積て披露する程の善もなし。さればとて人中に取沙汰する程の悪も作らず。空《そら》仁義の賢人風流《ぶり》、見せかけの珠数爪繰《つまぐ》り、人の目を抜き耳を抉《ゑぐ》る。かくて生涯を果さば、未来はかの野槌《のづち》［目鼻手足もなく口だけある獣］とやいふ物に生れ、見仏の目もなく聞法の耳もなくて、口ばかり有て可笑しげなる僻物、原中に鉦《どら》打て、蟻・螻《けら》の嬲《なぶり》物とや成侍らん。（巻二）

煉獄の苦しみに似た、この踏ん切りのつかない中途半端で曖昧な態度・姿勢は、残口によれば、今時の恋愛においてもみられた。

今時の人の心、当分の色に絆《ほだ》され浮気の熱に催《もよほ》して、底心からの泥《なづみ》に思はせ、恐しき誓ひを立て口説《くどく》に、女の薄魄《あさはか》成は、己を高ぶる思ひから風羽《ふは》と乗て、末遂げぬ事にうか〳〵と靡《なび》きぬ。さて離々《かれがれ》成を恨みて、胸を苦しめ憤れども、男の方には本より当座の事欠代なれば、露見《つゆみ》向《む》きもせぬ惨《むご》さ。又女の方より仕掛けたる恋も、男つきに不図《ふと》思ひ染て鼻の先の思惑なれば、彼男の水臭、取締めなきを口惜しく、兎角と躊躇《ためら》ふ内にまた深く思ふ皃《がほ》成人あれば、そのまゝそれに傾くものなり。又男も女も、さながら分道《わけみち》知らぬにはあらで、あれも疑ひ是も覚束なくて、生涯片付かぬも有。又彼か此かとそれ暮しに、面白ふ移るやら移らぬやらにて、うつら〳〵なる有。右件の女は、神の木に釘打程の妬《ねたみ》

も出ず、又同穴の節を守りて両夫に枕せぬ真もなき者なり。（巻一）

今時の恋愛は「当分の色」でくっつき、そして離れていく。男も女も恋愛遊戯のテクニックに通じてはいるが、逆に分け知っているからこそ「あれも疑ひ是も覚束なくて」、「面白ふ移るやら移らぬやら」、「うつら〳〵」に態度を決めかねている。このような男女の姿勢、ひいては太平のもたらした宙ぶらりんの生き方を超克するものは何なのだろうか。

残口はそれを「神の木に釘打程」の嫉妬に求めるのである。丑の刻参りして境内の「神の木に釘打程の妬」は、「本より男一人を吾仏と守て、その愛《いと》しさ明け暮れ忘られぬ心から、男の脇心《わきごころ》有を本意なく、いと狭き胸の内より愚鈍《ぐど》〳〵と思ひ余りて、託《かこ》つ方に神の憐を頼《たのみ》奉《たてまつ》」（巻二）ったのだから、男は不憫に思うべきなのであって、このような嫉妬心を翻すならば、かえって「偕老の契り」になるのだ。

残口と同時代の仏教説話でも、女性の嫉妬心はその中心テーマのひとつであった。ただそこでは、「妬み深き女、死して男を取り殺す事」「女死して蛇となり男を巻く事」（『片仮名・因果物語』、一六六一年刊）、「人を妬む女の口より蛇出る事」「女房、下女を悪しくして、手の指ことごとく蛇になる事」（『善悪報ばなし』、元禄年間刊）という標題からも察せられるように、因果応報の理によって、嫉妬心の強さ故に、異類に変化したり、時には幽霊になって現れるという、同工異曲の話が繰り返されていた。ところが、残口は、当時支配的であった仏教の立場からすれば、妄執として否定すべき嫉妬心に、逆説的だが「うつら〳〵」な煮え切らない男女の態度を越えていく可能性があると考えたのである。ここに、神道家残口の独創があるだろう。

男女の交はりは、強く親しきものにして、百八煩悩の随一、恋慕可愛《かあい》の根元たる故に、迷ふ時は一生を誤るのみならず、他生曠劫《たしやうくはうごう》の紲《きづな》ともなる。是によりて其誠も至て強し。私の情に委《まか》すれば三途の業、道の誠なれば一蓮の台《うてな》となる。（巻二）

男女の交わりは「百八煩悩の随一、恋慕可愛の根元」であるが故に、三途の川を渡り地獄に落ちるか、はたまた極楽浄土の蓮の上で結ばれるか、どちらにしても、その一途な行動の徹底性こそ、残口にとって大事なのだ。先にみたように、彼が心中者や姦通者に同情していたのは、死を覚悟した行動の徹底性の故であった。逆にいえば、善にも悪にも思い切らず、ぐずぐずしている者への苛立ちがあったのである。

初めより道ならぬ事と思慮を改めば、何に迷ふべきぞ。又改められぬ心決定せば、縦しは骨を刻れ肉を削がるゝとも、何を悲しまん。善悪共に思ひ極めなき者は、総て人に似たる猿ぞかし。（前出）

恋愛に殉ずることもできず、死後の世界への決断をもあいまいにしていることが、生を充実させることを困難にしている。かつては「不惜身命」を標榜していた不受不施派の僧侶であった残口は、おそらくそのことを誰よりも深く認識していた。ここに、世俗化した太平の世に生きる残口の苛立ちの深さがある。

付論2　本居宣長の「漢意」批判

伊勢神道・吉川神道・垂加神道をふくめた近世の神道説と宣長との間には、大きな断絶があることはよく知られている。従来の神道家の秘伝性＝非公開性や、『日本書紀』などの「神典」注釈における牽強付会性を、宣長は「神典のまま」という根拠によって否定した。宣長によれば、それまでの神道は、儒仏のような「千有余年、世中の人の心の底に染著《しみつき》てある、痼疾」（『うひ山ぶみ』）である「漢意《からごころ》」、すなわち中国人的な思惟に汚染されてしまっている、それを拭い去って「神典」に描かれている「皇国」固有の純粋な姿に戻らねばならないというわけである。こうした彼我・内外を区別する主張が、まさに宣長によって作られた問題構成であるが、彼の著作のなかで何度も繰り返されるので、すらっと読み過ごしてしまいがちである。あまりに自明なので、考えることすらないのではないかと思われる。

しかし、そもそも中国人的な思惟としての「漢意」とはどのようなことを意味しているのだろうか。これまでも「合理主義」とか「規範主義」といった読み替えがなされているが、それで何となく分かったような気分になっているのではないだろうか。おそらく宣長の著作を読んだ者ならば、一度は味わうに違いない、とらえどころのない感じ、隔靴掻痒の感じといってもよいと思うが、そうした感じをもつのは、「漢意」のような宣長の思想理解にとって鍵となる中心概念が、すとんと腹に落ちないことが大きな原因になっているからではないかと思われる。そのために、近世神道と宣長との断絶といっても、宣長が意図したことを理解できていないのではないか。

そこで本論では、「漢意」一般を問題にするのではなく、ひとつの歌をめぐって論じてみたいと思う。具体的には、菅原道真の歌として人口に膾炙する「心だに誠の道にかなひなば祈らずとても神や守らん」という歌を取りあげたい。この歌は古くは室町時代の謡曲のなかにも見え、近世になって天神様菅原道真の歌として、神道家ばかりか、儒学者、僧侶、石門心学者、あるいはまた、いわゆる民衆宗教家といったさまざまなレベルの人々によって言及され愛好された。この歌のコロラリーとして、「正直の頭に神《こうべ》やどる」という俚諺もあるが、心さえ「誠」「正直」であれば、神は祈らずとも助けてくれる、大事なのは心の穢れを去って、心を清浄にすることであるという。このような教えを簡潔に表現した「心だに」の歌は、

「誠」「正直」という道徳的なあり方を通路にして、人間の心と神とを直截に結びつける考えとして、近世社会に広く通用していた。安丸良夫氏は、近世の通俗道徳として「心の哲学」を論じているが（『日本の近代化と民衆思想』、青木書店、一九七四年）、「心だに」の歌は「心の哲学」そのものであったといえるだろう。

ところが、宣長は『直毘霊』のなかで、この誰でも知っている歌を「仏の教へ儒の見」であると説いている。

天皇の、朝廷《みかど》のため天下のために、天神国神諸《もろもろ》をも祭坐《まつります》が如く、下なる人どもも、事にふれては、福《さち》を求むと、善神にこひねぎ、禍《まが》をのがれむと、悪神をも和《なご》め祭り、又たま〳〵身に罪穢《つみけがれ》もあれば、祓清《はらひきよ》むるなど、みな人の情《こころ》にして、かならず有べきわざなり。然るを、心だにまことの道にかなひなば、など云めるすぢは、仏の教へ儒の見《こころ》にこそ、さることもあらめ、神の道には、甚《いた》くそむけり。（『直毘霊』）

宣長は、この「心だに」の歌に端的に表現されている神の観念を、「仏の教へ儒の見」、つまり「漢意」だといっているのである。「漢意」は千有余年の間、人々の心に染み込んでしまっていて、それと気づかない「痼疾」であるために容易に拭い去ることができないと、口をすっぱくして宣長が説いていた背景には、この「心だに」の歌のように、「漢意」が人々のなかで常識化してしまっていた現実があった。われわれが注意すべきことは、宣長が「合理主義」とか「規範主義」とかいった抽象的なレベルではなく、もっと人々の心の奥底に浸潤し、そして沈殿している観念を「漢意」として摘出して斥けようとした点である。われわれは「漢意」批判というと、すぐに儒学批判ということで朱子学や徂徠学を想起してしまい、ややもすると、思弁的・抽象的な思惟様式を思い描きがちだが、宣長の眼がもっと卑俗なレベルの観念・常識に注がれていたことに注意を払わなくてはならないだろう。この点を看過すると、「さかしら」という理性的な思惟様式に対置して、「心だに」の歌のような、今のわれわれからしても、ある意味で馴れ親しんでいる感覚や心情をまるごと肯定してしまうような、宣長理解としては、甚だ皮相なものに陥ってしまう危険がある。

ここで、宣長を相対化するために脇道をとれば、宣長が説くように、「心だに」の歌が本当に「漢意」であるかどうかは、検討に値する問題である。「清明心」「正直」「誠」といった心情の純粋性を表現する言葉の解釈を含めて、いろいろ問題が内在しているだろうが、この「心だに」の歌が中世神道（特に伊勢神道）との連続性をもっていることは確かだと思われる。中世になって、人間の力によってはどうしようもない神仏の威力の恣意性は減少して、人間の内面的道徳性が強められたといわれているが、その集約的表現が「心だに」とあるように、「心」の問題に収斂させるものだったと思われる。そして、この歌に集約されるような神と人間の心との相関は、近世神道の本質的な考え方だった。宣長に先行する垂加神道における自己の霊魂を神として祭るという「生祀」は、まさに神の内在化の極限であったといえるだろう。

ともかくも、宣長が、近世神道に共有する考え方である「心だに」の論理を「漢意」ととらえ、少なくとも中世以来の神にたいする考え方を切断しようとしたことを確認しておかねばならない。こうした近世日本の言説空間のなかでの宣長の意味について、子安宣邦氏は「心とは神なり」（卜部兼倶『神道大意』）という「神の言説」を、宣長が「神典のまゝ」であることを信憑性の根拠として、虚偽・臆説の言説の域に追いやったことに、近代における神の言説の成立をみているが（『本居宣長』、岩波新書、一九九二年）、ここでは、子安氏とは異なる方向から、宣長がなぜ神の内在化を否定したのかについて考えてみたい。

この問題で注目せねばならないのは、「心だに」の歌には隠れた前提があったということである。それは、「心」さえ「誠」「正直」清浄であれば、神が必ず守ってくれるはずだ、より直截にいえば、現世利益をもたらしてくれるはずだ、という神の応報への期待である。近世神道家ではないが、一つの典型として次のような資料をあげておく。

人よく心の清浄を極め、人欲の穢《けがれ》を去《さる》時は、我が心体の天理を全して神のおしへに背くことなく、身を守るべし。是を神の応護といふ。我が一僕といへども、主人の命を守る時は、求めずして自然に賞あり。主人の命を背く時は忽《たちまち》に罰あり。天神の御歌なりとて、心だに誠の道にかなひなば祈らずとても神や守らん。誠のみちすなはち神道にて候。（佚斎樗山『英雄軍談』巻三、一七三五年刊）

「心」の清浄な「正直」者はきっと報われるという善因善果・悪因悪果の考え（花咲か爺の民話はその典型である）が、ここにはある。神と人との間には、楽天的な信頼関係があるといってよい。これも神道家のものではないが、次のような資料はそれを表現している。

神ハ人ノ敬ヲ請、人ノ信ヲウク。ケツコウニ美々《ビビ》布祭《シクマツリ》テモ、其人誠心ナク、謹《ツツシミ》ウスケレバ納受ナシ。神ト人ト能ク心ニ叶《カナフ》ヲ礼ト云。其分際ニ過タルヲ非礼ト云也。（林羅山『神道伝授』七一）

神につかふるに昼夜常に慎み、其心を正直にして、又清浄にして邪なく、けがれ有べからず。斯《カク》の如くなれば神明の御心に感通し、神と人との隔てなければ、感応有て福を下し給へり。（貝原益軒『神祇訓』）

近世神道が基本的に儒家神道であったことは、神の守護を信頼し、人間の善なる本性を信ずる性善説に立っていたことが大きな要因であろうと思われる。ところが、宣長はこうした神と人間との間に結ばれていた暗黙の信頼関係を否定してしまったのである。人間は神の前では、一方的な受動者である。人間側の道徳的・内面的な努力いかんにかかわらず、一方的に神々は禍福をくだすのであって、人間はただそれに従うのみ、随順するのみであるという。もともと神は「尋常《ヨノツネ》ならずすぐれたる徳《コト》ありて、可畏《かしこ》き物」（『古事記伝』巻三）であって、人智の測りしれないものである。松本滋氏が宣長の「凡人《ただびと》」を分析して説くように、宣長においては、「『神』と『凡人』の間には測り知れない深い隔たり」（『本居宣長の思想と心理』、東京大学出版会、一九八一年）があったのである。

このように人間の側の神々への期待、望み、もたれあいを否定するということは、神仏と人間の間の親密な世界をまるごと否定することであって、考えてみれば、これはとてつもない言説であると思われる。というのは、先に述べたように、「心だに」の歌に見られるような、神と人間との信頼関係が同時代の人々の心の奥底に染みついていたものであったからである（ひょっとすると、今も、家内安全・商売繁盛を期待し、神仏にお参りするわれわれの心のなかにあるかもしれない）。ここに、宣長が「千有余年、世中の人の心の底に染著《しみつ》」いてしまっている「漢意」の根深さを執拗に否定しようとする理由があり、また、近世神道と宣長との間の深い断絶があったのである。

付論3　大嘗祭のゆくえ――意味付けの変遷と近世思想史

大嘗祭告諭の論点

一代一度、天皇の代替りごとに挙行される新嘗祭の大祭は大嘗祭と称せられる。この即位儀礼たる大嘗祭については、折口信夫の「真床覆衾《まどこおぶすま》」論をはじめとする、様々な見解があることは周知の通りである。大嘗祭が「秘儀」とされた理由はどこにあるのか、祭神は何か、記紀神話との関係はどこにあるのか、この祭儀を通して天皇はいかなる資格を獲得するのか、といった諸問題をめぐって、多くの学説・臆説が乱立し、今なおその論争は続いている（赤坂憲雄『象徴天皇という物語』、筑摩書房、一九九〇年）。

明治四年（一八七一）の大嘗祭告諭は、このような大嘗祭論の出発点に位置するものであった。それは、同年一一月、旧慣を破って新都東京の皇居吹上御苑を斎場にして行われた大嘗祭の起源と意義を、広く民衆に宣伝するため告《つ》げ諭《さと》したもので、そこには、これ以降の大嘗祭論を規制し方向づけた論点が提示されていた。

大嘗会《ダイジョウエ》ノ儀ハ、天孫瓊々杵尊《ニニギノミコト》降臨ノ時、天祖天照大御神詔《ミコトノリ》シテ豊葦原瑞穂国《トヨアシハラミヅホノクニ》ハ吾御子ノ所レ知国《シラサンクニ》ト封ジ玉ヒ、及斎庭《ユニハ》ノ穂ヲ授ケ玉ヒシヨリ、天祖日向高千穂宮ニ天降《アマクダリ》マシ々々、始テ其稲種ヲ播《マキ》テ新穀ヲ聞食《キコシメ》ス。是レ大嘗・新嘗ノ起源也。是ヨリ御歴代年々ノ新嘗祭アリト雖モ、御即位継体ノ初、殊ニ大嘗ノ大儀ヲ行ヒ玉フコトハ、新帝更ニ斯《コノ》国ヲ所レ知食《シロシメ》シ、天祖ノ封ヲ受ケ玉フ所以《ユエン》ノ御大礼ニシテ、至尊御神、天祖、天神地祇ヲ饗祀《キョウシ》マシ々々、辰日至尊高御坐《タカミクラ》ニ御シテ新穀ノ饗饌《キョウセン》ヲ聞食シ、即チ酒饌ヲ百官群臣ニ賜フ。是ヲ豊明節会《トヨノアカリノセチエ》ト云フ。夫《ソレ》穀ハ天上斎庭ノ貴種ニシテ天祖ノ授与シ玉フ所、生霊《セイレイ》億兆《オクチョウ》ノ命ヲ保ツ所ノモノナリ。天皇斯生民ヲ鞠育《キクイク》シ玉ヒ、以テ其恩頼ヲ天祖ニ報ジ、其天職ヲ奉ジ玉フコト斯ノ如シ。然則此大嘗会ニ於テヤ、天下万民謹ンデ、其御趣旨ヲ奉《ホウ》戴《タイ》シ、当日人民悉ク廃務休業、各地方其産土神《ウブスナガミ》ヲ参拝シ、戸々和楽シテ天祖ノ徳沢ヲ仰ギ、隆盛ノ洪福ヲ祝セズンバアルベカラザル也。（『日本近代思想大系　天皇と華族』、岩波書店、一九八八年）

告論によれば、大嘗祭の起源は、天祖天照大神の神勅によって日向高千穂に降臨したニニギノミコトが、天祖から授与された「斎庭ノ穂」を播き「新穀ヲ聞食」したことにあるという。ここでは、その起源は天孫降臨の記紀神話に求められ、「御即位継承ノ初」に挙行される大嘗祭は、その記紀神話を再現・再確認する場と位置づけられた。

　また告諭は、天祖から授与された「斎庭ノ穂」は「生霊億兆ノ命ヲ保ツ所ノモノ」である故に、天皇はこの「恩頼ヲ天祖ニ報ジ」、また天下万民も天皇の「御趣旨ヲ奉戴」して、大嘗祭当日に各地方の産土神を参拝し、天祖の「徳沢」を仰ぎ感謝すべきであるとも説く。告諭は稲の収穫感謝祭を媒介に、天皇と民間の産土神信仰を結びつけているのである。ここには、民間の産土神信仰を回路にして、当時未だ不安定であった天皇の存在を民衆に広く浸透させ、民心統合を図ろうとする明治政府の政治的意図が認められよう（中島三千男「天皇と国民統合」『講座日本歴史』一三、東京大学出版会、一九八五年）。

　この告諭に示された大嘗祭観、すなわち第一に大嘗祭の起源は天孫降臨の記紀神話にあること、第二に大嘗祭が天皇を中心にして民心統合を図るための祭儀であること、この二つの大嘗祭観はこれ以降の大嘗祭をめぐる議論を方向づけるものであった。

　問題はこの告諭の大嘗祭観が一体いつ頃、誰によって唱え始められたかである。もともと平安時代の『貞観式』『延喜式』等には、大嘗祭の儀式次第は記載されているが、その起源と意義については全く触れられていない。これらの点は、この告諭の作成に関与したと思われる平田派国学者を含む、江戸時代の学者・思想家によって明らかにされたのであり、告諭の大嘗祭観はその集約であった。換言すれば、近代の大嘗祭観の出発点になったこの告諭は、江戸時代のそれのいわば到達点でもあったのである。本論では、最終的にはこの告諭に至る、江戸時代の大嘗祭観の形成過程を追うことによって、神道・国学と儒学との交錯の一例を見てみたい。

宣長以前の大嘗祭観

まず江戸時代の大嘗祭観を述べる前に、この時代の大嘗祭について瞥見する必要があろう。大嘗祭は、文正元年（一四六六）の後土御門天皇のそれを最後に、応仁の乱以降二二〇年間中断し、その後、ようやく貞享四年（一六八七）東山天皇の即位に際し、禊行幸を省略するなどして簡略な形で再興された。この再興には、霊元上皇の強い意志と、その側近公家への山崎闇斎の垂加神道の影響が推定されている。次の中御門天皇の時には行われなかったが、元文三年（一七三八）桜町天皇の即位に際し、八代将軍吉宗の積極的な働きかけによって大嘗祭が行われた。この吉宗の大嘗祭再興には、天皇・朝廷にたいする統制強化の一方で、朝廷の権威によって将軍権力を補強し近世国家を建て直そうとする幕府側の意図があったという。ともかくも、この元文三年の大嘗祭が幕末の孝明天皇に至るまでの範型となった。

江戸時代の大嘗祭観をみるに当たり、注意せねばならないことは、応仁の乱以降、大嘗祭が中断していたという歴史的事実である。この中断の結果、古代・中世の宮廷貴族の間で共有されていたであろう大嘗祭観は、江戸時代の人々の記憶の彼方にあった。先に述べたように、『貞観式』等は儀礼の次第を記すのみで、その起源と意義という儀礼の意味づけについては何も触れていない。江戸時代の人々は、大嘗宮の構造や儀礼の具体的な所作という「事」の側面はもちろんのこと、これに加えて、この儀礼が何のために行われるのか、一つ一つの所作はどのような意味をもっているのか、といった「理」の側面の再興も求められたのである（宮地正人「天皇制イデオロギーにおける大嘗祭の機能――貞享度の再興より今日まで」『歴史評論』四九二号、一九九一年四月）。ここに、江戸時代の歴史的社会的状況に規定された、主観的な読み込み・思い入れの余地があったのである。本論の課題である、江戸時代の大嘗祭観の形成過程の解明とは、この読み込み・思い入れを剔出していくことなのである。

まず、大嘗祭を含めた古代研究において、江戸時代の画期となった本居宣長の国学登場以前の大嘗祭観を探ってみよう。宣長以前の大嘗祭観は三点にまとめることができるだろう。第一は、大嘗祭が仏教・儒教という外来思想を混じえていない日本固有の儀礼であるという認識である。この認識は中世の大嘗祭観の一面を強調したものであった。中世の大嘗祭観を窺い得る資料の一つに、吉田神道の大成者吉田兼倶（一四三五―一五一一年）の『唯一神道名法要集』（成立年不詳）があるが、そこで大嘗宮を説明して次のようにいう。

問ふ。悠紀《ゆき》・主基《すき》の両神殿の由来は、何と謂ふことぞ哉。

答ふ。我が朝一代一度の大嘗会の時、大政官ノ庁ニ於いて、件の両神殿ヲ造リ、天子行幸坐しまシテ、其の作法有リ、日本無双ノ大営《たいえい》是れ也。悠紀トハ万宗壇《ばんそうだん》の神殿也。主基トハ諸源壇《しょげんだん》の神殿也。故に頌に曰はく、

　悠紀の神殿は万宗壇なり、主基の神殿は諸源壇なり。

と。

問ふ。万宗・諸源ノ両壇トハ、何と謂ふことぞ哉。

答ふ。唯一神道ノ両界の名目也。世以テ流通《るつう》せざるの故ニ、真言の比量を以テ、会釈ヲ加ヘテ曰はク、「万宗壇トハ金剛界是れ也。諸源壇トハ胎蔵界是れ也。此ノ両壇ハ、天地陰陽の元図《げんづ》、内外両宮の本像、内天外天の表相、地中海底の印文《いんもん》也」と。

兼倶は悠紀殿・主基殿の大嘗宮を金剛界・胎蔵界にそれぞれ配当し、真言密教の世界観から解釈を加えていた。この兼倶の理解は、その子清原宣賢（一四七五―一五五〇年）著『日本

紀神代巻抄』（成立年不詳）に、「悠紀ハ金剛界也、主基ハ胎蔵界也」（巻九）とみえる。ところが、こうした仏教、就中真言密教の世界観と習合した大嘗祭理解の一方で、また中世には、有職故実に通じていた一条兼良（一四〇二―八一年）著『御代始和抄』（一四七八年）に、

　御即位ハ漢朝の礼儀をまなぶなり。大嘗会ハ神代の風儀をうつす。

とあるような、大嘗祭を日本固有の礼儀と見なす認識が存在した。

江戸時代にも、たとえば、貞享四年（一六八七）の再興大嘗祭の見聞録である、壺井義知（一六五七―一七三五年）の『大嘗会本義』に、「悠紀ハ万宗壇之神殿、主基ハ諸源壇之神殿ナリ」とあるように、兼倶説を継承するものもあるが、むしろ一条兼良の「大嘗会ハ神代の風儀をうつす」という認識が有力であったように思われる。貞享暦の作成で著名な垂加神道家渋川春海（一六三九―一七一五年）は、「大嘗会決是我国之法、無㆓儒仏之習合㆒」（『秦山集』巻一六、一六九五年録）と説き、また元文三年（一七三八）の大嘗祭に幕府から派遣された荷田在満（一七〇六―五一年）は『大嘗会便蒙』（一七三九年）の自叙のなかで、「〔大嘗祭は〕実是中国〔ここでは日本のこと〕礼儀純粋、無㆑所㆓駁雑㆒者也」と、大嘗祭が日本固有の礼儀であることを賞揚している。

次に第二の大嘗祭観は、大嘗祭と中国の禘嘗祭、すなわち祖先祭祀と等しいものとする認

識である。これは第一のそれが神道家・国学者によって支持されたものであるのにたいし、儒学者に顕著にみられた。林羅山（一五八三―一六五七年）は『神道伝授』（一六四四年）のなかで、まだ中断していた大嘗祭について言及して、「異朝ニテ帝王自《ミヅカラ》天ヲ祭《マツルヲ》郊祀ト名《ナヅ》ケ、又帝王其先祖ノ初テ出タル処ノ神ヲ祭ヲ禘ト名ク。此郊禘ノ義ニカタドリ、大嘗会行ルト先儒云伝」（『神道伝授』郊祀禘宗）とのべ、また天野信景（一六六一―一七三三年）も、「礼記祭統曰、外祭則郊社是也、内祭大嘗禘是也云々、我国大嘗会本レ之者也」（『塩尻』巻四）と説く。

さらに陽明学者三輪執斎（一六六九―一七四四年）も、「大嘗会此禘嘗にあたれる成へし」（『神道憶説』、一七四〇年）と見なし、「先王報レ本追レ遠之意、莫レ深二於禘一、非二仁孝誠敬之至一、不レ足二以与レ此」（同右）と天皇が祖先に「仁孝誠敬」を尽くすことによって、「号令法度を用ゆるに不レ及、万民の悦服しおさまれるしるし、あきらか」（同右）になると説いた。彼ら儒学者は、中国における天子の祭祀たる禘嘗祭＝祖先祭祀を、日本の大嘗祭に投影したのである。

さらに第三の大嘗祭観は、稲の祭りの面を重視して、大嘗祭を五穀豊穣を祈る祭祀と位置づけるもので、幕末までの大嘗祭の範型になった、元文三年の大嘗祭に際しての朝廷側の資料に認められる。「天子自天下大平、五穀成就之御神事也」（『元文三年大嘗会之記』）、「朕すめ神《がみ》たちの擁護給ふがゆへに、宝祚つゞきて動ことなく、天か下平らかに、年穀ゆたかにみのりて、うつくしき蒼生をも救ひ、上下ゆたかにたのしません」（「大嘗会御供神御祝詞」、一七三八年）。江戸時代の大嘗祭は全国の一般庶民には何の社会的影響も与えなかったといわれるが、京都の庶民のみは、梵鐘の禁止などの町触れを通して、大嘗祭を知りえた。そして、このような五穀豊穣祈願の祭祀としての大嘗祭は、京都の庶民に一定の支持を得ていたろうと推測される。元文三年の大嘗祭時の京都市中の様子を直接見聞した、三輪執斎はいう。

　大嘗会行はれて、仏法をいミ遠ざけ、内外七言のいミハ云に不レ及、京畿ニ三里の外までも、寺々の梵鐘をつく事までとゞめられし也。当時天下こぞりて信ずる仏法を、かくしりぞけさせ給ふを、万民いさゝかもあやしと思はで、去年甚《はなはだ》豊年なりけることハ、此大嘗会の御めぐミなりとて、当春伊勢参宮のおびたゞしく、道路もおし合て行こと不《あたはざる》レ能ばかり成《なる》は、何十年にもきかざることゝいへり。（『神道憶説』）

ここにみられる、大嘗祭と伊勢信仰という興味ある問題は後にふれるが、少なくとも、京都庶民の間で、豊年が「大嘗会の御めぐミ」と観念されていたという事実は注目すべきであろう。

以上述べた、宣長登場以前の三つの大嘗祭観のうち、明らかに第一と第二の大嘗祭観は対立する。前者が「無二儒仏之習合一」（前出）「中国礼儀純粋、無レ所二駁雑一者」（前出）と儒仏に歪められていない日本の固有性を称賛するのにたいして、逆に後者は、祖先祭祀を媒介にして、中国との共通性を評価するからである。これ以後、この対立はいかに展開して、あの告論の大嘗祭観に至るのか。節を改め検討しよう。

国学の大嘗祭観

まず三つの大嘗祭観のうち、大嘗祭は日本固有の儀礼であるという大嘗祭観を発展させたのが、本居宣長（一七三〇―一八〇一年）である。宣長は、「故後代までも、神事にのみは、皇国のてぶりの、なほのこれることおほきぞかし」（『直毘霊』）とのべ、「神事」＝宮中祭祀にのみ日本固有の原姿が残っていると理解し、さらに『玉勝間』巻六の「天の下の政神事をさきとせらし事」のなかでは、『職員令』が神祇官を太政官の上に置いたことを高く評価し、中国の国ぶりに影響されない「こころばへこそあらまほしけれ」と強く求めた。この「神事」＝宮中祭祀への着眼に導かれて、「凡践祚大嘗祭為二大祀一」（『延喜式』）と規定された大嘗祭にたいする関心も生まれたのであろう。

そのことは、宣長が『玉勝間』巻頭に中臣寿詞《なかとみのよごと》を掲げていることからも窺われる。中臣寿詞は、大嘗祭辰日、中臣氏が奏する祝詞で、本文は平安時代末の藤原頼長の日記『台記』別巻に記載されているもので、大嘗祭の起源と意義を考える上で、ほとんど唯一といってよい貴重な資料である。宣長以前、壺井義知が校訂本を造り、荷田在満も『大嘗会儀式具釈』（一七三八年）のなかで、「其中臣寿詞ノ文伝ハレル者少ナシ。唯台記別記巻第一ニ康治元年ノ寿詞アリ、見ツベシ」（巻七）と注意を喚起していたが、宣長はこれを『玉勝間』巻頭に収めることによって、大嘗祭研究の根本資料を広く一般に提供したのである。しかし、宣長の大嘗祭への関心は、「皇国のてぶり」を今なお残している「神事」の一つにたいするもので、殊更に大嘗祭のみを特権化することはなかった。

ただ宣長において注目すべきは、「大嘗」の解釈であろう。宣長は祝詞の注釈書『大祓詞後釈』（一七九六年）「つけそへぶみ」で、次のようにいう。

> すべて大嘗新嘗は、天皇の聞食《きこしめす》を主《むね》とする事にて、神に奉り給ふも、天皇の聞食むとするにつきて、先奉り給ふ也、故古書に大嘗をば、聞食とのみいへり、これ天皇のきこしめすをむねとする故也、……そも〳〵世人、大嘗新嘗は、たゞ神に奉り給ふをのみ主と心得たるは、古意にあらず、古書共に、此事をいへる詞を、心をつけて、よく見ばさとるべし、

宣長は大嘗祭の本質を、「神に奉り給ふ」ことではなく「天皇の聞食」こと、自ら新穀を

食すことに求めた。これは、師の賀茂真淵（一六九七—一七六九年）の『祝詞考』（一七六八年）にもない、宣長独自の解釈である。この解釈が古代日本の祭祀の本質を的確に言い当てているかはともかくも、少なくとも、この「聞食」という解釈によって、大嘗祭のもつ日本の固有性は鮮明になった。もともと大嘗祭の「嘗」は中国の禘嘗祭（儒学者が大嘗祭に投影した中国の天子の祖先祭祀）から借用したものだが、この解釈によって、宣長は中国の祖先祭祀とは異質な日本固有の儀礼としての大嘗祭の特質を闡明したのである。

では、宣長没後の門人平田篤胤（一七七六—一八四三年）の大嘗祭観はいかなるものか。かれは主著『古史成文』一四四段を中臣寿詞にもとづき構成したが、その注釈である『古史伝』の当該部分（巻二九）は、明治になって矢野玄道（一八二三—八七年）によって付されたもので、篤胤は自らの大嘗祭観を展開することなく没した。だが全く言及していないわけではない。否、むしろ後代に決定的な影響を与えた独自の大嘗祭起源論を提出していた。篤胤は、宣長によって普及された中臣寿詞に依拠していう。

斯て彦火瓊々杵尊、その天降坐せりし年、かの賜はりし斎庭の穂を御田に作りて、其の十一月に、初めて大嘗祭あり。是ぞ此の御祀の起源なりける。此は大嘗祭の時に、中臣の宣る、天神寿詞の伝へに依りて云ふなり。（『弘仁暦運記考』巻上、一八三六年）

篤胤は、大嘗祭の起源は、ニニギノミコトが天照大神から授与された斎庭の穂を御田に作ったことにあるという。先にみた、天孫降臨の記紀神話に大嘗祭の起源を求める明治四年の大嘗祭告諭の大嘗祭観は、実にこの篤胤に端を発していた。

しかし篤胤はこれ以上、大嘗祭を論ずることはなかった。この篤胤の起源論、そして宣長の「大嘗」解釈を承け、独自の大嘗祭観を確立したのが、篤胤の門人鈴木重胤（一八一二―六三年）である。

重胤には、中臣寿詞を注釈した『中臣寿詞講義』二巻（一八五二年訂正浄書）があり、よく知られている。ところが、これ以前に『中臣寿詞考』という未定の論があることはあまり知られていない。これは、天保一五年（一八四四）、秋田に滞在中、篤胤門人・出羽国能代の村井正直宅で『玉勝間』冒頭の中臣寿詞を見、それに触発され、数少ない書物をもとに、注釈を付けたもので、『国書総目録』によれば、東北大学附属図書館のみに所蔵されている。本論ではこの『中臣寿詞考』から『中臣寿詞講義』への展開を簡単にみて、重胤が宣長・篤胤の大嘗祭観に何を加えたのかを明らかにしたい。まず『中臣寿詞考』において重胤は、篤胤の大嘗祭の起源説を踏襲する。

重胤云、平田翁の説を聞くに此［中臣寿詞］ハ皇御孫命の天降り給ひて翌年に始めて高千穂宮にて大御位に即せさせ給ひて大嘗会始めて為させ給ふ時に詔らしめ給へる詞の御々世々を経て伝り来つるなりと有るが如し（巻上、三オ）

重胤は、中臣寿詞が天孫降臨の翌年に行われた最初の大嘗祭に奏せられたと位置づけたうえで、さらに大嘗祭の意義を述べていう。

大嘗ハ天皇天統を受させ給ふ由を天神地祇に示《つ》げ奉り祭せ給ふ大御政にて甚も〳〵止事なきにより大祀と為（巻下、一オ）

掛巻《かけま》くも畏《かしこ》き天皇大御位に即せ給ひて其由を天地神祇に申させ給ふ大御祭を大嘗会と云（巻上、一オ）

大嘗祭は、重胤によれば、天皇が即位した「由」を天神地祇に「示げ奉」る、報告することを意味していた。ここでは、その報告する対象、換言すれば祭神「天神地祇」という神々全体であり、しかもまた「示げ奉」ることとは、具体的には「天神地祇」に新穀を奉ることであり、宣長の説く「大嘗」の意義たる、天皇自らが新穀を食することは、むしろ従属した行為と見なされた。

新嘗ハ邇比那米《ニヒナメ》と訓むべし……嘗字義にて天皇当年の新穀を聞し食て神等をも其事に因りて祭らせ給ふなり……大嘗ハ大饗《オホニヘ》にて先神等に大歳の新穀を奉らせ給ひて天皇ハ其事

に就て共に聞食し始むる由にて新嘗の反なり然ればこそ大饗とハ云ふなり（巻下、一ウ）

このような『中臣寿詞考』の大嘗祭観は、嘉永五年の『中臣寿詞講義』で大幅に「訂正」（『中臣寿詞講義』巻上）される。大嘗祭の起源に関しては、「高千穂宮に初国所知食し皇御孫命の大御世の大嘗祭より始て」（巻上）と、篤胤説を継承するが、その意義については独自の解釈を提示した。

大嘗祭を行はせさせ給ふ日に当りて中臣朝臣は天神之寿詞を奏し忌部宿禰の神璽之鏡剣を奉れる其時なむ実に天神の御子と為て其天津璽を受授り給ふ御事にし有れば此大嘗聞食す日即天皇の新世の大御世始なる事（『中臣寿詞講義』巻上）

重胤は、「大嘗聞食す日即天皇の新世の大御世始」と述べ、大嘗祭を介して天皇が天皇の資格を得ること、「天照坐皇大御神の御子の継々天津日継と天津高御座に大座坐て現御神と神随天下所知食す大御世の初に大嘗聞食す」（同右、巻上）とある、「天照坐皇大御神の御子」「現御神」になると解釈するのである。

ここでは、『中臣寿詞考』に比べ、祭神としての天照大神の地位は上昇する。天照大神は天神地祇の一つから「天照皇大御神を始奉りて諸の神等」（同右、巻上）と表現されるように、「諸の神等」とは別格の主宰神に格上げされる。そして大嘗祭は、この主宰神たる天照大神の御子として、天皇が地上に再生する儀礼であると解釈されるのである。たしかに宣長は、「御世御世の天皇は、すなはち天照大御神の御子になも大坐ます。故天つ神の御子とも、日の御子ともまをせり」（『直毘霊』）と述べ、天皇は天皇の位に即いている限り、天照大神の御子であると主張する。しかし宣長においては、このことが直接、大嘗祭に結びつけられ観念されることはなかった。これにたいし重胤では、この大嘗祭が、天皇が主宰神天照大神の御子になること、換言すれば「現御神」として再生する上で決定的な意味をもつと特権化されたのである。

またこの「現御神」化＝神格化に関連して、『中臣寿詞考』では、大嘗祭は天神地祇に新穀を奉ることに比重があったのにたいして、『中臣寿詞講義』と同時期の『祝詞講義』に「天皇の御聞食す御方を主と為て神等の相嘗に預給ふを客と為る」（巻一二）と述べるように、宣長の「大嘗」説をふまえて、天皇自らが新穀を食することに大嘗祭の核心を認めるようになる。まさに「此大嘗聞食す日即天皇の新世の大御世始」（前出）なのである。

このように大嘗祭を通して、天皇が天照大神の御子となり「現御神」になる、すなわち神格化するという認識は重胤の『中臣寿詞講義』において始めて成立する。それは、宣長、篤胤、さらに重胤自身の著『中臣寿詞考』にもみえない、独自の大嘗祭解釈であり、宣長以来の国学の大嘗祭観の一つの到達点だと評価できよう。

この重胤に至る国学の大嘗祭観は、一条兼良に淵源する、大嘗祭が日本固有の祭祀であるという認識を、「鈴屋大人台記より見出給ひて吾輩に示し給へるより漸古学する輩の見感懽ふ事となれりける」（『中臣寿詞考』巻上、一ウ）とあるように、宣長によって発見された中臣寿詞の研究を通して学問的に深化させ、大嘗祭の起源と意義を解明したものである。本論の課題である、告諭の大嘗祭観の形成過程を探るという問題関心からすれば、殊に平田篤胤の大嘗祭起源論は注目すべきであろう。それはそのまま告諭に取り入れられていたからである。しかし重胤独自の大嘗祭＝天皇神格化説はどうか。それは篤胤説と同様に、告諭に取り入れられているのか。

この問題を考える前にわれわれは、国学の大嘗祭観には窺うことのできなかった告諭のもう一つの論点、すなわち大嘗祭が民心統合を図るための祭儀であるという認識が、どのように形成されてきたのかを明らかにしておこう。

会沢正志斎の大嘗祭観

宣長以前の大嘗祭観の一つに、大嘗祭を中国の天子の祖先祭祀と等しいものと解釈する説があった。それは、大嘗祭における日本の固有性を誇示しようとした神道家や国学者とは対立する、儒学者（羅山、執斎、新井白石）によって支持されたもので、ここで検討する会沢正志斎（一七八二―一八六三年）の大嘗祭観は、この大嘗祭＝祖先祭祀説の延長線上に成立した。

故に列聖の大孝を申《の》べたまふや、山陵を秩《まつ》り、祀典を崇ぶは、その誠敬を尽す所以のものにして、礼制大いに備《そなは》りて、その本に報い祖を尊ぶの義は、大嘗に至りて極れり。

（『新論』国体上）

正志斎は、大嘗祭が「報本反始」（『礼記』『孔子家語』）の祭祀、すなわち祖先祭祀であると解釈する。だが問題は、この大嘗祭＝祖先祭祀説を採る正志斎が、大嘗祭の固有性をいかに位置づけたかである。正志斎もまた、規範としての中国の祖先祭祀を大嘗祭に投影しているに過ぎないのか。否、むしろ彼は、「神州は太陽の出づる所、元気の始まる所にして、天日之嗣、世宸極《よよ》を御し、終古易《かは》らず、固より大地の元首にして、万国の綱紀なり」（『新論』）と、日本の「国体」の固有性・優位性を高唱していたはずである。この矛盾を正志斎はいかに解釈したのか。正志斎はいう。

古、天に事《つか》へ先を祀るの義、大嘗一祀にして、兼ね尽し全備して、必ずしも郊社と禘嘗とを分ちて二と為さず。易簡の善、蓋し亦風土の宜より出づるなり。（『下学邇言』巻三）

正志斎は、中国では天子が天地を祭る郊社と、祖先を祭る禘嘗とが分離しているのにたいして、日本では両者が大嘗祭において一体化している、そこに「風土」に適した「易簡の善」を認める。彼は、大嘗祭が祖先祭祀であるとともに、「事天」「奉天」の祭祀である点に、大嘗祭の固有性、延いてはその優位性を主張するのである。

この正志斎の理解を根拠づけていたのが、天祖＝天照大神の語である。天照大神を天祖と表現することは、『大日本史』本紀にも既にみえるが、正志斎はこの呼称にもとづき、大嘗祭の祭神天照大神への天皇の祭祀は、天への祭祀であるとともに、祖先への祭祀であると解釈したわけである。この独自の天祖解釈によって、正志斎は、宣長以前の大嘗祭観がはらんでいた、日本の固有性と祖先祭祀の矛盾を克服した。ここに正志斎の大嘗祭観の特徴がある。

では正志斎において、大嘗祭が祖先祭祀であることと、記紀神話はいかに関連するのか。

夫れ嘗とは、始めて新穀を嘗《な》めて、天神に饗するなり。天祖、嘉穀の種を得て、以為《おもへ》らく以て蒼生を生活すべしと。すなはちこれを御田《みた》に種ゑたまふ。また口に繭を含みて、始めて蚕を養ふの道あり。これを万民衣食の原となし、天下を皇孫に伝ふるに及んで、特にこれに授くるに斎庭の穂を以てしたまふ。民命を重んじて嘉穀を貴ぶ所以のもの、また見るべきなり。故に大嘗の祭には、新穀を烹熟《ほうじゅく》して、以てこれを殷薦《いんせん》す。(『新論』

国体上）

天祖＝天照大神は、天孫ニニギノミコトに蒼生が「生活」すべき糧として「斎庭の穂」を授与した。この天祖の行為にたいする報謝として天祖に新穀を奉げる、これが正志斎の理解する大嘗祭である。大嘗祭の「報本反始」とは「斎庭の穂」を授与した天祖＝天照大神への天皇の報恩行為に他ならなかった。

　このような「斎庭の穂」を媒介とする、大嘗祭と天孫降臨神話の結びつきは、宣長によって普及した中臣寿詞にみえる観念であるが、必ずしもこの正志斎の大嘗祭解釈が中臣寿詞の影響であるとはいえないだろう。山崎闇斎の『風葉集』巻六にも引かれる、忌部正通『神代巻口訣』に、「斎庭之穂亦当二御於吾児一者、斎而奉二大神一、以二稲穀一授レ之、大嘗会有二斎場之儀式一」（巻四）とみえ、篤胤・重胤の大嘗祭観の根拠になった中臣寿詞をまたずとも、正志斎の解釈が成立し得るからである。

　思うに正志斎の大嘗祭観は、祖先祭祀説、そしてこの記紀神話解釈において、国学とは全く異なる地点で成立した。それは単に大嘗祭の本質理解にとどまらず、そもそも大嘗祭によせる問題意識においても国学とは大きく異なっていた。この点を理解するためには、正志斎の尊王攘夷思想の性格がいかなるものであったかについて触れねばならない。というのは、彼の大嘗祭論はこの尊王攘夷の一環として提示されていたからである。

藤田幽谷（一七七四―一八二六年）に端を発する後期水戸学の課題とは、いわゆる内憂・外患であった。内憂とは農村荒廃・年貢収納率の低下・百姓一揆であり、外患とは西欧資本主義列強の侵出である。後期水戸学はこの内憂と外患の二つの危機を連結させ、その危機意識を梃子に、危殆に瀕した近世国家を領主的に再編・強化する方途を指し示した。その方途とは、「富国強兵」（幽谷『丁巳封事』）、具体的には農村復興による経済基盤の安定と泰平の時代に弱体化した軍事力の整備・増強であった。この両者の関係は、明確に軍事力のための経済力であり、一義的な目的とは、百姓一揆と西欧列強に対抗する軍事力の充実で、後期水戸学はこの軍事力によって内憂と外患の危機を一挙に克服しようとしたのである。

幽谷の「富国強兵」の基本路線を継承した正志斎は、物理的な富国強兵にとどまらず、富国強兵の精神的支柱により重要性を認めた。正志斎にとって富国強兵を支えるはずの「民心の主なき」（『新論』国体上）精神的空白状態は、邪教＝キリスト教による夷狄の間接侵略に乗ぜられる下地であり、この「主なき」民心を統合することこそが、富国強兵の最重要課題と見なされたのである。

正志斎の尊王攘夷とは、この民心統合、「億兆心を一にする」（『新論』国体上）ための術策であった。それは、朱子が追い求めた、夷狄への理想主義的対応とは異なる、すぐれて軍事的な術策を意味した。正志斎にとって攘夷とは、民衆を「死地」（『孫子』九地篇）の限界状況に引き込み、戦時体制下の緊迫した状況で民心統合を図るための戦術的方法であり、また祭政一致の祭祀制度、就中「大祀」と律令に規定された大嘗祭は、長期的に民心を統合していく戦略的な方法であった。ここでは、大嘗祭を始めとする宮中祭祀は、夷狄の間接侵略に対抗する「伐謀」（『孫子』謀攻篇）策を意味した。正志斎における大嘗祭への関心は、「皇国のてぶり」（宣長）への単なる懐古趣味ではなく、「伐謀」策として現実の民衆にはたすイデオロギー機能に向けられていたのである。こうした兵書『孫子』を引照しながら構想された正志斎の民衆統合策は、儒学の理想主義的な統治論とは相容れない、兵学の権謀術数的なそれであるといってよいものであった（拙著『近世日本の儒学と兵学』ぺりかん社、一九九六年）。

では、大嘗祭は現実的に「主なき」民心を統合することができるのか。正志斎の客観的認識によれば、この時点の民衆は、大嘗祭が京都で挙行されていることさえ知らない。

後世は事簡易に従ひ、悠紀・主基には定国あり、限るに近畿を以てし、その儀は独り京師に行はれて、四方の民は、天皇の意と、この礼の義とを知るを得ざるなり。護送するところも数十里に止れば、道路も知らざるなり。雑用もこれを各国に取らざれば、国郡も知らざるなり。大祓・供幣の使廃せられて、潔を致すの意と、天祖の群神を統《す》ぶるの義とは、世これを知るなきなり。すなはちそのこれを敬重する所以の意は、家ごとに譬し戸ごとに説くといへども、天下たれか得てこれを知らん。その礼は存すといへども、その用はすでに廃《すた》る、嘆ずるに勝《た》ふべけんや。(『新論』長計)

「その礼は存すといへども、その用はすでに廃る」、これが正志斎の現実認識である。ここに夷狄の間接侵略の危険性があったわけだが、この大嘗祭さえ知らない民衆から、天皇‐将軍‐藩主‐民衆という後期水戸学の前提にするタテの階層秩序のなかで、服従心を調達して民心を統合することができるのだろうか。

ここで正志斎が着目するのが伊勢信仰である。「伊勢ノ宗廟ハ天祖ノ大廟ナレバ天下ノ人崇敬セザル者ナシ」(『江湖負暄』巻下)。彼は、元文の大嘗祭時に三輪執斎が見聞した大嘗祭と伊勢参宮の結びつきに目を向けていたのである。もともと農村荒廃の著しかった常陸を含む北関東は、伊勢参宮の盛んな地方だった(朝川善庵『済時七策』)。水戸藩では、抜け参りを出した村は、連帯責任で制裁された(高野昌碩『芻蕘録』)。このことは、逆にいえば、伊勢参宮への民衆の強烈な憧れを示唆するだろう。このような願望は根本的には過重な年貢収奪による農村荒廃に起因するのだが、正志斎によれば、それは邪教の付け入る隙穴であるとともに、天皇への畏敬の念を引き出す下地ともなった。「人心の磨滅せず、神天を祇畏し、君父を愛敬す。天祖象を垂るゝ所、忠孝の教、未だ嘗て澌尽《しじん》せず。窮郷僻壌と雖も、猶ほ皇太神を尊奉するを知る。賀越は鸞徒の巣窟なれども、神祇の祀は則ち民猶ほ之れを崇敬す」（『下学邇言』巻七、八・九ウ）。神祇不拝を主張する真宗の地盤である北陸地方においてさえ、「皇太神を尊奉する」ほど、伊勢信仰は根強い。正志斎はこの「磨滅せざる」人心に依拠して、民心を天皇に誘動し、民心統合を図ろうとしたのである。

具体的には、大嘗祭における悠紀・主基国郡の卜定、及び大祓使を再興し、全国の民衆に天皇の存在をデモンストレーションする。さらには、宮中における毎年の新嘗祭と村々の産土社の収穫祭を直結し、収穫祭の場を通して天皇の存在を確認させ、天皇への畏敬・感謝の念を醸成しようとした。民間の年中行事のなかに新嘗祭を位置づけた『草偃和言』（一八三四年）は、その産物である。

そしてこの収穫祭の場において民衆に注入しようとした物語が先にみた「斎庭の穂」の記紀神話であった。正志斎によれば、現に今、収穫したこの新穀は、元をただせば、あの制裁をも辞さない伊勢信仰の対象である天照大神＝天祖から天孫ニニギノミコトに賦与されたものなのである。それ故、天皇が天祖＝天照大神に新穀を奉げ「報本反始」することを範にして、民衆は天皇に感謝すべきだと説き、村々の収穫祭の場を通して、天皇と民衆を結びつけようとしたのである。このような正志斎の大嘗祭観が、まさに明治の大嘗祭告諭の第二の論点そのものであることは明らかである。

大嘗祭告諭の位置

以上述べてきたように、明治四年（一八七一）の大嘗祭告諭は、国学と正志斎の大嘗祭観に基づいている。すなわち大嘗祭の起源論は、中臣寿詞を根拠にする平田篤胤の『弘仁暦運記考』に端を発するのにたいして、「斎庭の穂」の記紀神話を以て宮中祭祀と民間祭祀を結びつけ、天皇を頂点に民心を統合する装置として大嘗祭を位置づける理解は、正志斎の『新論』に依拠している。

ところが、この国学と正志斎の大嘗祭観は、全く異なる問題意識のもとに成立したもので、その内容においても対立するものであった。具体的にはその対立点は三つある。

第一は大嘗祭の起源にかかわる。篤胤・重胤はその起源をニニギノミコトの天孫降臨に求め、これが告諭に採用されたわけだが、正志斎はそれを神武天皇においた。神武天皇に起源を求めることは、既に渋川春海にみえるが（『秦山集』巻一九）、正志斎は、神武紀四年、東征の後、鳥見山に天神を祭る霊畤《まつりのにわ》をたてたこと、これを天祖＝天照大神への「孝」の表現と解釈し、この孝＝「報本反始」が大嘗祭の起源であるとする（『下学邇言』巻三、三〇オ）。もともと『大日本史』本紀は神武天皇本紀から始まっているように、水戸学における歴史とは人代から出発する。その意味で神代＝神話世界と人代は一応切断されているといえよう。正志斎もこの神武天皇を歴史の起点に据え、ここに大嘗祭の起源を定めたのであろう。国学のように、神話世界の薄明のなかに起源を求めなかった点で、後期水戸学には一定の客観的歴史的思考が働いている。

これに関連して、第二の対立点は、正志斎において大嘗祭の意義は「報本反始」の祖先祭祀にあるのであって、重胤のように、この祭儀を通して天皇が「現御神」になる、神格化するという秘儀的要素は正志斎にはない。

第三の対立点は異端観である。国学が大嘗祭を学問研究の対象としたのにたいして、正志斎はそれを内憂・外患の危機克服のための政策論の一環として提起した。正志斎において大嘗祭は民心統合のイデオロギー装置であり、内外の敵に対抗する戦略的方法だった。その内外の敵とは邪教＝キリスト教に収斂するもので、この敵の徹底的な排除を必須とした。これにたいして宣長・篤胤・重胤の国学の大嘗祭観には、後期水戸学のもつ異端にたいする血《ち》腥《なまぐさ》い排除観は認められない。

　では、このような相対立するはずの国学と後期水戸学の大嘗祭観が告諭に並存しているとすれば、一体、誰の手によってこの並存がなされたのか。

　この点に関しては確答できないが、ここで篤胤門の矢野玄道に注目しておきたい。玄道は幕末期以来、京都で大嘗祭を挙行すべきことを朝廷に提案していたが、彼の幕末期の著作『神典翼』及び『志斐賀他理』（明治二年）巻下には、大嘗祭の起源をニニギノミコトの天孫降臨に求め、さらに『新論』を引いて民心統合にはたす大嘗祭の機能に着目している。因みに玄道は明治期に篤胤の『古史伝』の大嘗祭に関する部分（巻二九）を書き足すが、そこにも同様の見解を述べている。また矢野玄道が建設に力を尽くした皇学所の教科書のなかには、国学系の書物とともに、『新論』と『草偃和言』が含まれていた。

　ところで最後の問題は、先に残しておいた明治四年の告諭のなかに、鈴木重胤の大嘗祭観が影響しているかである。換言すれば、『中臣寿詞講義』で確立した、大嘗祭を通して天皇は天照大神の御子となり神格化するという説が告諭に認められるかである。この点、少なくとも玄道の『神典翼』『古史伝』巻二九には、この神格化説は採られていない。また告諭当時、宗教行政を担当し『神教組織物語』の著者でもある常世長胤（一八三七—八六年）『大道本論』(一八七三年)には、天皇神格化の条件となる、天皇が自ら新穀を食することにたいする否定的意見が述べられ、祭りの本義を「斎き祭」ることに認めている。この点からも、告論は重胤説とは異質なものであったといえよう。

しかし明治四年の告論が、大嘗祭＝天皇神格化説の方向をもたなかったわけではない。正志斎の神武天皇起源説ではなく、篤胤の天孫降臨起源説を採用した点で、重胤の説く神格化、換言すれば大嘗祭の秘儀化の可能性をその内に蔵していた。そしてこの天皇神格化・秘儀化説と、本来それとは相対立していたはずの後期水戸学の説く、イデオロギー装置としての大嘗祭観、就中、異端排除観が結びついたとき、近代の大嘗祭観はいわば完成したのである。

あとがき

学問としての日本思想史学を確立した村岡典嗣は、日本思想史学の方法を二つの段階に分けていた（『新編日本思想史研究』、平凡社東洋文庫、二〇〇四年）。第一が文献学的段階であり、第二が史学的段階である。前者はドイツの文献学者アウグスト・ベークの「認識されたものの認識」という標語で示されるような、文献による思想の再認識を目指している。これにたいして、後者の段階は、それら再認識された思想を選択し、歴史的な「発展」のもとに構成することを目指すものだ、と村岡はいう。村岡は、本居宣長の国学は前者の点では優れていたが、後者の史学的な発展という側面は、不十分であったとして、「国学が史的文化学として完成された時、そこに日本思想史を見ることが出来る」（同右）とした。こうした村岡の目論見が、かれ自身の研究のなかでどれだけ果たせたかどうかは、自ずと別問題である。客観的にみれば、主著『本居宣長』（『増補本居宣長』1・2、平凡社東洋文庫、二〇〇六年）をはじめとする前者の文献学的な研究は、古典としての評価を得ているが、日本思想史全体を取り扱った後者の成果は、必ずしも成功しているとは言い難い。

今、こうした村岡の思想史研究の問題点を述べたのは、本書の校正刷りを前にして、私自身の問題でもあることを痛感せざるをえないからである。学問的巨人村岡に比して自己を語ることなど身の程知らずだということは百も承知の上で、あえていうのだが、そもそも個々の思想家を理解することと、それらを材料にして大きな視野のもとで思想史全体を見通すこととでは、研究者に要求されるものは異なっている。村岡によるならば、「研究者の主観的の活《はた》らきの関与する余地が、頗る多い」史学的な段階では、研究者に「ゆたかな学問的教養と高い見識」、言い換えるならば、歴史の構想力が必要になるのである。

七〇年代に研究を始めた私の前には、史学的段階の思想史研究の完璧な見本があった。それは丸山眞男の『日本政治思想史研究』である。おそらく同世代の研究者のなかで、「自然」から「作為」へ、朱子学における道徳と政治の連続観から徂徠学の分離へという図式に魅了されなかった者はいないといってよいだろう。そこでは、林羅山から仁斎、徂徠、安藤昌益、本居宣長などの近世思想史の代表的な思想家が、丸山の掌にのせられて、近代に至る一つのストーリーのなかでそれぞれに相応しい役回りを演じさせられていた。それは思想の内的発展としての思想史そのものであった。この丸山の思想史研究にどう立ち向かうのか、これが、私たち近世日本の思想史研究者の共通の課題であった。

私はその課題にたいして、丸山の図式をひとまず棚に上げて、その前提となる個々の思想家の研究に向かった。先の村岡の言葉に従えば、発展を描く史学的段階以前の文献学的な段階の「認識されたものの認識」を目指したのである。もちろん、こうした方向に進んだということは、現在の時点でそういえることで、研究を始めた当時、はっきりと自覚していたわけではない。ただ、私には幸いなことに、そうした方向に向かわせる学問的な環境があったことは事実である。丸山の研究に興奮していた頭を、中国哲学の吉田公平先生がいやおうなく、冷まさせたのである。「丸山を超えるとか、やれ朱子学がどうだ、徂徠学がどうしたと大言壮語していても、それ以前に、朱子の著作がきちんと読めるのですか」と、吉田先生は私たちに諭した。文献を読むことの重要性は、源了圓先生が主宰していた山崎闇斎の『文会筆録』の読書会でますます強まっていった。大学院時代の毎週一回の読書会は、朱子学のテキストを読むことの難しさと面白さ、さらに思想の再認識の醍醐味を教えてくれた。「認識されたものの認識」を目指す研究の基本的なスタイルは、こうした環境のなかで身につけたものである。そして、それはまた、私が学んだ東北大学の日本思想史学研究室の創設者村岡典嗣のものでもあったのである。

たしかに個人の思想を再認識する文献学的な段階は、思想家が認識していた事実が厳としてあるのだから、その事実を忠実に再現しようとする研究者は黒子に徹することができる。ところが、近世日本において儒学や国学がどのような展開をしたのかを明らかにする史学的段階になると、どうしても研究者は前面に出てこざるをえなくなる。何十人といる儒者や国学者の誰を取り上げるか、いつの時代を中心に論ずるかの選択は、研究者の問題意識によって規定されるからである。

この点に関していえば、本書が近世日本の儒学（朱子学）を議論する上で、林羅山や山崎闇斎、貝原益軒のような著名な朱子学者ではなく、近世後期の古賀侗庵というほとんど知られていない人物を中心に置いたことは、異様であるかもしれない。しかし、これを取り上げた理由は、「上下定分の理」を教える封建イデオロギーという固定的な近世日本の朱子学イメージを壊すためには、侗庵の思想は象徴的であると思えるからである。近世日本の朱子学といっても、まだまだ知られていない思想家もいるし、埋もれている事実もあるのだということを提示したかったのである。一つの問題提起と受けとめていただければ幸いである。

本書に収録した兵学・朱子学・蘭学・国学の諸論文は、広義には学問史といえるもので、近世日本の思想史全体を取り扱ってはいない。しかし、これだけでも、個人研究を中心にしてきた私にとってみれば、大変な仕事であった。さらに、これら学問史を関係づけて、近世思想史の構図を描くとなると、より大きな展望がなくてはできないだけに、一層難しく、おそらくは外からの強制がなくては、そのような冒険はしなかっただろう。

実は、本書序章は私にとってそうした試みであった。この序章はもともと、メキシコの研究雑誌に掲載するために、江戸時代の思想の通史を求められて書いたものである。そのため、日本の読者にはいわずもがなの事柄が数多く書かれているのであるが、ともかくも、これまでの成果を近世思想史のなかに配置してみる機会として受けとめ、書いたものである。ここでは、権力と個人がどのような関係にあったのか、さらに、「日本人」というナショナル・アイデンティティがいかに生まれてきたのかという問題意識から、近世日本の思想史を描いてみた。このナショナリズムの観点からまとめた序章論文によって、一応、これまでの兵学等の学問史を近世思想史全体のなかに、自分なりに位置づけることができた。もちろん、これは荒いデッサンのようなもので、ぎくしゃくしているところがあるかもしれない。しかし、そうであるにしても、ここに提示して、読者諸賢の批判を仰ぎたいと思う。

本書をまとめるに際しては、重複部分の削除などを試みたが、参考までに初出誌等を掲げておく。

序章　近世日本思想史の四本軸　*ISTOR* 21, 2005（原題「近世日本思想史——国民国家成立前史」"Historia del pensamiento del Kinsei"）

Ⅰ　兵学

第一章　兵学と士道論　『歴史評論』五九三号、一九九九年九月

付論１　中国明代の兵家思想と近世日本　源了圓・厳紹璗編『日中文化交流史叢書３　思想』、大修館書店、一九九五年（原題「近世日本における中国兵家思想の受容と展開——明代兵家を中心にして」）

Ⅱ　朱子学

第二章　「武国」日本と儒学　松本宣郎・山田勝芳編『信仰の地域史』（地域の世界史７）、山川出版社、一九九八年（原題「儒教と国家——東アジア儒教文化圏のなかの「武国」日本」）

付論１　古賀侗庵の海防論　『環』一三号、二〇〇三年五月

付論2　女性解放のための朱子学　『月刊百科』三八八号、一九九五年二月

Ⅲ　蘭学

第三章　功名心と「国益」　『日本文化論叢』一〇号、二〇〇二年（原題「平賀源内の功名心と「国益」」）

Ⅳ　国学

第四章　近世天皇権威の浮上　『日本文化論叢』一一号、二〇〇三年

付論1　太平のうつらうつらに苛立つ者　『月刊百科』四〇八号、一九九六年一〇月

付論2　本居宣長の「漢意」批判　書き下ろし

付論3　大嘗祭のゆくえ　源了圓・玉懸博之編『国家と宗教』、思文閣出版、一九九二年（原題「近世大嘗祭観の展開」）

保科孝夫氏には、源先生と一緒に仕事をした東洋文庫の『先哲叢談』以来のお付き合いで、本書の執筆を勧めてくださった。もう八年も前のことである。本当は、兵学をはじめとする諸学問を大きな坩堝のなかに流し込み、それらの垣根を取り払った雄大な近世思想史をという注文であったが、結局、それはなしえなかった。その意味では、保科氏の期待に十分にお

応えすることはできなかった。しかし、これが今の時点での私の精一杯の到達点である。保科氏には改めて感謝の意を表したい。

前田勉

平凡社ライブラリー版　あとがき

この本の原著作は、二〇〇六年に平凡社選書の一冊として刊行された。今回、『近世日本の支配思想——兵学と朱子学・蘭学・国学』と改題して、平凡社ライブラリーとして再刊されるにあたって、これまでの私の近世日本思想史研究のなかで、本書がどのような意味をもっていたのかを簡単に述べてみたい。選書「あとがき」に記したように、近世日本思想史の構図を描くことを目指した本書は、それまで山鹿素行や本居宣長のような思想家の個人研究を中心に行ってきた私にとって、大きな冒険であった。

周知のように、近世日本には儒学（とくに山鹿素行や荻生徂徠の古学）、蘭学、国学などのさまざまな学問が生まれた。しかも、それぞれの学問領域には、多くの個性豊かな思想家たちがいて、百花繚乱の様相を呈している。そうした有名どころの思想家を単に並べるのではなく、時代と社会の変化を踏まえて、個々の思想家の特徴ある思想内容を関連づけ、内在的な発展史を描きだすためには、研究者に大きな構想力が求められる。研究者の力量が試されるといってよいだろう。本書序章「近世日本思想史の四本軸」は、私にとってまさにそのチャレンジであった。

そこで仮説的に提示した近世日本思想史の全体像は、近世日本の国家=兵営国家の支配の思想を兵学ととらえ、その対立軸として朱子学を置いて、両者の対立・癒着関係が近世思想史を貫く基本問題であるとするとともに、元禄期以降の商品経済・貨幣経済の進展によって兵営国家が崩れはじめ、経済社会の競争を背景にして、蘭学と国学という相対立する新たな思想潮流が生まれ、一君万民論に結実する近代日本の国民国家が成立するというストーリーである。このストーリーは、『近世日本の儒学と兵学』(ぺりかん社、一九九六年)、『近世神道と国学』(同、二〇〇二年)にまとめた、本書刊行時点までの研究成果をもとに構想したものだった。この時点では、蘭学の世界地理書の研究や、近世日本固有の読書方法である会読の思想史の探究は緒に就いたばかりであった。

その後、本書の基本構図のもとで、『江戸後期の思想空間』(ぺりかん社、二〇〇九年)では、世界地理書と会読の問題を付け加え、さらに一八世紀中ごろ以降の蘭学と国学それぞれの個人研究(山片蟠桃・渡辺崋山や伴林光平・南里有隣など)を深めることによって、経済社会化による二つの方向、すなわち蘭学と国学の対立図式をはっきりさせることを目指した。とくに

『江戸後期の思想空間』で概略を示した会読については、『江戸の読書会』（平凡社選書、二〇一二年初出／平凡社ライブラリー、二〇一八年）で、その原理と創始・変貌・終焉の展開過程を明らかにし、さらに『江戸教育思想史研究』（思文閣出版、二〇一六年）では、藩校（長州藩明倫館・加賀藩明倫堂）や私塾（広瀬淡窓《たんそう》の咸宜園《かんぎえん》など）での会読の実態を解明し、会読という読書＝学習方法を突破口にして、広く近世日本の英才教育としての「教育」観念や、教化論、学校論についての教育史研究を進めた。また近年の『江戸思想史の再構築』（思文閣出版、二〇二三年）でも、本書で提示した兵学・朱子学・蘭学・国学の四本柱の構図を基本としつつ、兵学の「仕置」統治論を取り上げて、近世日本思想史の隠れた主役であった兵学の重要性を再提起するとともに、近世仏教と諸学問との関連、あるいは近世神道と国学の「天壌無窮《てんじょうむきゅう》の神勅」観念や、会読に現れる「公論」観念などの諸観念を論じた。

こうして自らの研究を振り返ってみて、改めて確認できることは、私の近世日本思想史の問題意識である。それは一言でいえば、いわゆる西洋の衝撃によって、外から取り込み模倣して近代が始まったのではなく、近世日本に内発的に近代を生み出すようなものがあったことを明らかにしようとする問題意識である。西洋の近代はもとより、東アジア地域の中国や朝鮮の近代とも異なる、日本の近代の可能性を探るという問題意識である。「会読の思想史」

にしても、「教育」思想史にしても、「仕置」や「天壌無窮の神勅」の観念史にしても、みな、この問題意識が一貫してあった。その意味で、「日本人」というナショナル・アイデンティティの内発的な発生過程を跡づけた本書の巻頭論文は、私のその後の研究を決定づけたといえる。

今、この思い出深い本書が平凡社ライブラリーの一冊として刊行される喜びは、研究生活の終盤を迎えている私にとって、最終コーナーを回る力を与えてくれる。本書が、すでにライブラリーにラインアップされている『江戸の読書会』と同様、多くの方々が近世日本思想史へ関心を向けるきっかけとなることを願ってやまない。

二〇二四年一一月

前田 勉

解説——前田史観へのいざない

先崎彰容

本書の解説依頼を受けた日から二ヵ月の間、私は前田氏の著作を熟読吟味する日々を過ごした。「江戸短期留学」を敢行したといってよい。最中、本書に先立つ二冊の労作、『近世日本の儒学と兵学』と『近世神道と国学』をふくむ三冊について徹底的にノートをとり、思想空間を再現する作業をおこなった。すると、本書に鮮やかに描かれた近世思想史像が、はじめから構想されたものではなかったことがわかる。若き日の前田氏は、研究者として身を立てるにあたって、自らに課したことがあった。「丸山（眞男）の研究に興奮していた頭を、中国哲学の吉田公平先生がいやおうなく、冷まさせたのである。「丸山を超えるとか、やれ朱子学がどうだ、徂徠学がどうしたと大言壮語していても、それ以前に、朱子の著作がきちんと読めるのですか」と、吉田先生は私たちに諭した。文献を読むことの重要性は、源了圓先生が主宰していた山崎闇斎の『文会筆録』の読書会でますます強まっていった。大学院時代の毎週一回の読書会は、朱子学のテキストを読むことの難しさと面白さ、さらに思想の再認識の醍醐味を教えてくれた」（本書三三二頁）。つまり前田氏は、見通しのよい図式化や、斬れ味するどい分析に酔うことを慎み、実直に古典を精読することを自らに課した。むせかえるような青春のエネルギーを、最も地道な作業に振り向けることから出発したのである。

以上を大前提にしたうえで、本書を読み解くかぎを、大きく二点にわけて説明してみよう。第一に、前田氏が兵学と国学に批判的であること、一方で朱子学と蘭学に東西の違いを超えた共通点を見出し、肯定していることである。また第二に、以上の判断基準は、「ナショナリズムとは何か」という問題関心に支えられているということである。

それぞれを具体的な事例に即してみておきたい。例えば、山鹿素行と古賀侗庵に対する評価の違いに、前田氏の考え方がはっきりと表れている。

兵学者の山鹿素行は、『孫子』を独自に解釈したが、それは幕府に民心を服従させるための方法を説くことが目的であり、支配者側に属する武士にすら、自律心の抑制を促すものだった。兵学とは本来、用兵論であり非常時の戦術論である。戦いの場においては物理的強制力では兵士をうまく使いこなせない。ではどうやって千々に乱れる武人たちを制御し、合理的に動かすのか――素行は、この非常時の戦術論をそのまま民心統治の技術論にあてはめたのである。自軍の混乱を未然に防ぎ、整然とした集団行動を強いる。権力者側を脅かす危険な存在という意識が、兵学の統治論を生みだしたのである。

この兵学的思考は、日本は「武国」であり、大陸諸国に優越すると説く。日本型中華思想が登場するわけだが、前田氏の卓見は、この中華思想が山崎闇斎の神学や国学と親近性をもち、最終的には幕末の水戸学から明治天皇制にいたるナショナリズムの淵源であると指摘した点にある。例えば、こうした思想から『日本書紀』の「天瓊矛《あめのぬぼこ》」こそ、日本の優越性のシンボルだという主張が生まれ、肥大した自尊心を掻き立てた。その最終形態が、大日本帝国憲法と教育勅語を生みだし、近代ナショナリズムの源となったと考えるのである。

*

だが、一見、類似性ばかりが目につく兵学と国学の間には、一つの重要なステップがあった。元禄期に顕在化する貨幣経済の勃興である。あらゆる物品が商品になり市場取引されるようになると、貨幣を介して全国に流通するようになる。米に代わり貨幣が中心的役割を果たすことは、武士の地位を揺るがす。米を牛耳ることで秩序全体を把握していた武士の地位は解体し、商人の前に、農民だけでなく武士ですら、頭を下げる社会になったのだ。士農工商の固定的秩序が崩れる過渡期に、兵学に代わり新たに国学と蘭学が登場したのである。なぜなら、国学も蘭学も「個の覚醒」によってはじまった学問だからである。社会秩序が流動化により溶けていった結果、自分で自分が何者であるのかは、生まれつき決まらなくなった。つまり自分自身でアイデンティティを決めねばならない時代になったのだ。

増穂残口こそ、こうした時代の国学的存在の象徴である。残口は孤独に苛まれ、何者にもなれない自分を持て余していた。そして宙ぶらりんの自分を慰撫してくれるのが、神国の一員になることだと気づき、救われたのである。残口にとって、「個の覚醒」は不安と同義である。それは何かで満たされねばならない。

前田氏の指摘で興味深いのは、こうした孤独な存在が、兵営国家の旧秩序のなかで、自分の「役」を果たしつつ、しかし金銭的には全く恵まれない人たちだったという指摘である。これを現代風に言い直すと、第二次世界大戦後の高度成長期の秩序のなかで、一生懸命に学歴をつけて自分なりの「役」、つまり職業を得ようと努力したにもかかわらず、認められなかった世代にきわめて近い。今日、「就職氷河期世代」とも称される五〇歳前後の世代の多くは、正社員になることもできず、かといって流動性の高い新社会の象徴である起業者にもなれない。こうした居場所も金銭も恵まれない世代、当時の増穂残口のような存在が抱く怒りを、前田氏は「ルサンチマン」と定義し、その苛立ちと鬱屈を吸収したのは、宗教ではなく国学であると指摘したのである。いいかえれば、ナショナリズムこそ不安を慰撫する装置だと指摘したのである。

一方で、「個の覚醒」で躍動したのが蘭学者たちである。彼らは秩序が解体し、不確実性の増した時代を、成功と功名心を満たすチャンスだと考えた。増穂残口とは正反対の気質をもつ存在の、何よりの象徴は平賀源内であろう。源内からみれば、増穂残口らの孤独など、組織のなかで小さくまとまった「律義者」たちの溜息にすぎない。不平不満を愚痴ったり、他人に嫉妬するくらいなら、自分で自分の世界を切り拓けばよいではないか。「ルサンチマン」を抱いた彼らは、源内の活躍をねたみ、「山師」呼ばわりするだろう。平賀源内、あいつの学問など本物の学問ではないと悪口をいうだろう。だが源内は、そんな「役」、つまり旧来の枠組みを超えようとしているのだ。何より「芸」によって、自分が「日本の国益」に尽くしているという自信をもっていたのである。

ここで指摘しておくべきは、前田氏が、以上の蘭学者の気質のなかに、朱子学者と同じものを発見していることである。前田氏は、朱子学を読み込んでいくうちに、彼らが、読書人たる我こそが天下国家を担い、既存の君臣関係さえ批判しようとする精神の持ち主であることに気づく。「士大夫」である彼らは、天地を貫く「理」を体現しているという強い自律心の持ち主なのだ。その典型例が昌平黌《しょうへいこう》の古賀侗庵である。侗庵は文化年間のレザノフ事件（文化露寇）などの対外危機の渦中で、西洋の制度をしり、一夫一婦制を良法と肯定的に評価したが、これは朱子学の「普遍的原理」の延長線上の理解によるものであった。朱子学が西洋文明を柔軟に理解するための手がかりを与えてくれたのである。

つまり源内と侗庵、蘭学者と朱子学者に共通しているのは、世界全体を貫く「普遍的原理」が存在するという確信である。強烈な自律心と世界的な視野をもち、広く人間に共通する価値観の存在を認めた彼らは、最終的には、福沢諭吉につながるナショナリズムの系譜をつくることになる。

＊＊

そして本書終盤部分であるにもかかわらず、本書の白眉だと思うのは、以上の考察を経たうえでなされる、大嘗祭をめぐる精緻な議論である。前田氏は、安丸良夫『近代天皇像の形成』を意識しつつ、大嘗祭に対する定義の変遷から、新たな江戸思想史を構築することに成功している。

そもそも大嘗祭は、文正元年（一四六六）後土御門天皇以降、応仁の乱により二二〇年間中断していたが、その後、貞享四年（一六八七）東山天皇即位時に簡略化して再興された。

山崎闇斎の垂加神道が公家に影響を与えたからだとされている。さらに元文三年（一七三八）桜町天皇の即位から三年遅れて、八代将軍徳川吉宗の働きかけで大嘗祭再興として行われた。以後、幕末の孝明天皇に至るまでの範型となる。

ところでまず、中世の大嘗祭観は、一言でいえば、真言密教の世界観で大嘗祭を解釈しつつ、日本固有の儀礼性を強調した点にあった。以後、近世の林羅山になると、大嘗祭と大陸の祖先祭祀である禘嘗祭《ていじょうさい》との類似性が強調されたり、大嘗祭の稲の祭りの面を重視し、五穀豊穣を祈る祭祀として位置づける立場なども登場してくる。

とりわけ注目すべきは本居宣長である。祝詞注釈書『大祓詞後釈』「つけそへぶみ」で、宣長は大嘗祭の本質を、「神に奉り給ふ」ことではなく、「天皇の聞食」すなわち、自ら新穀を食すことに求めた。これは賀茂真淵『祝詞考』にもみられない宣長独自の解釈であり、祖先祭祀ではなく、「聞食」という行為に大嘗祭の本義が求められた。最終的に前田氏が注目するのは、会澤正志斎が『新論』で展開した大嘗祭観であり、民間信仰としての伊勢信仰を利用しつつ、大嘗祭によって「億兆心を一にする」こと、つまり急進的ナショナリズムを形成することを目的に、大嘗祭が注目されたとする。

以上からもわかるように、前田氏は、兵学と国学に閉じた思考を見、朱子学と蘭学に開明的な可能性を読み取っている。個人でいえば孤独と自律の対立であり、国家でいえば閉じたナショナリズムと健全なナショナリズムの系譜である。前者は最終的に水戸学と大日本帝国を生みだし、後者は福沢諭吉に象徴される国家像の可能性を残した。山鹿素行・山崎闇斎・増穂残口・本居宣長・賀茂真淵・会澤正志斎そして大嘗祭。圧倒的な古典読解が、決して散逸せず、一つの明瞭な輪郭をもって読者に迫ってくるのは、前田氏につよい問題意識があるからにちがいない。そうでなければ、一番評価の辛い増穂残口の心情について、「恋愛に殉ずることもできず、死後の世界への決断もあいまいにしていることが、生を充実させることを困難にしている。かつては「不惜身命」を標榜していた不受不施派の僧侶であった残口は、おそらくそのことを誰よりも深く認識していた。ここに、世俗化した太平の世に生きる残口の苛立ちの深さがある」(二九三頁)などという文章が書けるわけがないのである。これは前田氏本人の苦悶の吐露でもある。この問題意識があればこそ、前田氏は本書を、本書以外の方法で書くことはできなかった。その時、本書は、前田氏本人がいう「図式」ではなく、「史観」になっている。古典を読み破った先に、こうとしか書けなかったという思想が浮かんでくる時、「前田史観」が誕生したのである。

(せんざき　あきなか/思想史家)

[著者]
前田勉（まえだ・つとむ）
1956年、埼玉県生まれ。東北大学大学院文学研究科博士後期課程単位取得退学。愛知教育大学名誉教授。博士（文学）。専攻、日本思想史。
著書に、『近世日本の儒学と兵学』『近世神道と国学』『江戸後期の思想空間』（以上、ぺりかん社）、『江戸の読書会』（平凡社ライブラリー）、『江戸教育思想史研究』『江戸思想史の再構築』（以上、思文閣出版）、原念斎『先哲叢談』（源了圓と共訳注）、村岡典嗣『新編 日本思想史研究』（編）、村岡典嗣『増補 本居宣長』全2巻（校訂。以上、平凡社東洋文庫）などがある。

平凡社ライブラリー 982
近世《きんせい》日本《にほん》の支配《しはい》思想《しそう》 兵学《へいがく》と朱子学《しゅしがく》・蘭学《らんがく》・国学《こくがく》

発行日…………2025年2月5日　初版第1刷

著者……………前田勉
発行者…………下中順平
発行所…………株式会社平凡社
〒101-0051　東京都千代田区神田神保町3-29
電話　(03)3230-6573［営業］
ホームページ　https://www.heibonsha.co.jp/

印刷・製本……藤原印刷株式会社
ＤＴＰ…………平凡社制作
装幀……………中垣信夫

ISBN978-4-582-76982-1

平凡社ライブラリー　既刊より

若尾政希著
「太平記読み」の時代
近世政治思想史の構想

江戸期の政治秩序を支えたのは朱子学ではない、「太平記読み」の思想である！——忘れられた大流行の注釈書『太平記秘伝理尽鈔』に着目し、近世思想史の流れを付け替えた傑作。

解説＝川平敏文

氏家幹人著
増補 大江戸死体考
人斬り浅右衛門の時代

刀剣の試し斬りと鑑定を家業とし、生き肝から作った「霊薬」で富を築いた山田浅右衛門を軸に、屍でたどる江戸のアンダーワールド。人斬りの家・山田家の女性たちに関する論考を増補。

解説＝清水克行

前田勉著
江戸の読書会
会読の思想史

近世、全国の私塾、藩校で広がった読書会＝会読、その対等で自由なディベートの経験と精神が、明治維新を、近代国家を成り立たせる政治的公共性を準備した。思想史の傑作！

塚本学著
生きることの近世史
人命環境の歴史から

災害、飢饉、病気、犯罪、戦争——近代国家にひとの生命が包摂される以前、日本列島に住む人びとが直面してきた危機と、その克服の努力を描く新たな歴史学の試み。

解説＝松村圭一郎

黒田基樹著
増補 戦国大名
政策・統治・戦争

1980年代までの旧来の戦国大名論の成果を塗り替え、新しい戦国大名像を示し総括する一冊として、いまなおその評価を維持し続ける名著。新書版に補論2本を加えて再刊。